晚年陈云

杨明伟 / 著

中国出版集团有限公司
China Publishing Group Co., Ltd.
现代出版社

图书在版编目(C I P)数据

晚年陈云 / 杨明伟著. —北京：现代出版社，2015.1（2025.7重印）
ISBN 978-7-5143-3244-5

Ⅰ. ①晚… Ⅱ. ①杨… Ⅲ. ①陈云（1905～1995）－生平事迹
Ⅳ. ①K827=7

中国版本图书馆CIP数据核字（2014）第300328号

晚年陈云

著　　者　杨明伟
责任编辑　张　霆
出版发行　现代出版社
通讯地址　北京市安定门外安华里504号
邮政编码　100011
电　　话　010-64267325　64245264（传真）
网　　址　www.1980xd.com
电子邮箱　xiandai@cnpitc.com.cn
印　　刷　三河市宏盛印务有限公司
开　　本　710mm × 1000mm　1/16
印　　张　18.25
版　　次　2015年1月第1版　2025年7月第5次印刷
书　　号　ISBN 978-7-5143-3244-5
定　　价　48.00元

卷首语

自中华人民共和国成立以后，中国历史经历过几次重大的转折。由于这些历史性的转折，给中国大地带来了巨大的变化：政治的，经济的，文化的……还有个人的。作为新中国的开国元勋之一，陈云个人的政治生涯，是与共和国的历史转折紧密地结合在一起的。

1978年的中国，就处在这样一个历史的巨大转折时期——彻底结束“以阶级斗争为纲”的时代，把执政党工作的着重点转移到社会主义现代化建设上来，并在政治、经济等各方面出台一系列重大决策和措施，开创中国社会主义建设新的历史时期。

1978年的陈云，就是这么一个举足轻重的人物——在中国粉碎“四人帮”集团以后，中国急需一批既德高望重又具有领导经济建设的资深经验的党和国家领导人。人们期待他们出来振臂一呼并对症开方、对症下药。陈云就是他们中的杰出代表——他兼有领导者和专家的双重身份，在20世纪70年代末中国的历史舞台上，扮演着极为重要的角色——一个在政治、经济、文化……诸多领域全方位拨乱反正的领军人物。

1978年，中国历史发生着重大的转折……

1978年，陈云的生命历程也经历重大的更迭和变化——生理和身体上，他进入古稀之年；政治生命上，他重新回到中央最高决策层……

陈云最早进入中共中央最高决策层，是从1933年开始的，那年1月，他随中央机关由上海迁到中央苏区，在中共临时中央和苏区中央局合并后，他担任中央局成员、常委。

抗日战争爆发后，陈云于1937年11月到达延安，年底再次担任中央政治局常委，并兼任中央书记处书记和中央组织部部长。

1949年5月，陈云结束在东北的工作，来到北平，受中央委托参加筹组并主持中央财政经济委员会的工作。实际上，中央将新中国的财政经济大权交给了他。

1949年10月1日，中华人民共和国成立。陈云担任中央人民政府政务院副总理兼财政经济委员会主任。

1950年6月，中共七届三中全会决定，在任弼时因病休养期间，陈云参加中央书记处工作，再次进入中央书记处。同年10月，陈云正式担任中央书记处书记。

1954年9月，在第一届全国人民代表大会第一次会议上，陈云被任命为

1956年1月25日，陈云在毛泽东主持的第六次最高国务会议上做关于公私合营中应注意的问题及农业生产问题的报告

国务院副总理，并继续主管全国财政经济工作。

在新中国的建设年代，熟谙财经工作的陈云，其作用越来越重要。

1956 年 9 月 28 日，在党的八届一中全会上，陈云当选为中共中央副主席。在此之前召开的七届七中全会第三次会议上，毛泽东讲到为什么要提名陈云等人为中央副主席时，是这样说的：

> 至于陈云同志，他也无非是说不行，不顺，我看他这个人是个好人，他比较公道、能干、比较稳当，他看问题有眼光。我过去还有些不了解他，进北京以后这几年我跟他共事，我更了解他了。不要看他和平得很，但他看问题尖锐，能抓住要点。所以，我看陈云同志行。至于顺不顺，你们大家评论，他是工人阶级出身。不是说我们中央委员会里工人阶级成分少吗？我看不少，我们主席、副主席 5 个人里头就有一个。

中共八大以后，由毛泽东主席，刘少奇、周恩来、朱德、陈云副主席，再加上总书记邓小平，6 人组成了新的中央政治局常委会。从此，在党内、党外，有了“毛（泽东）、刘（少奇）、周（恩来）、朱（朱德）、陈（云）、邓（小平）”的称谓，这是党的最高决策层 6 位常委的简称。

新中国成立后，作为主管经济工作的副总理，陈云是周恩来的主要助手之一，也是毛泽东在新中国的建设问题上主要倚重的人之一。尽管后来在建设思路上毛泽东与陈云有一些差异，甚至由于毛泽东和党内其他一些同志头脑发热，出现过“大跃进”那样的错误，但是，毛泽东仍然欣赏陈云领导共和国经济工作的能力。当 1959 年夏天，毛泽东准备召开庐山会议纠正“左”的错误，他反思 1958 年“大跃进”的失误、考虑国家如何走出困境时，还深情地提起正在养病的陈云。当时提到陈云，毛泽东说了一句耐人寻味的话：“国难思良将，家贫思贤妻，”他还说，“陈云同志对经济工作是比较有研究的，让陈云同志来主管计划工作、财经工作比较好……”

自 1962 年以后，尤其是“史无前例”的“文化大革命”开始以后，由于在建设问题上与毛泽东有一些不合拍，再加上林彪、康生、陈伯达、“四人帮”一伙的陷害，陈云在党和国家的领导层中基本处于“靠边站”的位置上，在很大程度上失去了发言权。康生就曾在1966年8月13日的中共中央工作会议上恶意攻击陈云说：“陈云同志的思想也是长期与主席对立的。他以经济专家自居，自以为他的经济学在主席之上。看看他1962年的报告，就懂得他的经济学是什么货色。他只讲经济，不讲政治，他讲的经济政策，据我看，只是资本主义的商人经济而已。”

“文革”中，陈云一度失去了工作，在1969年召开的中共九大上，他由原来的中央政治局委员、常委、副主席，仅被选为中央委员。这是他自1933年进入中共中央政治局以来，第一次被排除在政治局之外。

中共九大以后，陈云开始了他在北京、江西“蹲点”和养病的日子……

直到1972年，陈云才重新开始参加国务活动，并协助周恩来考虑经济，特别是外贸方面的一些重大方针和政策问题。

在1973年召开的中共十大上，陈云仍只当选为中央委员。

粉碎“四人帮”后，陈云的政治生涯才出现了转机。在叶剑英、李先念、陈云等老一辈无产阶级革命家和全党同志的共同努力下，邓小平重新参加党中央的领导工作，并自党的十一届三中全会以后，成为中央第二代领导集体的核心。这时，陈云与邓小平则成为开创中国改革开放和现代化建设新时期的一对绝好的搭档。

而这时的陈云和邓小平，都进入了人生的晚年岁月。

让我们先从1978年年初开始，探寻陈云晚年岁月的精彩进程……

目　录

卷一

1978 年，在这个中国历史的转折年代，73 岁、已是耄耋之年的陈云，重新进入中央决策层，开始了继续发挥老一辈革命家重要作用的晚年岁月在中国的传统习惯上，对一位老人年龄段的描述，人过70岁，就应该是“古稀之年”了。尤其是到了73岁，是老年人生的一个关口，过了这个关口，就能够更加长寿，因此自古就有“七十三、八十四”之说。

而当历史跨入1978年的时候，陈云正好进入73周岁。作为一个普通老人而言，陈云似乎是进入了晚年的岁月；但对于一个大国有影响力的政治家来说，在这样一个新的历史时期，陈云的政治生涯也进入了一个新的历史阶段。

1.1978年开年以后，陈云不断地向当时的中央领导人提出，要加紧为那些在“文革”中受到迫害的老干部平反，进一步拨乱反正

1978年开年以后的中国，处在一味继续进行全方位拨乱反正的历史进程中。自粉碎“四人帮”以来，此时的中国政坛上，核心人物是华国锋。

而此时的陈云，仅仅只是一位中共中央委员会的委员。但是，陈云并不是一位普通的委员。在刚刚粉碎“四人帮”的行动中，叶剑英多次委托王震找陈云商量对策，陈云的支持，起着举足轻重的作用。粉碎“四人帮”后，陈云一方面思考着拨乱反正的大政方针；另一方面加紧从事解放一大批被林彪、“四人帮”打倒的老干部和国家栋梁的工作。

近一年来，陈云在多种场合，利用各种方式强烈呼吁：应该让邓小平同志出来工作！陈云在1977年3月13日提交中央工作会议的书面发言，就很有技巧：

我对天安门事件的看法：

（一）当时绝大多数群众是为了悼念周总理。

（二）尤其关心周恩来同志逝世后党的接班人是谁。

（三）至于混在群众中的坏人是极少数。

1978 年 12 月，陈云出席中共十一届三中全会。右为邓小平，左为王震

（四）需要查一查“四人帮”是否插手，是否有诡计。

……

邓小平同志与天安门事件是无关的。为了中国革命和中国共产党的需要，听说中央有些同志提出让邓小平同志重新参加党中央的领导工作，是完全正确、完全必要的，我完全拥护。

三个“完全”，陈云的态度一目了然。

此后他还说过：“时机成熟的时候，让邓小平同志出来工作，我很赞成。”

在陈云等人的共同努力下，不久召开的中共十届三中全会决定：恢复邓小平中共中央副主席、中央军委副主席、国务院副总理、中国人民解放军总参谋长等职务。

邓小平在全党、全军、全国各族人民中间的重要地位，是历史决定的。

由于华国锋坚持“两个凡是”（即：“凡是毛主席做出的决策，我们都坚决维护；凡是毛主席的指示，我们要始终不渝地遵循”），这与邓小平强调的“要完整准确地认识毛泽东思想，毛泽东倡导的作风，最根本的是群众路线和实事求是这两条”完全不合拍。陈云坚决支持邓小平的意见，支持邓小平对“两

1977年7月31日，陈云在庆祝中国人民解放军建军50周年招待会上。前排右起：陈云、赛福鼎·艾则孜、王震

个凡是”错误观点的批评。后来中共中央党校《理论动态》和《光明日报》发表《实践是检验真理的唯一标准》一文，引发了关于真理标准问题的全国性大讨论。陈云积极支持关于真理标准问题的讨论。他非常赞赏“实践是检验真理的唯一标准”这个提法，还经常书写这样的条幅赠送传播。

就在毛泽东逝世一周年的时候，陈云在党报《人民日报》上发表了一篇影响很大的文章，题目就叫《坚持实事求是的革命作风——纪念伟大的领袖和导师毛主席逝世一周年》，呼吁：

我们要坚持马克思列宁主义，坚持毛泽东思想，就必须坚持实事求是。

对“两个凡是”等观点，陈云还提出了严肃的批评。

除了利用舆论的力量以外，陈云还直接给当时的中央主席、副主席等领导人写信，促使“文革”留下来的所谓“历史问题”得到妥善解决。

1978年1月3日，陈云给时任中共中央主席、中央军委主席、国务院代总理的华国锋和中共中央副主席叶剑英、邓小平、李先念、汪东兴等人写信，向他们转交中共中央组织部部长胡耀邦送来的一封信。胡耀邦在信中反映了王鹤寿由于“历史问题”所受到的不公正待遇：“文化大革命”中，王鹤寿因1933年被国民党逮捕入狱、1937年抗战爆发后经中共营救出狱这段所谓历史问题，被诬为“叛徒”，长期受到关押。陈云在给华国锋等人的信中指出：“王鹤寿是1937年国共合作时我党从国民党监狱中要出来的。在审查党的七大代表资格时，从当时的所有材料看，他的历史是清楚的。”陈云果断提出：“建议由中央组织部把他的材料再审查一次，并把他调到北京治病。”

在陈云敦促下，王鹤寿的问题很快得到解决。不久，王鹤寿被从外地接回北京，并恢复了党的组织生活。人们在新闻报道中，重新开始见到王鹤寿的名字。

4月24日，陈云再次致信华国锋与叶剑英、邓小平、李先念、汪东兴，转交曾志关于原中共中央政治局常委、国务院副总理陶铸“历史问题”的来信。曾志系陶铸之妻，“文化大革命”前曾任中共广州市委书记处书记等职，“文革”中同样受迫害。陶铸于1933年5月被国民党逮捕，并被判处无期徒刑。他在狱中同敌人进行了坚决的斗争。抗日战争爆发后，经党组织营救出狱。后被派往中共湖北省委，任常委兼宣传部部长。陶铸在抗日战争期间转战南北，功勋卓著；在解放战争期间在东北担任领导职务；新中国成立前后又南下，先后担任华中、中南、华南军区重要领导职务。然而，“文化大革命”中，他却受到林彪、江青两个反革命集团的迫害，曾经被捕那段历史也被诬陷为“叛变”。1969年11月30日，陶铸含冤去世。

对陶铸的所谓“历史问题”，主管过组织工作的陈云是清楚的。他在给华国锋等人的信中指出：“陶铸是在国共合作后由我党从监牢中向国民党要出来的。此案牵涉到一大批省部级干部，弄清陶铸问题非常必要。”陈云建议：由中央组织部主持会同专案组，将全部案卷和有关人员都调到北京，再审查一次。

经陈云出面，解决陶铸的问题很快有了进展。

陶铸和王鹤寿的问题属于同一类情况，为加大为他们平反的工作力度，11月份，陈云又在十一届三中全会召开前的中央工作会议上专门提出，要彻底解决他们的问题，不能留有“尾巴”。

当年年底，王鹤寿在党的十一届三中全会上，被选为中央纪律检查委员会副书记，成为陈云的得力助手；陶铸也得到彻底平反，在12月24日召开的追悼大会上，陈云还为陶铸致了悼词。

亲自为受迫害的老干部奔走呼吁，使他们的冤、假、错案尽快得到平反，这样的事，在陈云身上发生过无数起。由于陈云的努力，“文革”中造成的许多重大的冤、假、错案，得以改正、平反。

2. 国家急于要上 120 个大型项目，陈云有不同的想法。他首先在党内给人们“打预防针”；国务院召开务虚会议，陈云建议：“最好用几天时间，专门听听反面意见。”

1978 年的中国政治舞台上，发生了许许多多重要而值得世人关注的事件。仅在中国共产党党内，就召开了两次中央全体会议。一次是年初召开的十一届二中全会，一次是年底召开的十一届三中全会。

1978 年的 2 月 18 日至 23 日，陈云在北京出席了中共十一届二中全会。这次全会的主要目的，是为即将召开的第五届全国人民代表大会和第五届全国政协会议做准备。

中央全会讨论了即将提交五届全国人大一次会议的《政府工作报告》《1976 年至 1985 年发展国民经济十年规划纲要（草案）》《中华人民共和国宪法修改草案》和《关于修改宪法的报告》。

按照会议分组，陈云参加东北组的讨论。对由中央政治局提交的前两个文件，陈云是有一些想法的。

在《政府工作报告》稿和《十年规划纲要》草案中提出：从 1978 年到 1985 年，要新建和续建 120 个大型项目，其中有十大钢铁基地，九大有色金属基地，八大煤炭基地，十大油气田，三十个大电站，六条铁路新干线，五个重点港口……

这是一个庞大的建设规划。按当时中国的实际情况，这么大的摊子，超出了刚刚从“文革”中走出来的中国的实际建设能力，一旦全面铺开，是很难收拾的。这 120 个大项目，最初是 1977 年由国家计委在《关于经济计划的汇报要点》中谈到“六五”计划任务时提出的，后经中共中央政治局批准。总的来讲，这些任务和设想，反映了当时领导层和党内外同志想把“文革”期间遭到严重破坏的国民经济搞上去的急迫心情。如果这种心理得到了错误引导，势必会使建设的航船走入盲区。

二中全会开幕的第二天，陈云在东北组会上做了一个发言，开始在党内给人们“打预防针”。他主要讲了五点意见：

第一点，陈云首先提出要处理好农、轻、重的关系，他强调：“要把农业放在必要位置上。”

陈云说：

对农、轻、重的次序，在实际执行中，往往没有这样摆。在党的高级干部中，对农业搞上去要费相当劲儿的认识，不一定一致。报上讲到要建设工业省。却很少听到要建设工业农业省。中国的特点是人口多，耕地少，耕地中还要有一部分种植经济作物。美国人口少，土地多，气候好。苏联的土地也比我们多。我们前几年每年要进口四五百万吨粮食，今年还要进口七百万吨，因此首要目标应是减少一些进口。即使今后产量达到八千亿斤，人民生活水平有很大提高，人均水平比起国外来说也还是低的。要把农业搞好，除开展学大寨运动外，还应采取一些必要措施，如南水北调，建设商品粮基地，增加农业投资等等。

第二点，陈云提出了工业的重点问题，他强调：“工业生产的重点在提高质量。”

陈云说：

今年钢将达到年产三千万吨，如果质量好，是很顶用的。其他工业也是如此。质量不好是最大的浪费。

第三点，陈云提出在建设问题上中央和地方的关系问题。他强调：“今后几年，既要发挥中央和地方两个积极性，也要有必要的集中。”

第四点，陈云提出了人才的使用和培养问题，他强调：“技术力量的来源既要靠改进各级学校的教育，又要靠发挥现有技术人员的作用。”

他对现有人才的使用状况是担心的：

建国28年来，我们已培养出100万理工科大学毕业生、500万中专毕业生，这些人才应当是各部门的骨干，但现在有些没有被摆到适当位置。

第五点，陈云进一步提出要提高生活质量。他说：

要设法改善副食品、肉类供应，不要等农业增产以后再解决。可在短期内进口饲料，出口些好肉；要增产豆制品；可建些大船到深海捕鱼，并在船上加工。

会议期间，对有关宪法的修改问题，陈云也提出了自己的看法。2月21日，在东北组讨论宪法修改草案的会上，陈云表示赞同此次宪法的修改，他发言说：

宪法的有关条文修改得很好。

例如，第五十条“劳动者有休息的权利”。不仅规定劳动者有正常的节假日制度，还载明：“逐步扩充劳动者休息和休养的物质条件，以保证劳动者享受这种权利”。体现了国家对劳动者的关怀和鼓励。过去我们曾让有关部门推选一些劳动模范或其他优秀分子到一些胜地去疗养，很多人受到了鼓舞，效果很好。这实际上就是对那些“干不干，一个样”的有力批判，同时能起到鼓励人民群众为国家多做贡献的作用。

又如，第九条将“国家保护公民的劳动收入”改为“国家保护公民的合法收入”，更符合党的政策，更有利于调动各阶层人民的社会主义积极性。

二中全会闭幕后，陈云接着出席了五届人大一次会议和五届政协一次会议。会上，陈云继续当选为全国人大常委会副委员长。

就在2月26日至3月5日召开的五届人大一次会议上，讨论并通过了《国民经济十年规划纲要（草案）》和华国锋做的《政府工作报告》。其中确定了未来8年间的建设指标：新建和续建120个大型项目，工业总产值每年增长10%，到1985年，钢、原油、粮食产量分别达到6000万吨、2.5亿吨、8000亿斤，到20世纪末工业生产各项经济技术指标分别接近、赶上和超过世界先进水平，农业生产要最大限度地实现机械化、电气化、水利化。

一些真正懂得经济工作的人预感到，这些不切实际的奋斗目标和高指标，必然会在随后的工作中造成国家财政困难和国民经济比例更加失调的严重后果。

由于连续地开会和工作，陈云的身体受到很大影响。会后不久，他的心脏病轻度复发。好在及时注意调整，并无大碍。

全国人大通过了中央确定的经济建设高指标后不久，实际工作中的难题便接踵而来。一方面是加快发展速度、迅速扭转国民经济局面的强烈愿望；另一方面是中国依然落后且遭到破坏的客观现实。如何解决发展速度问题，需要进一步集思广益，从战略角度进行思考。

为此，从7月6日开始，国务院专门召开务虚会，主题是研究加快我国“四个现代化”的速度问题。

会议一开始，有关建设速度快慢的问题至少有两种观点。一种观点赞成以原来设想更快速度建设“四个现代化”；一种观点反对不切实际的高速度，以免出现过去“大跃进”的失误。

会议进行期间，前一种观点显然占了上风。就在会议进行期间，《人民日报》还专门发表了该报代表团出国访问后的感想，题目就是《速度及其他》，文中高度赞赏罗马尼亚打破工业发展常规，在持续20多年的时间里每年都以百分之十几的高速度增长的做法，并断言：“在华主席为首的党中央领导下，经过全国人民的努力，在本世纪末，甚至更短的时间内，实现农业、工业、国防和科学技术的现代化，是完全可能的。”

会议从近两年来国民经济迅速好转，“四人帮”长期破坏造成的严重恶果很快就可以消除这种认识出发，提出要组织国民经济的新的大跃进，要用比原来设想更快的速度实现“四个现代化”。

会上的这些情况，陈云高度关注，他除了阅看会议简报外，还找人了解会上的不同意见。

根据陈云的建议，这次的务虚会一开就是两个多月，直到9月9日才闭幕。

对国务院务虚会的情况，陈云记忆深刻。当年12月10日在中央工作会

1978年2月，陈云出席五届人大一次会议时，与宋庆龄、苏振华、袁雪芬交谈

议上，陈云说道："今年7月31日，我曾向先念同志提出，国务院召开的务虚会议最好用几天时间，专门听听反面意见。我们既要听正面意见，又要听反面意见。"直到1979年3月21日，他在中共中央政治局召开的一次会议上，还谈到这件事。他说："去年国务院开务虚会，重要发言我都看了。那个时候，我对先念同志说，也对谷牧同志说，务虚会是否多开几天，听听反对的意见，可能有些人有不同意见。出国考察的人回来吹风，上面也往下吹风，要引进多少亿，要加快速度。无非一个是借款要多，一个是提出别的国家八年、十年能上去，我们可不可以再快一点。有些同志不大好讲话。务虚会上很少有人提出反对意见。"

经过两个多月的讨论，一些持不同意见的同志发表自己的看法，对后来调整国民经济决策的形成，起了重要的推动作用。

国务院务虚会议的另一个成果，是在听取近一段时间以来各出访代表团访问国外的一些见闻的基础上，对进一步改革开放、加快发展达成了一定的共识。会上也提出了一些促进改革和扩大开放的思想，如：要放手利用国外资金，大量引进国外先进技术设备；今后在经济领导工作和管理工作中要摆脱墨守行政方式的老框框，放手发挥经济手段和经济组织的作用；要改变手工业式、小农经济式甚至封建衙门式的管理方法；坚决实行专业化，发展合同制，贯彻按劳分配原则；要保障工业企业必要的独立地位，适当扩大它们的经济自主权；等等。

3. 中央召开工作会议，邓小平提议：要解决工作重点转移的问题。陈云先提出，中央应该考虑解决"文革"遗留的一些重大问题；然后他才谈下一步的经济工作

国务院务虚会议结束后，陈云于9月19日来到浙江杭州的西子湖畔休养。在这里，他住了一个多月，一方面休养，一方面思考一些党和国家的重大问题。

11月7日，为出席即将召开的中央工作会议和党的十一届三中全会，陈云由杭州回到了北京。

11月10日，中共中央工作会议在北京召开。出席会议的有各省、直辖市、自治区、各大军区和中央党、政、军各部门以及群众团体的主要负责人共212

人。会议分 6 个组讨论，陈云被分在东北组，他为在这次会上发言做了充分的准备。

为期一个多月的中央工作会议原定议题主要是讨论经济工作，即:（一）讨论如何进一步贯彻执行以农业为基础的方针，尽快把农业生产搞上去;（二）商定 1979 年、1980 年两年国民经济计划的安排;（三）讨论李先念在国务院务虚会上的讲话。但是，要真正把国家经济搞上去，必须解决党和国家的中心工作转移的问题。为此，邓小平在会前提议，这次会议要解决工作重点转移的问题。根据这一提议，中央政治局决定中央工作会议先用两三天时间讨论全党工作重点转移问题。会议开始前几天，邓小平以国务院副总理身份开始出访泰国和新加坡。在党内德高望重的陈云，从会议一开始，便起着举足轻重的作用。

中央工作会议开始，华国锋首先讲了话，表明了中央政治局常委、中央政治局的一致主张，即:从明年起，把工作着重点转到社会主义建设上来。华国锋说:“这是一个关系全局的问题，是我们这次会议的中心思想。”

为让大家讨论工作重点的转移问题，华国锋提出，请参加会议的同志们畅所欲言。但是，华国锋在讲话中没有否定“两个凡是”的错误方针;没有肯定实践是检验真理的唯一标准的讨论;没有提出拨乱反正、解决历史遗留问题等全党关心的大问题。

11 月 12 日，参加东北组讨论的陈云在会上做了一个具重大导向性的发言。

陈云首先表示完全赞同中央关于将工作重点转移到社会主义建设上来的意见。他认为，实现四个现代化是全党和全国人民的迫切愿望。

接着，陈云提出:要把工作重点转移到社会主义建设上来，必须由中央解决“文化大革命”遗留的一些重大问题和一些重要领导人的功过是非问题。因为安定团结也是全党和全国人民关心的事，不解决这些问题，干部和群众对党内是否能安定团结，是有所顾虑的。

陈云进一步提出:“对有些遗留的问题，影响大或者涉及面很广的问题，是需要由中央考虑和做出决定的。对此，中央应该给以考虑和决定。”

陈云当即提出了需要中央考虑和做出决定的六大“影响大或者涉及面很广的问题”，即:薄一波等 61 人所谓叛徒集团问题;抗战初期所谓自首分子问题；陶铸、王鹤寿等人的所谓叛徒问题及中央专案组不正常状态问题；彭德怀的骨灰安置问题；天安门事件问题；康生的错误问题。

陈云所提的这六大问题，“对党内党外都有极大影响”，必须由中央来考虑并做出决定妥善解决。比如薄一波等 61 人所谓叛徒集团案，发生在“七七事变”之前，当时薄一波等一大批共产党人被敌人关押在北平草岚子监狱，他们面对各种各样的酷刑坚贞不屈，与敌人进行了顽强的斗争，甚至面对死亡，也没有屈服。1936 年，在全国抗日救亡运动高涨的形势下，中共中央北方局为了开展工作，解决干部严重缺乏的问题，报请中共中央批准，指示薄一波等人可以履行敌人规定的手续出狱。这些同志经党营救以后，奔赴抗日前线，为中华民族的独立和解放做出了重要的贡献。对他们出狱的这段历史，

1937 年 10 月底，陈云（前排左一）等从新疆回到延安，在机场受到毛泽东（前排左三）等的欢迎

中共中央早已有过结论，没有当作问题。但是，“文化大革命”开始后，林彪、康生、江青等人为了篡党夺权的需要，于1967年3月将薄一波等61人定为“叛徒集团”，制造了一起重大的错案。而这些同志中的大多数在新中国成立后至“文化大革命”前，担任过从中央到地方各部门的重要领导职务，是我们党的重要政治财富。

这些问题不解决，“是很不得人心的”。

陈云将这些问题一一列出，他说：

一、薄一波同志等61人所谓叛徒集团一案是党组织和中央决定的，不是叛徒。

二、1937年7月7日中央组织部关于所谓自首分子的决定①这个文件，是我在延安任中央组织部长（1937年11月）以前作出的，与处理薄一波同志等问题的精神是一致的。我当时还不知道有这个文件，后来根据审查干部中遇到的问题，在1941年也写过一个关于从反省院出来履行过出狱手续，但继续干革命的那些同志，经过审查可给以恢复党籍的决定②。这个决定与“七七决定”精神是一致的。这个决定也是中央批准的。我认为，中央应该承认“七七决定”和1941年的决定是党的决定。对于那些在“文化大革命”中被错误定为叛徒的同志应给以复查，如果并未发现有新的真凭实据的叛党行为，应该恢复他们的党籍。此外，据我所知，在抗日战争时期和解放战争时期，在敌我边际地带有一个所谓“两面政权”问题。当时党组织决定一些党员在敌伪

---

① 1937年7月7日，中共中央组织部《关于所谓自首分子的决定》的第三条规定：“凡在狱中表示坚定坐满刑期，送到反省院的同志，照例要办自首手续，或填一般反共自愿书，才能出狱。如他们曾经组织允许填写这类文件后出狱的，得恢复其组织。如具有上述情形，但未经组织允许者，经过工作中考察后，亦得恢复其组织。”

② 指1941年7月22日中共中央通过的《关于过去履行出狱手续者（填写悔过书声明脱党反共）暂行处理办法》。这个暂行处理办法的第二条规定：“共产党员在被捕后，毫无叛党行为，仅仅在刑期满后或交保释放时由自己或家属填写过‘悔过’、‘自新’一类文件作为出狱手续，而在出狱后仍然坚决革命，并未改变其革命本质，并未对革命发生动摇者，虽在当时中央并无允许履行这类手续之决定，应视为实质上并未叛变。因此出狱后经地委以上审查和认可之后，已恢复党籍者仍然不变，未恢复或恢复后又被开除者，则在本人要求恢复时可恢复其党籍。但在党表上应登记此种出狱情况。以区别于过去拒绝履行出狱手续坚持无条件出狱者。”

政权中任职，掩护我党我军的工作。这些党员，在“文化大革命”中也大多被定为叛徒。这是一个涉及到数量更大的党员的政治生命问题，也应该由党组织复查，对并无背叛行为的同志应该恢复党籍。

总之，“七七决定”、1941年决定中所涉及的同志和在“两面政权”中做了革命工作的同志，对他们做出实事求是的经得起历史检验的结论，这对党内党外都有极大的影响。不解决这些同志的问题，是很不得人心的。这些同志都已是六七十岁的人了，现在应该解决他们的问题。

三、陶铸同志、王鹤寿同志等是在南京陆军监狱坚持不进反省院，直到“七七”抗战后由我们党向国民党要出来的一批党员，他们在出狱前还坚持在狱中进行绝食斗争。这些同志，现在或者被定为叛徒，或者虽然恢复了组织生活，但仍留着一个“尾巴”，例如说有严重的政治错误。这些同志有许多是省级、部级的干部。陶铸一案的材料都在中央专案组一办。中央专案组是“文化大革命”时期成立的，他们做了许多调查工作，但处理中也有缺点错误。我认为，专案组所管的属于党内部分的问题应移交给中央组织部，由中央组织部复查，把问题放到当时的历史情况中去考察，做出实事求是的结论。像现在这样，既有中央组织部又有专案组，这种不正常的状态，应该结束。

四、彭德怀同志是担负过党和军队重要工作的共产党员，对党贡献很大，现在已经死了。过去说他犯过错误，但我没有听说过把他开除出党。既然没有开除出党，他的骨灰应该放到八宝山革命公墓。

五、关于天安门事件[①]。现在北京市又有人提出来了，而且还出了话剧《于无声处》[②]，广播电台也广播了天安门的革命诗词。这是北京几百万人悼念周总理，反对“四人帮”，不同意批邓小平同志的一次伟大的群众运动，而且在全

---

① 指1976年4月5日在北京天安门广场爆发的悼念周恩来、反对“四人帮”的强大抗议运动。这个运动实质上是拥护以邓小平为代表的党的正确领导，它为后来粉碎江青反革命集团奠定了伟大的群众基础。当时，中共中央政治局对天安门事件的性质做出了错误的判断，认为是“反革命政治事件”，并且错误地撤销了邓小平的党内外一切职务。

② 指上海青年工人、业余作者宗福先创作的一部四幕话剧。《于无声处》是粉碎“四人帮”后第一个以歌颂首都人民在天安门广场悼念周恩来总理、同“四人帮”作斗争为题材的作品，被称为“写出了人民心声”、“冲破了禁区”、“震惊了中国”的“一声惊雷”。该剧在上海演出以后，北京及一些省、直辖市、自治区的文艺工作者纷纷前往上海学习观摩，并陆续在全国各地公演，引起了强烈的反响。

国许多大城市也有同样的运动。中央应该肯定这次运动。

六、“文化大革命”初期，康生同志是中央文革的顾问。康生同志那时随便点名，对在中央各部和全国各地造成党政机关瘫痪状态是负有重大责任的。康生同志的错误是很严重的，中央应该在适当的会议上对康生同志的错误给以应有的批评。

我提出以上六点，请同志们批评指正。

陈云的发言，恰似政治上的“一声惊雷”，说出了许多人不敢说的话，引起了与会者的热烈响应。这些涉及极大的政治问题，由陈云说出来，真是大快人心。胡耀邦、万里、聂荣臻、康克清等人在发言中一致表示，完全同意陈云提出的六点意见，赞成把“文化大革命”中尚未解决的一些大是大非问题搞清楚。

此后的会议，很快突破了原定的框框，开成了一次解放思想、拨乱反正、集中批判“左”倾错误的会议。

在接下来的会议中，陈云还多次进一步阐明自己的观点。比如在11月22日的东北组会议上，当聂荣臻在发言中谈到一些重大的历史问题时，陈云积极呼应，不时插话。当聂荣臻讲到“二月逆流”[①]问题时，陈云插话说：“二月是正流，一月才是逆流。”当讲到彭德怀、彭真、陶铸、杨尚昆等人的平反问题时，陈云插话说：“这些问题不解决，在党内党外都很不得人心。”当讲到搞清“文化大革命”中的一些事情并不是纠缠历史旧账时，陈云插话说：“不是要搞运动，只是要中央开个口。”当讲到康生历史问题时，陈云插话说：“康生是否被捕过？被捕后表现怎样？对这些要慎重，没有真凭实据不要轻易定。”

陈云的一系列发言和插话，为解决“文化大革命”中的一系列重大历史

---

① 1967年1月，在“文化大革命”的混乱形势下，首都北京掀起包围中南海、揪斗党和国家领导人的风潮，并引发全国范围内更大规模的政治风暴。当月，上海《文汇报》《解放日报》中的造反派相继“夺权”，宣布“接管”报社。随即，“工总司”等上海市造反派组织联合召开“彻底打倒”中共上海市委大会，强行夺取原上海市的所有党政大权。针对“一月夺权”等政治风暴，周恩来于2月多次主持召开有政治局委员、国务院副总理和中央文革小组成员参加的中南海怀仁堂碰头会。在怀仁堂碰头会上，谭震林、陈毅、叶剑英、李富春、李先念、徐向前、聂荣臻、余秋里、谷牧等人强烈地抨击了“文化大革命”中出现的种种错误做法，向中央文革小组几个主要成员提出责问。他们的这一行动很快遭到林彪、“四人帮”的反击，并受到毛泽东的批评，被称为“二月逆流”。

问题，打开了一个重大的突破口。

在中央工作会议期间，陈云提出的几大问题得到了中央政治局的回应。

11 月 25 日，在中央工作会议全体会议上，华国锋代表中央政治局宣布，为天安门事件和薄一波等六十一人问题、陶铸问题、“二月逆流”问题平反；纠正对彭德怀的错误结论，将其骨灰放入八宝山公墓；撤销中央专案组，全部案件移交中央组织部；对康生、谢富治问题可以揭发，材料送中央组织部。

1978 年 12 月，陈云在彭德怀、陶铸追悼会上致悼词

解决这些问题，是人心所向；陈云心情也为之大快。华国锋讲话的第二天，陈云在东北组会议上发言，表示完全同意华国锋的讲话，并强调说：“维护安定团结，争取实现四个现代化是全党全国人民的迫切愿望，是我国目前的大局。”在讲到干部复查问题时，陈云进一步说：“被复查的人要有充分申诉意见的机会。应该相信，党对于所有被复查的干部将实事求是地做出合乎事实的结论。”

在陈云的大声疾呼下，一些未来得及在会议期间解决的问题，也留待会后逐渐解决。

解决上述问题的眉目舒展开来以后，为与会者在接下来进一步讨论 1979 年和 1980 年国民经济计划的安排，整治一些重大比例失调的问题，克服急于求成的思想倾向，做了重要的铺垫。在后面几天的中央工作会议上，陈云才开始谈起经济工作问题。

12 月 10 日，陈云上午、下午都在中央工作会议东北组会议上发了言。他满意地说：“这次工作会议开得很好，好就好在真正恢复了党的民主作风。对同志的批评指名道姓，畅所欲言，这是会风，也是党风。如果我们党能保持这次会议的作风，世界共产主义运动的胜利就有了保证。”陈云认为，有了这样的民主风气，党和国家的工作才能搞好。因此他表示赞成有人提出的关于成立中央书记处的建议，认为这样可以使中央常委摆脱日常小事，更集中精力于国家大事。

在这天的会议上，陈云着重谈到了如何进行四个现代化建设和下一步的经济工作。

讲到四个现代化，陈云强调指出：

> 实现四个现代化是我国史无前例的一次伟大进军。必须既积极又稳重。
>
> 今年7月31日，我曾向先念同志提出，国务院召开的务虚会议最好用几天时间，专门听听反面意见。我们既要听正面意见，又要听反面意见。
>
> 我们要坚持实事求是，就是要根据现状，找出解决问题的办法，首先弄清事实，这是关键问题。

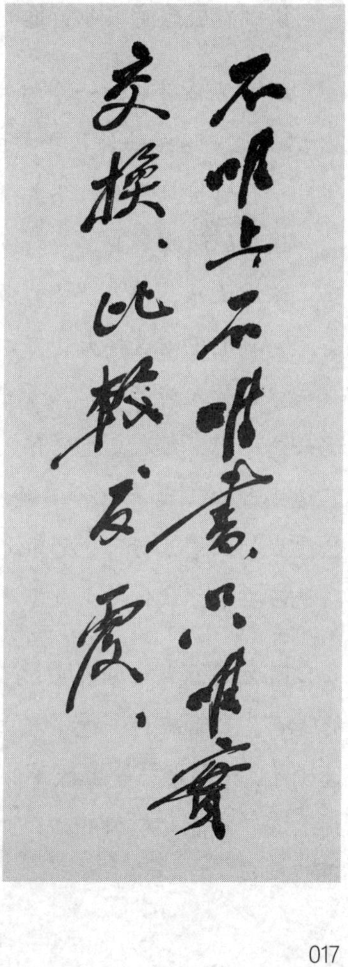

陈云透露，早在1942年，他在延安养病的时候，就仔细研究了毛主席的著作和文电，感到贯穿在里面的一个基本思想，就是实事求是。为了弄清“实事”，可以概括为六个字，就是“交换、比较、反复”。（陈云有时也将这六个字概括说：“全面、比较、反复”。）

讲到下一步的经济工作，陈云发表了五点意见：

> （一）在三五年内，每年进口粮食可以达到两千万吨。
>
> （二）工业引进项目，要循序而进，不能窝工。
>
> （三）要给各省市一定数量的真正的机动财力。

（四）对于生产和基本建设都不能有材料的缺口。

（五）要重视旅游事业的发展。

讲到进口粮食，他说："我们不能到处紧张，要先把农民这一头安稳下来。……摆稳这一头，就是摆稳了大多数，七亿多人口稳定了，天下就大定了。建国快三十年了，现在还有讨饭的，怎么行呢？要放松一头，不能让农民喘不过气来。如果老是不解决这个问题，恐怕农民就会造反，支部书记会带队进城要饭。"他认为，为使农民稳住，粮食进口多一些不要紧；可以直接向美国买粮食。"这是大计，这是经济措施中最大的一条。"

讲到下放财权，他指出："要信任各省市的领导同志，他们都是共产党员，都是高级领导干部，我想他们不致把钱乱花掉。"

讲到发展旅游事业，他的意见更加深刻：

我看了旅游局的一个材料，他们计划 1983 年接待 300 万人次，可以收入 30 亿美元。这是一件很重要的事情。旅游项目必须优先安排，要同引进重要项目一样对待。但是又不要看得太容易，有大量工作要做。

现在的旅游事业，是行政管理，还不是业务管理。

旅游收入，比外贸出口收入要来得快，来得多。英伦三岛每年收入 54 亿美元，我们中国这样大，可以收入更多。

旅游收入实际是"风景出口"，而且可以年年有收入，一年比一年多。反过来想一想，有无害处？有。例如：其一，外国会派特务来侦察，现在就有嘛，只是小开口、大开口的问题。其二，可能有意志薄弱的人被收买。这个问题只要我们注意就行了，没有什么了不起。其三，外国人看到了我们的落后情况。这也不要紧，我们本来并不先进，而且外国人早就知道。

陈云的五点意见表明：农业要抓住粮食问题和农民问题这一经济工作的核心，首先要解决这一重中之重；工业项目要循序而进，不要一拥而上，否则欲速则不达；财经体制要改革，要给地方真正的自主权；基本建设的摊子不能铺得太大，不能有材料的缺口；第三产业中要优先考虑旅游业的发展，要同引进重要项目一样对待。

陈云谈的这几点意见，涉及中国经济发展的几个重大原则性问题，引起与会人员的极大兴趣和普遍赞同。当他刚刚讲完时，全场热烈地长时间鼓掌。其中当他讲到第三点关于财经体制改革问题要给地方“真正的机动财力”、“不能有名无实”时，全场更是热烈鼓掌。这样的场景，甚至都写在了当时的会议记录中。

陈云的这一发言记录，当天就作为大会简报印发。

4. 邓小平阐述“解放思想，实事求是”的主题，为十一届三中全会的召开定调。三中全会公报多次提到陈云重新进入中央决策层的职务变化，他在会上谦虚地表了个态

中央工作会议结束时间是12月15日，但闭幕会是在12月13日开的。由于会议的重要性，闭幕会后，各组又讨论了两天才于12月15日彻底结束。

12月13日，陈云参加了中央工作会议的闭幕会。邓小平在闭幕会上做了重要讲话。邓小平是11月14日结束对泰国、马来西亚和新加坡的访问回到北京的。回国以后，邓小平也参加了中央工作会议。这次出访，邓小平感触颇深，尤其是新加坡发展的经验对他影响较大。

邓小平与陈云，这两位老战友在如何开创中国社会主义现代化建设新时期的思路上，是完全一样的。他们共同认为，对解决了一些重大的历史遗留问题以后，必须进一步解放思想、实事求是、团结一致向前看。

邓小平在闭幕会上详细阐述了“解放思想，开动脑筋，实事求是，团结一致向前看”这个主题。

邓小平指出：“解放思想是当前的一个重大政治问题。”思想不解放，思想僵化，很多的怪现象就产生了：思想一僵化，条条、框框就多起来了；思想一僵化，随风倒的现象就多起来了；思想一僵化，不从实际出发的本本主义也就严重起来了。“不打破思想僵化，不大大解放干部和群众的思想，四个现代化就没有希望。”

邓小平在讲话中认为：“解放思想，开动脑筋，一个十分重要的条件就是要真正实行无产阶级的民主集中制。”他强调说：“当前这个时期，特别需要强调民主。……我们要创造民主的条件，要重申‘三不主义’：不抓辫子，不扣

帽子，不打棍子。在党内和人民内部的政治生活中，只能采取民主手段，不能采取压制、打击的手段。”

他还重点讲了发扬经济民主的问题。这点也是陈云在会上强调的意思。邓小平说：

> 现在我国的经济管理体制权力过于集中，应该有计划地大胆下放，否则不利于充分发挥国家、地方、企业和劳动者个人四个方面的积极性，也不利于实行现代化的经济管理和提高劳动生产率。应该让地方和企业、生产队有更多的经营管理的自主权。我国有这么多省、市、自治区，一个中等的省相当于欧洲的一个大国，有必要在统一认识、统一政策、统一计划、统一指挥、统一行动之下，在经济计划和财政、外贸等方面给予更多的自主权。
>
> 当前最迫切的是扩大厂矿企业和生产队的自主权，使每一个工厂和生产队能够千方百计地发挥主动创造精神。

邓小平提醒大家：“这次会议，解决了一些过去遗留下来的问题，分清了一些人的功过，纠正了一批重大的冤案、错案、假案。这是解放思想的需要，也是安定团结的需要。目的正是为了向前看，正是为了顺利实现全党工作重心的转变。”

邓小平还讲到了国际国内都很关心的其他一系列问题。他最后提出：“要向前看，就要及时地研究新情况和解决新问题，否则我们就不可能顺利前进。各方面的新情况都要研究，各方面的新问题都要解决，尤其要注意研究和解决管理方法、管理制度、经济政策这三方面的问题。”

邓小平这篇讲话，全面地阐述了如何实现全党工作重点转移的问题，对如何实现四个现代化，指明了基本的路线、方针、方法和措施。这篇讲话，实际上成为随后召开的十一届三中全会的主题报告；讲话的精神，成为十一届三中全会的指导思想。

长达36天的中央工作会议，为随即召开的中共十一届三中全会打下了良好的基础。

就在中央工作会议闭幕的第二天，中国的外交工作也取得了重大的突破。1978年12月16日，中美两国政府分别宣布：两国自1979年1月1日起互相

陈云在中共十一届三中全会上

承认并建立外交关系。中国政府声明中称：结束中美两国关系的长期不正常状态，是中美两国关系中的历史性事件。

两天以后的1978年12月18日，具有重大而深远历史意义的中共十一届三中全会在北京开幕。

陈云是带着一种很长一段时间以来未曾有过的愉快心情参加这次历史性会议的。

由于有了中央工作会议所做的充分准备，有关党的工作重点转移的问题以及与此相关的一系列问题，都在十一届三中全会上得到了圆满的解答。三中全会取得了一系列重大的、具有深远历史意义的成果。

全会决定，鉴于中央在二中全会以来的工作进展顺利，全国范围的大规模的揭批林彪、“四人帮”的群众运动已经基本上胜利完成，全党工作的着重点应该从1979年转移到社会主义现代化建设上来。

会议指出，实现四个现代化，要求大幅度地提高生产力，也就必然要求多方面地改变同生产力发展不适应的生产关系和上层建筑，改变一切不适应的管理方式、活动方式和思想方式，因而是一场广泛、深刻的革命。对于社会主义社会的阶级斗争，应该按照严格区别和正确处理两类不同性质的矛盾的方针去解决，按照宪法和法律规定的程序去解决，决不允许混淆两类不同性质矛盾的界限，决不允许损害社会主义现代化建设所需要的安定团结的政治局面。

会议高度评价了关于实践是检验真理的唯一标准问题的讨论，认为这对于促进全党同志和全国人民解放思想，端正思想路线，具有深远的历史意义。一个党，一个国家，一个民族，如果一切从本本出发，思想僵化，那它就不能前进，它的生机就停止了，就要亡党亡国。

会议还提出了改革我国过于集中的经济管理体制，集中主要精力把农业尽快搞上去，解决好“文化大革命”中发生的一些重大政治事件和之前遗留下来的某些历史问题，真正实行民主集中制，历史地、科学地认识毛泽东同志的伟大功绩，完整地、准确地掌握毛泽东思想的科学体系等一系列重大任务。

十一届三中全会结束了“两个凡是”的错误方针，确定了解放思想、开动脑筋、实事求是、团结一致向前看的思想路线，停止使用了“以阶级斗争为纲”的错误口号，做出了把全党工作的着重点转移到社会主义现代化建设上来的战略决策。

在经济工作方面，鉴于国民经济比例关系严重失调的现状，会议根据陈云等人的提议，提出了必须采取一系列重大措施，对国民经济比例关系进行调整的任务。

除了取得以上这些引人关注的成果以外，这次会议引人关注的另一个亮点，是调整了中央领导机构的成员。陈云，是十一届三中全会上唯一增选的中共中央政治局常委、副主席，成为中央领导机构调整中党内外、国内外关注的一个焦点。

12 月 22 日，中共十一届三中全会闭幕。陈云在闭幕会上讲了话。他对十一届三中全会是这样评价的：

我认为三中全会和此前的中央工作会议开得很成功。大家在马列主义、毛泽东思想的基础上，解放思想，畅所欲言，充分恢复和发扬了党内民主和党的实事求是、群众路线、批评和自我批评的优良作风，认真讨论了党内存在的一些重大问题，增强了团结，真正实现了毛泽东所提倡的“又有集中又有民主，又有纪律又有自由，又有统一意志，又有个人心情舒畅、生动活泼的那样一种政治局面”。

对这种政治局面及其作用，陈云做了很高的评价，他说：

在延安整风时，毛泽东首先集中了几十个高级干部，连续开了几个月的整风会议，大家面对面地指名道姓地批评和进行自我批评，认真总结建党以来的经验教训，写出了《关于若干历史问题的决议》。党的七大后，全党同志团结一致，取得了抗日战争和解放战争的胜利。1957年以后，由于种种干扰，毛泽东提出的这种心情舒畅、生动活泼的政治局面很多年没有实现。九大、十大党章中也写了这一要求，但是没有实现。这一次党中央带了个好头，只要大家坚持下去，有可能在全国实现。这对于安定团结、实现四个现代化一定会起重要的作用。

陈云讲话的第二层意思，是对自己的当选表了个态，他诚恳地说：

现在，三中全会选举我为中央纪律检查委员会第一书记、政治局委员、常委、中央委员会副主席，我感谢工作会议和中央全会同志们对我的信任。

但是我的身体情况是很差的。我将尽我的力量来工作。但是我只能做最必要的工作，就是说量力而行。

中共十一届三中全会，标志着经历十年“文革”内乱中国共产党重新确立了马克思主义的思想路线、政治路线、组织路线，并结束了粉碎“四人帮”后党的工作在徘徊中前进的局面，实现了新中国成立以来党的历史上具有深远意义的伟大转折，开创了中国现代化建设和改革开放的新的历史时期。

陈云个人的人生命运和政治生涯，也进入了一个新的历史阶段。尽管他自己表示“身体情况是很差的”，“只能做最必要的工作”，但是，由于新时期社会主义现代化建设的需要，作为一位德高望重的老一辈革命家和真正懂得经济工作的领导人，在中国以经济建设为中心的新时期，陈云的地位和作用，显然是举足轻重的。

三中全会以后，新的中共中央政治局于12月25日召开全体会议。会上确定了陈云等新增选的四位中央政治局委员的分工，决定陈云分管中央纪律检查委员会和公安、检察、法院、民政等中央政法部门。会议还决定胡耀邦任中央秘书长，胡乔木、姚依林分别任副秘书长；免去汪东兴的中央办公厅主任、中央警卫局局长等兼职。

除了在中央政治局内的分工以外，中央对陈云的领导特长还有考虑：由陈云来侧重主管改革开放和现代化建设新时期的中央财经工作。

已进入人生耄耋之年的陈云，本应该安享清福、颐养天年了。可作为老一辈无产阶级革命家，陈云却被特殊时期的中国赋予着特殊的历史使命，需要他发挥特殊的作用。

卷二

改革开放初期，熟谙经济工作的领导人陈云重新执掌中央财经大权，如何将中国经济建设这艘乘风破浪的航船引入健康发展航线？陈云煞费苦心中共十一届三中全会以后，重新走上中央核心领导层的陈云，好像坐在了一条挂上大帆的快船上——扬帆快进之势在催逼着刚刚开始改革开放的中国乘风破浪。

然而，这艘快船所处的航道，却是水面充满荆棘、水下暗流复杂的河道。不拓宽河面、疏浚河道，大船根本不可能快行；更无法驶向大海。

——1979年的中国经济，就好比这样一艘需要首先拓宽河面、疏浚河道的航船。一些重大的比例失调状况，已经严重地影响了并正在影响着经济的正常发展，影响着改革开放和社会主义现代化建设的历史进程。

对这一点，中共十一届三中全会已有警惕。会议虽然讨论并原则通过了1979年、1980年两年的国民经济计划安排，但建议国务院在修改后再提交1979年召开的全国人民代表大会第二次会议讨论通过。会议指出：粉碎“四人帮”以后，我国国民经济恢复和发展的步子很快，1978年的工农业总产值和财政收入都有较大幅度的增长。但是，由于林彪、“四人帮”的长期破坏，国民经济中还存在不少问题。一些重大的比例失调状况没有完全改变过来，生产、建设、流通、分配中的一些混乱现象没有完全消除，城乡人民生活中多年积累下来的一系列问题必须妥善解决。我们必须在这几年中认真地逐步地解决这些问题，切实做到综合平衡，以便为迅速发展奠定稳固的基础。基本建设必须积极地而又量力地循序进行，要集中力量打歼灭战，不可一拥而上，造成窝工和浪费。

自十一届三中全会以后，主张调整国民经济的声音，逐渐由弱变强。

1. 计划指标和投资能力、建设规模和综合国力出现尖锐矛盾，中国的国民经济将偏离正常发展轨道。陈云断然表态：宁可降低指标，宁可减建项目，否则计划不要下达

十一届三中全会在谈到国民经济中出现比例失调的原因时，只提了“林

彪、‘四人帮’的长期破坏”这一点。其实，粉碎“四人帮”以来，在经济建设上的“洋冒进”，也是造成国民经济比例关系严重失调的重要原因。

随着“文化大革命”的结束，迅速恢复和发展国民经济，改善人民的物质文化生活，成为党和国家面临的一项紧迫任务。但是，由于指导思想上“左”倾错误没有得到及时纠正，对十年动乱造成的严重后果估计不足，党在领导经济工作中又一次出现急于求成的冒进倾向。

自1976年开始，“洋冒进”逐渐抬头。1976年12月，第二次全国农业学大寨会议在北京召开，会议提出了一些超出当时客观条件许可的不切实际的目标：到1980年，在全国基本实现农业机械化，大中型拖拉机达到80万台，农林牧副渔主要作业的机械化水平达到70%左右；全国灌溉面积增加到8亿~8.5亿亩，实现每个农业人口有一亩旱涝保收、高产稳产的农田；将全国三分之一的县建成为大寨县。

从1977年上半年起，工业方面急于求成的冒进倾向也不断发展。4月18日，在出席全国工业学大庆会议的各地区和各部门负责人会议上，华国锋提出：“石油光有一个大庆不行，要有十来个大庆。”5月9日，华国锋又在全国工业学大庆会议上预言：“我国国民经济必将出现一个全面跃进的新局面。”为此，他强调必须加快建设速度，甚至说：“建设速度问题，不是一个单纯的经济问题，而是一个政治问题。”8月23日，在中共十一大的政治报告中提出：“我们要奋战几年，按照原定规划，按照大庆式企业和大寨县的标准，在第五个五年计划期内，把全国三分之一的企业建成大庆式企业，三分之一的县建成大寨县。”十一大政治报告还号召全党全国人民：“要认真贯彻执行鼓足干劲，力争上游，多快好省地建设社会主义的总路线，……实现全面跃进。”在一段时间里，中共中央和国务院下发的一系列文件和各大宣传媒体中，都出现了“国民经济的新的跃进局面正在出现”等文字。

在这样一种政治气氛和舆论导向下，各地各部门纷纷开始制订脱离实际的“跃进”计划，确定高指标。

1978年后，“洋冒进”开始实施。2月5日，中共中央政治局向各地各部门批转下发了国家计委根据1977年11月24日至12月11日召开的全国计划会议讨论情况提出的《关于经济计划的汇报要点》和《1978年国民经济计划主要指标》。

《汇报要点》提出：在“五五”计划的后三年，即 1978 年至 1980 年，农业每年以 4%~5% 的速度，工业每年以 10% 以上的速度持续地大步前进，为“六五”计划大上做准备。在“六五”期间，即到 1985 年，粮食达到 8000 亿斤，钢产量达到 6000 万吨，原油达到 2.5 亿吨，煤炭达到 9 亿吨，发电量达到 5000 亿度。

前面提到过的新建和续建 120 个大型项目（包括 30 个大电站、8 个大型煤炭基地、10 个大油气田、10 个大钢铁基地、9 个大有色金属基地、10 个大化纤厂、10 个大石油化工厂、十几个大化肥厂，以及新建续建 6 条铁路干线和几个大港口）的庞大的基本建设计划，就是《汇报要点》要求下的高指标的产物。

《汇报要点》还设定：到 2000 年以前，中国全面实现农业、工业、国防和科学技术的现代化。到那个时候，粮食总产量要达到 1.3 万亿至 1.5 万亿斤，钢产量要达到 1.3 亿至 1.5 亿吨；农业将成为世界上第一个高产国家，许多省的工业水平将赶上和超过欧洲的某些工业发达国家。我国国民经济将走在世界的前列。

按照这个建设方案，从 1978 年至 1985 年，全国的基建投资相当于过去 28 年的总和。

尽管上述计划并未经过科学论证，严重脱离中国实际。但却很快被提交全国人大五届一次会议讨论，并形成了《1979—1985 年发展国民经济十年规划纲要（草案）》。华国锋在五届人大一次会议上的《政府工作报告》中，典型地表达了这种不顾实际情况的急躁冒进情结。“高速度”，是这次《政府工作报告》中出现频率最高的一个词。他多次强调，要从工业、农业、商业等各方面全方位地高速度发展国民经济，他说：“要在本世纪内把我国建设成为社会主义的现代化强国，需要在政治、经济、文化、军事、外交等各个方面，进行紧张的工作和斗争，而高速度发展社会主义经济，归根到底具有决定性的意义。”

高指标的确定，在实际工作中起了助推器的作用，它不仅进一步助长了脱离实际的急躁冒进倾向，而且加剧了业已存在的国民经济比例失调的状况。

中国这艘大船要想扬帆远航，必须事先做好休整的工作——调整国民经济已经成为当务之急。

1976年6月，陈云在上海

实际上，中共十一届三中全会上在经济工作方面提出的一些重大而明确的思路，就意味着重新调整国民经济的序幕已经慢慢拉开。

重新进入中央核心领导层的陈云，上任以后最为关注的一项工作，就是如何使中国的国民经济走向正常发展的轨道。面对计划指标和投资能力、建设规模和综合国力不相适应的尖锐矛盾，陈云更是忧心如焚。

1979年刚开年，一套紧急文件送到了陈云的案头。那是《1979、1980两年经济计划的安排（草案）》以及国务院关于下达这份经济计划安排的通知稿。文件是元旦这天由李先念送来的。李先念在送这份文件的同时，给华国锋主席和邓小平、陈云、汪东兴三位副主席（另一位中央副主席叶剑英不在北京）写了一封加急信。信中提到，在国务院系统，对这两年的经济计划安排已经讨论过多次，送交国务院通知的当天，李先念已找负责计划工作的余秋里、谷牧、康世恩、房维中等人商议了一下，目前的这份通知和计划安排草案，准备尽快发至县团级。

李先念在信中强调："为了节省时间，可重点看修改的地方（已用红笔画出）。"

首先拿到文件的陈云，不仅重点看了红笔修改过的部分，而且从头到尾仔细地看了一遍。

国务院的通知稿中点明了一个问题，即要完成国家计委拟下达的经济计划，在物质上仍有一些缺口。

长期领导新中国经济建设、熟谙领导经济工作的陈云心里非常清楚，这份计划实际上给经济工作造成了两难境地：如果坚持下达这样的计划，那么物资供应的缺口就必须补上；如果要求生产单位完成任务，就不能留缺口，必须降低指标。根据国民经济的实际情况，最好的办法就是实事求是，降低指标。

经过慎重考虑，陈云在文件上做了这样的批示：

国务院通知中“1979年有些物资还有缺口”。我认为不要留缺口，宁可降低指标。宁可减建某些项目。

这条意见明确而不容置疑，果断而有可操作性。陈云的意思非常清楚：不堵上缺口、不降低指标、不减建某些项目，这样的计划宁可不要下达。

这套文件正在送请华国锋、邓小平等人阅示过程中，又一份文件送到了陈云的案头。1月4日，新华社编的专供领导同志参阅的“内参”《国内动态清样》第28期，将国家计委“参”了一本。这期“内参”刊登了这样一篇报道：《国家计委还在留缺口》。

报道原文是这样写的：

新华社讯：一些工业部门和地区的同志最近反映，国家计委在安排1979年的生产计划和物资供应时还在留缺口。水电部一些直属的发电厂今年第一季度得到的煤炭供应指标，比这个期间国家发电计划实际需要的煤炭，相差70万吨。按全国算，煤炭共差2000万吨，电力相差30%，铁合金相差40%。

许多同志对这种情况表示不满，他们说：中央领导同志一再强调不要留缺口，可是缺口还是留这么大，不知是为什么？有些同志要求国家计委“正视计划工作留缺口给企业生产造成的困难，认真解决这个问题”。天津市和辽宁省的一些同志认为，如要完成国家计委下达的生产任务，那么物资供应的缺口就必须补上，要不就得降低指标，否则是很难完成计划的。

看着这期“内参”，陈云在一些重要的字句上做了圈点，并在“要不就得降低指标”一句话下重重地画了一条线。陷入沉思的陈云在这份文件上给华国锋、邓小平、汪东兴三人批了这样几个字：

国锋、小平、东兴同志：我认为有物资缺口的不是真正可靠的计划。

陈云让秘书送请华国锋、邓小平、汪东兴传阅。

陈云的意见，也引起邓小平的高度重视，当即批示："请计委再作考虑。"两位懂得经济工作的中央副主席的意见，有着重要的分量。也引起中央和国务院其他领导人的注意。

第二天，即1月6日，邓小平就经济建设的方针和规划等问题专门约余秋里、方毅、谷牧、康世恩谈话。

在这次谈话中，邓小平表达了与陈云完全相同的意见，他说：

我们对经济建设的方针、规划要进行一些调整，先搞那些容易搞、见效快、能赚钱、创外汇多的，宁肯减少一些钢铁厂和一些大项目，到1985年钢产量不一定非要搞到6000万吨不可。在工业内部，投资的重点要放在电、煤、石油、交通、通讯、建材等方面。搞电，要注意多搞水力发电，搞坑口电站。引进的重点要放在见效快、赚钱多的项目上，先积累资金，然后再搞那些重工业项目。这样做，能增加就业机会，对改善人民生活也有利，更不会发生偿还不起外债的问题。

邓小平还专门把陈云的意思讲给大家听，说：

1979年2月，陈云同警卫战士在一起

对今明两年的计划，陈云同志提了意见，他说有物资缺口的计划不是真正可靠的计划，计划不要留缺口，宁可降低指标，宁可减建一些项目。这个意见很重要，请计委再作考虑。有些指标要压缩一下，不然不踏实、不可靠。

自十一届三中全会以后，陈云和邓小平联手解决的第一件大事，就是对比例失调的国民经济进行总方针上的调整。他们的意见，在中央领导层内终于占了上风，压倒了急躁冒进的势头。

由于陈云的阻拦，邓小平的支持，《1979、1980两年经济计划的安排（草案）》没有按原计划下达，国务院的有关通知也没有发出。国家计委根据陈云和邓小平的意见，会同有关部门着手对计划草案进行修改。修改的重点，就是把高指标降下来。

2. 下决心调整国民经济，已是刻不容缓。陈云、李先念主动上书中央：成立国务院财政经济委员会，统揽财经决策，并用两三年时间进行调整。邓小平极力支持陈云挂帅

中国的国民经济经过十年“文革”的严重破坏和几个阶段的低速发展甚至徘徊不前之后，已经远远跟不上国际经济科技迅猛发展的态势。在这种情况下，党内外尤其是各级干部（包括众多从事经济工作的干部）自然产生了一种急于改变国内经济落后状况、迅速发展国民经济、加快建设步伐的要求。因此，要想把急躁冒进的惯性真正扭转过来，把在热切期待下制定的高指标降下来，并不是一件简单和容易的事。

陈云理解党内外想尽快把国民经济搞上去的急迫心理，但他担忧的是，这种急于求成的心理，已经转化为实际工作中的步伐，正在催促着人们超越客观实际提供的可能性。高指标和洋冒进的结果，必定事与愿违，适得其反。

要解决愿望与现实的接轨问题，必须拉近经济计划和客观实际的距离。陈云认为，在实现了全党工作重点转移以后，当务之急是必须将国民经济引入健康发展的轨道，因此，由中央做出调整国民经济的决策，已是刻不容缓的大事。而这样的决策以及经济建设中的一系列决策，必须充分听取真正懂得经济工作的人的意见。

陈云的想法与李先念不谋而合。两人一经沟通，很快达成共识。

1979年3月14日，陈云与李先念联名，给中共中央写了一封言辞恳切的长信，全文如下：

中央：

我们建议，在国务院下设财政经济委员会，作为研究制定财经工作的方针政策和决定财经工作中的大事的决策机关。财政经济委员会由下列12位同志组成：陈云、李先念、姚依林、余秋里、王震、谷牧、薄一波、王任重、陈国栋、康世恩、张劲夫、金明。以陈云为主任，李先念为副主任，姚依林为秘书长。

我们对目前和今后的财经工作，有以下几点意见：

（一）前进的步子要稳。不要再折腾，必须避免反复和出现大的“马鞍形”。

（二）从长期来看，国民经济能做到按比例发展就是最快的速度。

（三）现在的国民经济是没有综合平衡的。比例失调的情况是相当严重的。

（四）要有两三年的调整时期，才能把各方面的比例失调情况大体上调整过来。

（五）钢的指标必须可靠，钢的发展方向，不仅要重数量，而且更要重质量。要着重调整我国所需要的各种钢材之间的比例关系。钢的发展速度，要照顾到各行各业（包括农业、轻工业、其他重工业、交通运输业、文教、卫生、城市住宅建设、环境保护等）发展的比例关系。由于钢的基建周期长，不仅要制订五至七年的计划，而且要制订直到2000年的计划。

（六）借外债必须充分考虑还本付息的支付能力，考虑国内投资能力。做到基本上循序进行。

以上意见，请中央审议。

李先念、陈云

3月14日

这封信表达了两层意思，一层意思是成立财经委员会这一机构，统一领导财经工作；另一层意思是对“目前和今后的财经工作”提出两人经过慎重思考后的几点意见。

信中提到组成财政经济委员会的12人，都是长期领导经济工作的同志，写信人主动提出："以陈云为主任，李先念为副主任，姚依林为秘书长。"

这封信提出了当前和今后一个时期内中国经济工作的总体方针和运作原则，立即引起了中央领导层的高度重视。三天以后，华国锋阅后指示姚依林，将这封信印发政治局各同志。

3月21日至23日，中共中央政治局连续召开会议，专门讨论陈云、李先念提出的意见和对国民经济实行调整的问题。

在第一天的政治局会议上，陈云做了系统发言。他讲的中心意思，是强调"坚持按比例原则调整国民经济"。

陈云从四个方面阐明自己的观点：

第一，经济建设要讲实事求是。

陈云说："我们搞四个现代化，建设社会主义强国，是在什么情况下进行的。讲实事求是，先要把'实事'搞清楚。这个问题不搞清楚，什么事情也搞不好。"

陈云对中国的国情做了这样的判断：

> 我们国家是一个9亿多人口的大国，80%的人口是农民。革命胜利30年了，人民要求改善生活。有没有改善？有。但不少地方还有要饭的，这是一个大问题。

他进一步解释中国的国情：

> 一方面我们还很穷；另一方面要经过20年，即在本世纪末实现四个现代化。这是一个矛盾。人口多，要提高生活水平不容易；搞现代化用人少，就业难。我们只能在这种矛盾中搞四化。这个现实的情况，是制定建设蓝图的出发点。别的国家没有这么多人，没有这么多农民。农业要用电，小城镇工业要用电，大工业要用电，电总是紧张就是了。按外国的数字，生产多少吨钢，相应地要有多少度电，这种计算方法在中国不行。
>
> 搞建设，必须把农业考虑进去。所谓按比例，最主要的就是按这个比例。

这是一个根本问题。许多办工业、办商业的同志不大考虑这个问题。苏联现在劳动后备军不足，中国不会发生这个问题。

总之，9亿多人口，80%在农村，革命胜利30年了还有要饭的，需要改善生活。我们是在这种情况下搞四个现代化的。

第二，“按比例发展是最快的速度”。

鉴于政治局开会前，国家计委已经拿出了修改后的1979年经济计划，将一些指标降了下来，陈云肯定说：“计委这次拿出的这个文件比较好。”针对文件中将钢的指标降为3200万到3300万吨，有人顾虑好像等于原地踏步一事，陈云阐述了自己的看法：

过去说，指标上去是马克思主义，指标下来是修正主义，这个说法不对。踏步也可能是马克思主义。60年代初搞调整就是压低指标，钢最低时下到600万吨。今年钢不提3600万吨，也不提3400万吨，提出3200万到3300万吨，我看今年可以按3200吨钢编计划。

陈云根据自己的多年领导经济工作的经验，进一步分析了在发展工业问题上不按适当比例，一味突出钢的指标带来的不良后果：

单纯突出钢，这一点，我们犯过错误，证明不能持久。搞钢，就要煤，要电，要有色金属，等等。突出一点，电跟不上，运输很紧张，煤和石油也很紧张。有了电厂，没有煤烧，没有油烧，电厂只好摆在那里。钢太突出，就挤了别的工业，挤了别的事业。冶金部提出的引进设想，我都看了。他们是好心，想要多搞，可以理解。共产党员谁不想多搞一点钢？过去似乎我是专门主张少搞钢的，而且似乎愈少愈好。哪有这样的事！我是共产党员，也希望多搞一点钢。问题是搞得到搞不到。现在情况是：冶金部一是把问题看简单了；二是看孤立了。借外国人那么多钱，究竟靠得住靠不住？旧社会，我在上海待过，钱庄、银行贷款，要经过好多调查，确有偿还能力，才借给你。外国商人说借钱给你，有真有假，这件事也不要看得太简单。借外国人的钱，把钢铁的发展都包下来，把冶金机械制造也包下来，所有借款都要由人民银行担保，究竟需要多少钱，没有很好计算。那么大的引进，国内要多少投资，也没有计算。你一家把投资占了，别人怎么办？冶金部提出不拖别人的后腿，实际上不可能。搞那么大的建设规模，那么高的速度，别的工业配合不上。

陈云还强调，如果一个国家不从自身的实际出发，不按比例发展，靠借外债来发展自己，是靠不住的。

第三，“要有两三年调整时间，最好三年”。

鉴于“现在比例失调的情况相当严重。基本建设项目大的1700多个，小的几万个。”陈云认为，这次国民经济调整的时限不会短。他提出，只有用两到三年的时间，才能扭转目前的比例失调的状况。为了让人们理解这一点，陈云再次强调：

调整的目的，就是要达到按比例，能比较按比例地前进。重点企业、城镇工业、社办工业，各方面都大体安置下来。

怎么调整？陈云提出了一些具体办法：

赶快下决心，搞不了的，丢掉一批就是了。搞起来，没有燃料、动力，没有原料、材料，还不是白搞。同意（余）秋里同志他们的意见，要让先进企业“吃饱”，这个话对。地方工业、社办工业，如果同大工业争原料、争电力，也要下来。搞“三个人饭五个人吃”，不能持久。小化肥厂，有些地方不愿意减下来。我看能保存的就保存，不能保存的就下来。当然在我们国家，先进的企业、落后的企业并存的局面，要在一个相当长时期内存在。否则，容纳不了那么多就业人员，有人就要闹事。

他提醒大家要看到调整工作的难度，说：“要完成调整任务，很不容易，因为过去十年欠了账。”

第四，到20世纪末，钢的指标不能定得太高。

陈云也不赞成在远景规划中将钢的指标定得过高，他提出：“2000年钢的产量定多少合适？还有21年，我说达到8000万吨就不错了。”

为什么这样定位钢的产量，陈云风趣地解释：

我这个话大有“机会主义”的味道。问题是，1985年搞6000万吨钢根本做不到。我说2000年搞到8000万吨钢，是冒叫一声，但也有点根据。因为平均每年增加200万吨，或者多一点，就不算少。如果将来超过8000万吨，或者超过很多，阿弥陀佛！如果达不到，稍微少一点我也满意。我不光看你那个数目字，钢要好钢，品种要全。那时钢达到8000万吨的国家并不多，还不是那么几个。要看到，我们的建设丧失了几乎20年的时间。到2000年能达到8000万吨钢，就不错了。

数量是这个数量，要按这个数量做计划。远景规划的指标定到这里，超过了，欢迎；少一点，也满意。

陈云的意思，指标下来了，质量却要上去。对此，陈云进一步强调：

冶金部要把重点放在钢铁的质量、品种上，真正把质量、品种搞上去，就是很大的成绩。这样做，20年时间，其他的工业、交通运输都可以跟上来，科学技术力量也可以跟得上，城市建设也可以跟得上。

由于改革开放条件下的调整与以往的调整有很大的不同，陈云提出，必须处理好调整与开放的关系，不要因为“调整”忽略了“开放”。为此，他在会上肯定地说：“外资还要不要，外国技术还要不要？一定要，而且还要充分利用，只不过把期限延长一点就是了。要找增加外汇收入的来源，把它看作很重要的题目。”

陈云的上述意见，得到邓小平的充分肯定。在最后一天（3月23日）的政治局会议上，邓小平也讲了话。

邓小平同意陈云提出的要用三年时间来进行国民经济调整的意思，他说：

中心任务是三年调整。这是个大方针、大政策。经过调整，会更快地形成新的生产能力。

邓小平进一步强调说：

这次调整，可以肯定地说，没有很大的决心是搞不成的。首先要有决心，东照顾、西照顾不行，决心很大才干得成。另一方面，要看到困难，把道理讲清楚，把工作做充分。

对陈云关于把钢的指标减下来、把质量搞上去的意见，邓小平完全赞同，他明确地说：

过去提“以粮为纲”、“以钢为纲”，是到该总结的时候了。一个国家的工业水平，不光决定于钢。钢的水平，也不光是由数量决定的，还要看质量、品种、规格。钢铁要抓质量，抓尖端的。

对原先批准的一些计划规模太大、国民经济负担不了的方面（比如国防），邓小平提出，那根本谈不上进行调整，而是要重新商议的问题。

对从国外引进的计划，邓小平表示，也要大大缩小，哪些引进哪些不引进，引进多大规模，必须由财经委员会决定。言下之意，这些需要在陈云的主持下来定。

对调整的未来效果，邓小平充满了信心，他说：“可以肯定，经过三年调整，各行各业都会前进，产品质量会更好，品种会更多，消耗会减少，积累会增加。”

为了让人们更加清楚中国搞现代化建设的定位，邓小平这样界定说：“我同外国人谈话，用了一个新名词：‘中国式的现代化’。到本世纪末，我们大概只能达到发达国家70年代的水平，人均收入不可能很高。”

政治局委员们一致同意陈云和李先念联名信中提出的意见。因此这次政治局会议上也将财经委员会的机构和人员配备定了下来，会议决定，由陈云担任国务院财政经济委员会主任，李先念担任副主任，姚依林担任秘书长。

国务院财政经济委员会是干什么的？为了让党内的同志明白这个机构的职能，几天以后，邓小平又在党的理论工作务虚会上专门强调说：“成立财政经济委员会，由陈云、李先念两同志挂帅，统一管理全国的财政经济工作和目前的调整工作。”

对陈云自新中国成立以来在领导财经工作方面的能力，党内外是公认的，由此再次让陈云“挂帅”，的确是众望所归。在政治局会议上，一些同志发言中还流露出了许多对陈云的赞誉之词。一贯谦逊的陈云在会上表了这样的态：

要我当国务院财政经济委员会主任，是有问题的。一是体力上完全不行！

二是经验还很有限。解放初期的经济规模比现在小多了。现在这么大的规模，这么复杂的情况，应付不了。不要把我说得这么好，我要有自知之明。

但对党中央和同志们的信任，陈云则再次表示：

要我做工作，我只能做我认为最必要的工作，只能量力而行。

3. 陈云走马上任，主持财经委第一次会议。他提出：大家要协力同心。还要找几个年轻人来当“后排议员”，参与决定大政方针。会后，调整工作的八字方针正式出台

作为“统一管理全国的财政经济工作和目前的调整工作”的决策和领导机构，财经委员会设在国务院须经全国人民代表大会通过，而五届人大二次会议要等到 6、7 月间才能召开。财经工作和调整工作的紧迫性不允许这一机构等到那时才开始工作。因此，自中央政治局会议结束以后，国务院财经委员会的工作便紧锣密鼓地开展起来。

中央政治局会议一结束，陈云立即走马上任，担任财经委员会主任一职，开始重新担纲中央财经工作，执掌中国改革开放初期中央的财经大权。

3 月 25 日上午，国务院财经委员会成立会议暨第一次全体委员会议选在了人民大会堂新疆厅。在 3 月 14 日陈云和李先念联名信中提到的财经委员会 12 名成员，除王震不在北京外，其余 11 人全部与会（7 月 1 日全国人大常委会批准正式设立机构时，财经委的成员又增加了方毅）。

上午 10 点整，主持会议的陈云首先发表了开场白：

今天开会，成立国务院财政经济委员会，过去叫政务院财经委员会。一共有 12 个人，除王震同志以外都到了。

今天是第一次会议，我先讲几点意见……

陈云一共讲了五点意见：

第一点，他首先要求财经委员会的成员要协力同心，搞好合作。

到会的人都是新中国成立以来在财经战线上长期工作的老同志，大都在陈云直接领导下工作过。因此陈云特别强调要大家好好合作。陈云环顾了一

下到会的各位，郑重地说：

解放以来，在综合机关做财经工作的，除（李）富春同志过世以外，差不多今天都到了。最年轻的62岁，大一点的70以上，我今年75岁。30年来，变来变去，还是这些老人。为什么说要协力同心呢？都是共产党员，协力还不同心吗？因为财经工作问题很多，工业、农业、交通、运输，老百姓的吃饭、穿衣等等，多种多样的问题，会产生各种各样的看法。怎么处理法，意见会有不同，但不过是意见不同罢了。我看意见不同也是好事情，哪怕争得面红耳赤也是可以的。我记得还是在财贸办的时期，有一回争论要不要提高农产品比价，有一个同志叫王学明，他是主张提价的，辩论了三天，结果他承认失败了。我看采取这种辩论的办法好。辩论总可以搞清楚一些问题，经过比较，就可以看出哪一种意见好，取得一致看法。没有比较，不好。

第二点，陈云讲了调整的方法和目的。

陈云让大家将此次国民经济调整与四个现代化建设的步伐联系起来考虑，他提出：

调整，就是步伐调整调整，该踏步的踏步，该下（马）的下（马），该快马加鞭的快马加鞭，目的是为了前进，为了搞四个现代化。

第三点，陈云要求大家尽快理出目前经济领域面临的几个主要问题来。

他事先告诉大家，4月5日将召开中央工作会议，大家都要参加。这次中央工作会议主要讨论经济问题，各部有各部的意见，地方有地方的意见，可能要争论一些问题，如安排2000万人就业，增加城市人口居住面积，解决夫妻两地分居，等等。要发扬经济民主，让大家把意见充分地讲出来。财经委的同志要理出几个重要的实际问题来，以便找到解决的办法。

第四点，要提拔一些有经济工作经验的年轻人到财经委员会工作。

陈云感觉，要适应新时期的调整工作和改革开放局面，财经委员会成员的年龄明显地老化，对此他提议：

找一个，两个，三个，四个，或者五个年轻一些的，40岁到50岁的干部，到财经委员会工作：要有一点工作经验的，人数也不要多。这些人不是当秘书，而是在我们这里当“后排议员”。

他严肃和沉重的口气中透着风趣，说：

我们这些人都快要“告老还乡”了，解放时，我45岁。那时，可以三班倒、四班倒，上午、下午开会，晚上同周总理谈，午夜去找毛主席。安排得满满的。现在我一个星期只能工作两个半天，多了不行。如果还要那样干，无非是向“八宝山”开快车就是了，我看是要有一些“后排议员”，这些人参与讨论问题，参与决定大政方针的事。培养这样的人，我看很有必要。

陈云讲完话后，李先念也讲了话，他完全赞同陈云的几点意见。

为落实调整国民经济的决策，中共中央于4月5日在北京召开中央工作会议。财经委员会的全体成员参加了会议。李先念受中共中央和国务院委托，根据事先与陈云沟通过的意见，在会上做了关于国民经济调整问题的讲话。

中央工作会议以后，以“调整、改革、整顿、提高”为主要内容的国民经济调整工作正式拉开序幕。作为领导财经工作和经济调整的“总导演”，陈云着手抓了上海宝山钢铁厂这一重大建设项目。

4. 按陈云的意见，这次调整，该下马的要坚决地下；该上马的，要“快马加鞭”。对宝钢这个最大的项目，陈云亲临现场调研，主张：“要搞到底，只能搞好，不能搞坏。”

上海宝山钢铁厂，是这次调整中面临的最大的项目。

在上海这样的工业大市新建一座现代化大型炼铁厂以解决上海生铁严重缺乏问题的建议，始于1977年春。同年9月，冶金部组织“中国金属学会代表团”（又称中国冶金考察团，内有国家计委的有关人员）访问日本，考察日本钢铁工业的情况。代表团一共考察了12个大的钢铁厂，其中主要是新日本制铁株式会社（简称“新日铁”）所属的钢铁厂。代表团回国以后，向国务院写了考察报告，介绍日本发展钢铁工业的经验。报告强调：日本1960年生产2200万吨钢，1973年钢产量达到1.19亿吨，13年翻了两番半；而在同一时期，中国1960年生产钢1866万吨，同日本的2200万吨差距不大。但是到1973年，中国钢产量还只有2522万吨，为同时期日本钢产量的五分之一，13年只增加了35%，即656万吨，对比之下，中日两国钢铁工业的差距迅速扩大。报告强调，日本的主要做法是：依靠进口矿石、煤炭、石油，引进和消化世界上所有国家的新技术、新设备，实行钢铁工业的设备大型化、生产连续化和操作自动化，同时特别重视技术人员和工人的培训工作，取得了比中国高10倍以上的劳动生产率，能源消耗是中国的二分之一左右，产品质量好，成本低，增强了同欧美钢铁工业的竞争能力，也提高了日本机械制造、造船、汽车等行业的竞争能力。报告还指出：1973年石油危机以来，世界性经济不景气，日本大钢铁厂均不能满负荷生产。日本钢铁界急于找出路，输出技术、设备的愿望非常强烈。

代表团的报告建议：利用这个有利时机，引进一些必要的新技术和新设备，把中国钢铁工业搞上去。

代表团回国的时候，新日铁还送给代表团一套介绍君津制铁所、大分制铁所生产与建设的电影和幻灯片。国务院领导人看了代表团的报告，也看了代表团带回来的电影和幻灯片，认为日本的经验值得借鉴。这些电影和幻灯片，也拿给上海市委、市政府的领导人看了。这次代表团的考察，对宝钢的决策产生了重要影响。

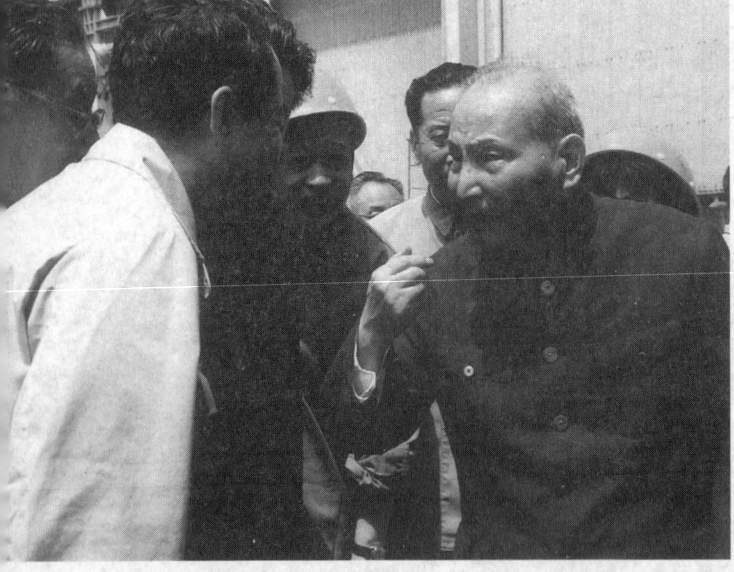

陈云同宝钢领导干部交谈

随后，冶金部与上海市等方面联合向中央提出，借鉴日本发展钢铁工业的成功经验，引进国外先进技术，进口高品位铁矿石，在上海建厂。

鉴于上海地区钢铁工业长期缺铁的局面，中央同意了这一建议，并很快将其纳入国家钢铁工业的长远规划中。

然而，国家钢铁工业的长远规划，还远远不止这一个建议。当年11月9日，冶金部在向中央政治局汇报钢铁工业长远规划时提出：到20世纪末，要拿下20多个鞍钢。不久中央政治局批转的国家计委《关于经济计划的汇报要点》则提出：要建设10个大油气田、10个大钢铁基地。

1978年2月，经中央批准，由国家计委汇总向国务院提出的规划，提出今后8年要引进68个到69个大型成套设备项目。这些项目一经批准，立即开始谈判签约。在1978年签约的合同金额中，有近80%，即60亿美元左右用于引进新的大型成套设备，即后来统称为22项的大工程。这22个项目包括：上海宝山钢铁总厂，大庆石油化工厂、齐鲁石油化工厂各1套30万吨乙烯生产装置，南京的2套30万吨乙烯生产装置，吉林化学工业公司1套11万吨乙烯关键设备，浙江镇海炼油厂、新疆乌鲁木齐炼油厂、宁夏银川化工厂各1套30万吨合成氨和52万吨尿素生产装置，以煤炭为原料的山西化肥厂30万吨合成氨装置，100套综合采煤机组，德兴铜矿基地，贵州铝厂，上海石油化工总厂化纤二期工程，仪征化纤厂，平顶山帘子线厂，山东合成革厂，兰州合成革厂，云南三聚磷酸钠工程，霍林河煤矿，开滦煤矿，陕西咸阳彩色电视显像管生产设备等。

该上马的和不该上马的项目，一窝蜂地立了下来，在粉碎“四人帮”以后迅速发展国民经济、建设四个现代化的大背景下，这些项目纷纷上马，被放置在一种急于求成、盲目跃进的大气候中。

而上海宝山钢铁总厂的合同金额，则排在所有大项目中的首位。在中央同意的由国家计委、建委、经委、冶金部和上海市《关于上海新建钢铁厂的厂址选择、建设规模和有关问题的请示报告》中，决定厂址选在上海宝山县，成套设备从日本引进，矿石从澳大利亚、巴西等国进口，项目预算总投资为214亿元，其中外汇48亿美元（还有人披露，宝钢一、二期工程共计划基建投资300亿元，其中包括外汇资金20亿美元）。

对上马宝钢这样的特大项目，李先念曾在一次讨论宝钢建设问题的会议上，坦陈过自己的肺腑之言：“有生之年不多了，想把国家搞得好一些，搞起点实力来，你弱了，人家不理你那一套！”

宝钢工程建设从1978年春天正式动工，其领导体制最初是冶金部、上海市双重领导，以上海市为主（9月以后，根据建设的需要，改为由冶金部为主，直属领导）。根据冶金部与日本新日铁签订的总协议书规定，宝钢一号高炉系列（即一期工程）将在1980年建成投产。由于工期太紧，正式动工之前，冶金部又把建成时间改为1981年底、1982年初全面投产。这么大型的钢铁工业建设工程，从正式动工到建成投产，满打满算只有3年的时间。时间如此紧迫，工程指挥部不得不在建设中提出了“抢建”的口号，要求各项工作都要争时间、抢速度。为此，冶金部和上海市调集了全国、全市各方精兵强将参与建设，总人数最多的时候达到6.4万多人。在上海市远郊农村的一个不到20平方公里的地域里，集中这么多人，仅道路交通和吃、喝、拉、撒、住，都是个大难题，工程建设中遇到的诸如财政、外汇、重要物资的供应等困难，更是日趋严重。

在一种尽快抢回“文化大革命”耽误的时间、迅速改变国家经济遭到的严重破坏的强烈愿望下，宝钢的筹建也不可避免地存在仓促上马、急于求成、工期安排考虑不周等问题。国家在资金十分紧缺的情况下，将要投入数以百亿计的巨资建设宝钢，人们在关注的同时，理所当然地要议论纷纷。

尤其是调整工作开始以来，社会各界对宝钢建设提出的质疑越来越多，“下马”风也越刮越烈。根据中央关于调整国民经济的总方针，一切正在建设中的一些重大和特大项目，都面临着“上马”或者“下马”的两难困境。按照中央确定的“把那些影响全局而且本身也难以正常发展的‘长线’调下来”的意见，该“上马”的“上马”，该“下马”的“下马”。

在中央做出调整的决策以后，宝钢建设何去何从，也引发了激烈的争论。

争论焦点之一：是“上马”还是“下马”。一些人主张继续上马，毫不动摇；另一些人则提出应该当机立断，及早下马。

争论焦点之二：是全部进口还是部分进口。有人主张“立足国外”，既购买全套技术和专利，又成套进口全部设备；有人主张“立足国内”，购买技术、专利，只进口关键设备，其他设备自己制造，锻炼自己的机械制造能力。

1979年4、5月间，随着调整工作的展开，对宝钢的争论也日益激烈，各种意见都提到了最高决策层，都需要陈云领导的国务院财经委员会来拍板定案。这期间，陈云正在杭州休养。杭州离上海如此之近，陈云听到的意见也更多。

在这次休养期间，陈云对正在建设中的上海宝山钢铁厂倾注了大量心血。宝钢建设的问题，也是陈云在此次国民经济调整中着力思考的众多大问题之一。

调整工作展开以后，宝钢面临的压力越来越大，陈云听到的议论也越来越多。为此，在杭州休养的陈云决定对宝钢进行深入调研。

5月中旬，他委托自己的老搭档——刚刚被“解放”出来工作不久的薄一波，在北京召集一些过去搞过钢铁的人研究宝钢建设问题。陈云请姚依林转告薄一波：总的原则是：宝钢要搞，但要脚踏实地地干，不要搞得太急，要一步一步来；当然在执行过程中，可能还会有些变动，但不是不要搞钢铁，也不是是否下马风的问题，而是怎么才能把钢铁搞出来。

陈云还坦率地说：“要承认我们搞财贸后勤有经验，搞大工业还是不行。”

薄一波按照陈云的意见，于5月下旬召集王鹤寿、吕东、柴树藩、宋劭文、沈鸿、安志文、唐克及冶金部有关负责人开了一个星期的座谈会，专门研究宝钢建设问题。

薄一波在会议开始时说：“宝钢建设是件大事，需要大家议论议论。这次想多找几个同志谈谈，多议几次。谈完后，提出个意见，帮助陈云同志下决心。”

薄一波还透露了陈云的态度：“他的意见是要避免过去那种折腾。为了把这件事搞好，把钢铁生产真正搞上去，希望大家根据自己的经验教训，设想一下。要好好吸取50年代我国建设156项和后来大炼钢铁的经验，搞好综合平衡，还要总结武汉钢铁厂和马鞍山钢铁厂等的经验。”

1979年6月，陈云在上海调查解决宝钢建设中的问题

参加北京座谈会的

人，从不同的角度出发，谈了自己的意见。从总体上看，有这么一些观点：（一）引进项目一定不能孤立地搞，要有长期计划，要有计划按比例，搞综合平衡，既要讲农、轻、重等各部门的综合平衡，又要讲工业内部的综合平衡，还要制定技术政策，把各方面的科技专家集中起来搞；（二）引进工作重点要考虑引进制造技术，要讲求质量、技术、品种，要通过引进技术，把自己的技术水平搞上去，在引进的同时，要改造自己的机械工业，改造现有的企业，使之提高水平，更新换代，不能指望从国外买现代化；（三）根据以往的经验，在某一时期内"以钢为纲"可以，但不能长期如此，更不能"以钢唯一"，也不能先定一个钢的指标，然后才考虑其他；（四）宝钢的进度问题，要按实际情况办，该退的退下来，技术上请外国专家帮助搞，时间可以搞长一点，比如到1986年、1987年行不行？（五）做事情、想问题，要集思广益，不要从行政命令出发，要避免过去那种折腾，不能"摇头容易，摆尾难。"

北京座谈会议论的结果，大家对要通过建设宝钢，把钢铁工业搞上去这一点，分歧并不太大，只是在如何搞上去方面有些不同看法，在快和慢、多和少的问题上有不同意见。

座谈会初步形成这样一个共识：宝钢第一期工程已签订合同，可按合同办，不动了；第二期能否重新考虑，把大家所担心的问题尽可能都想到，把困难看得多一点，搞得更稳当些，要把工艺、制造、技术都买进来，尤其买进制造技术，把自己的机械工业带动起来。为此，要花钱请专家，在建设时间上可以耽误一点，进度可以推迟一些。

会上，大家对领导体制、引进体制和外贸体制提出了一些意见，认为现在的外贸体制确实死板，不太灵活，应该想办法搞得活些，应该有立法。有同志还提出："应成立机械工业委员会，把国内的力量统一组织起来。"

这次会议的意见，后来经过归纳、总结，由薄一波向陈云做了详细汇报。

在委托薄一波召开北京座谈会前后，陈云也在反复思量宝钢建设项目问题。5月中旬，陈云在杭州看到了由国务院副总理兼国家基本建设委员会主任谷牧批转的国家计委、经委、建委、冶金部、外贸部、一机部和中国人民银行向财经委员会和国务院提交的《关于宝钢建设工作安排的报告》。报告明确主张，宝钢应该上马，而且预计1984年全部建成。报告还有一个观点：宝钢建设要调减外汇投资，增加国内投资，立足国内。

陈云基本同意这份报告的观点，认为：“应该基本立足于国内，买技术，买专利。”但陈云强调：“关键设备还是要进口。”

为消除人们对调整工作的误会，陈云曾说过：像宝钢这样的项目，在引进问题上不存在乱下马风的问题，关键是引进什么，怎么引进。

5 月 18 日，他在与经济部门的负责人谈话时，肯定地说：“宝钢已不是搞不搞的问题，已经定了。问题是，它的规模大体等于鞍钢，而鞍钢搞了几十年，宝钢只用那么多时间，行不行？不同的是宝钢没有矿山。还是步子要走稳，时间可拖长一点，何必受十年规划的束缚？工业搞综合平衡还无经验，宝钢会出什么问题，现在不知道。”

为进一步摸清宝钢建设的情况，更有利于中央决策，北京座谈会刚结束，陈云自己的调研活动便开始了。

5 月 31 日，陈云赶往上海，亲自对宝钢建设进行了为期一周的调研。

陈云解放前曾经在上海从事革命活动而解放后又长期领导经济工作，并多次来过上海，对上海的情况，他还是比较清楚的。上海具有建设大型钢铁联合企业的诸多有利条件，不仅市场容量大，而且运输条件也好，完全能够容纳一个年产几百万吨的大型钢铁联合企业。关键的问题是，像宝钢这样具有 20 世纪 70 年代末期世界先进水平的大型联合企业，需要有一个大体相适应的社会配套水平，否则就难以很快达到引进、消化、创新的目的，甚至长期达不到设计能力。作为中国最大的工业基地，上海应该在这些方面下功夫。

一到上海，陈云就先召集上海市冶金局一、三、五厂的几位专家座谈，了解宝钢建设的情况，并请上海市委负责宝钢建设的陈锦华和自己的秘书王玉清参加。

在调研中，陈云特别关心参与宝钢工作的人员的素质，还详细询问了配套问题。陈锦华回答：“我们对配套问题也一直很担心。经过了解，武钢一米七轧机投产后一直达不到设计水平，这并不是一米七轧机本身设备不行，而是武钢的钢坯在数量、质量上同一米七轧机不配套，加上外部配套的电力供应等问题，以致引进的先进设备不能充分发挥作用。”

陈云又问：“上海的万吨水压机情况怎么样？”

陈锦华回答："万吨水压机也是个配套问题。上海自力更生搞的12000吨水压机，是一件了不起的事，但因为没有相应解决好配套问题，利用率只有20%，长期不能发挥应有的作用。"

陈锦华提出："宝钢这么大的项目，主体工程花了这么多钱，一定要搞好配套，才能充分发挥先进装备的优势和投资效益。"

陈云对这个观点表示赞成。

6月1日上午，陈云约来上海市委的负责人严佑民、韩哲一、陈锦华三人，专门谈宝钢建设问题。

上海方面的负责同志汇报了宝钢项目的基本情况和各方面意见。给陈云总的一个印象：上海方面从群众到领导层，对建设宝钢的议论都较多，争论也较大。

陈云告诉他们：在建设宝钢问题上的争论，我已告诉北京有关同志，包括原来搞过冶金工作的领导同志和专家进行论证。中央对这件事是慎重的。

根据上海的实际情况和宝钢上马以来建设工作的经验，上海方面的负责同志在汇报中提出：在设备和技术上，宝钢建设最好"立足国外"。对他们的陈述，陈云觉得也有道理。他后来坦率地说过："上海市负责宝钢工程的同志有这样的意见，我也有。"① 对宝钢建设项目究竟在哪些问题上立足国外，哪些问题上立足国内？面对复杂的局面，在陈云的思想上也出现了一些斗争。

听完他们的汇报后，陈云发表了自己的意见。他主要讲了三点意思：

第一点，宝钢建设这件事无论从国际国内来说，都非常重要。

对涉及"上马"还是"下马"的问题，陈云果断地说："对外中华人民共和国已签字，关系到国格。以前定的时候，有不充分的地方，反复比较不够，工作有欠缺之处。但现在已经签字了，党内党外，国际国内，大家都很注意。中央已经定下来了，要搞到底，只能搞好，不能搞坏。上海的同志对宝钢搞好要肩负起责任来。"

第二点：建设时间可以拉长一点，稳步一点，顺当地走比中途停下来进度

---

① 陈云在国务院财经委员会全体会议上的讲话，1979年6月16日。见《陈云文选》第三卷，第259页。

要快。

对建设速度快还是慢，时间长还是短的问题，陈云慎重地提出："我反复考虑，宝钢一、二期工程的距离拉开点，也不一定拉得很长。重要的是工作要一环扣一环，建设的衔接工作搞踏实，不要东西已运到码头，我们还未准备好。选矿问题要搞上去，不能都立足国外。时间问题可否拉长些，何必自己套紧箍咒。要脚踏实地，扎扎实实地搞。外国设备也是有问题的，要注意。"

1979 年 6 月，陈云在上海

第三点，立足国内要与立足国外有机地结合起来。

对宝钢建设项目的依托力量问题，陈云采取了辩证的态度。他认为："立足国内，方向对，对国内机械工业能力，我还是有信心的。只要下决心搞，专心搞，认真搞，是可以搞好的。但宝钢的设备和技术资料，要立足国外。全套技术资料要买下来。"

在这次谈话中，他一再说：建设宝钢要实事求是，不要急于求成。鞍钢从日本人开始搞算起，搞到 600 万吨钢花了 60 多年，宝钢搞到 600 万吨钢，连 6 年都不要，是不是真的能做得到？他反复强调："宝钢建设在时间上要拉长点，稳步一点，只能搞好，不能搞坏。"

为给上海的负责同志打气，并引起各方面最大限度的重视，陈云以风趣的语言交代三人说："宝钢要搞下去，搞好，拜托拜托各位。以后，我要找你们。"

他们几位回去以后，面对的仍然是领导层和群众中的一些议论，工作难度极大。尽管陈云强调不要再动摇，要抓紧建设好宝钢，但上海各方面的意见还是很大，甚至一些负责的同志存在不同看法，他们在市里有关会议上借"群众"反映，公开讲"两座大山（指位于上海南部金山的上海石油化工总厂和北部的宝山钢铁厂），压得我们喘不过气来"。这部分人仍在吹"下马"风，说“老百姓的房子欠账已够多了，还花大钱搞这么大工程？”

敢想敢干且“年轻气盛”的陈锦华，借传达陈云的指示，在市委常委扩大会上批驳刮“下马风”的人的观点。他说：“中央决定的事，我们地方党组织只能执行办好，而不能用另一种语言说不利于办好这项事业的话。且不说宝钢对国家四化建设的意义，就是对上海来讲，也是首先得益，而且是很大的得益。参加宝钢建设的施工队伍有 6 万多人，上海只去了几千人（1982 年以后基本撤走）；宝钢花了上亿元资金进口大型施工机械装备，给上海的就近千万元；宝钢花钱新建扩建改建了一批配套工厂、公路、桥梁、铁路、码头、邮电通信和城乡住宅等，其中有些事是上海多年想办而未办成的事情。通过宝钢建设，帮助、带动和促进了上海的经济和市政建设，为什么不看到这个重大变化呢！”

上海市委经过讨论，决定贯彻陈云的意见，继续配合冶金部把宝钢建设抓紧抓好。

在整整一星期的调研中，陈云多次召开有各方面人士参加的座谈会，广泛地听取意见，并将现场建设的情况一一摸清。在这次调研中，陈云反复考虑“立足国外”和“立足国内”的问题，认识也在不断地深化。

6 月 6 日，陈云结束对宝钢的调研，离开上海回北京。对宝钢如何建设的问题，他后来在财经委员会召开的全体会议上是这样表示的：“6 月 6 日离开上海时，我最后考虑的意见，还是按照三委、三部和银行报告的意见办。”但他仍然主张“在买设备的同时一定要把技术全部买进来”。

“三委、三部和银行报告的意见”，是指 5 月份国家计委、经委、建委、冶金部、外贸部、一机部和中国人民银行向财经委员会和国务院提交的《关于宝钢建设工作安排的报告》。那份报告一方面明确主张宝钢上马；另一方面提出宝钢建设要调减外汇投资，增加国内投资，立足国内。

通过实地调研，陈云从全局和长远角度对各方面的意见再三进行了权衡。用他的话来说，在近一个半月时间里，在思考宝钢建设的方针问题过程中，自己曾经有过三次思想上的反复。

面对宝钢建设这样特大项目出现的难度和复杂性，任何人都会反复、谨慎地考虑。后来在国务院财经委员会全体会议上，陈云坦率地说过：“这三次反复，对我来说是很有益处的。”

5. 调研归来，陈云顶住巨大压力正式做出宝钢要“干到底”的决策。他亲自点将：“要立军令状，完不成任务要‘斩马谡’。”并稳定军心：“外界舆论，我来做工作。”

从上海回到北京，陈云在进一步与中央最高领导层其他成员商议此次国民经济调整重大事项的同时，重点抓了如何在宝钢项目上统一思想的问题。他不断找各方面的人谈话。

宝钢的外方合作者——日本新日铁公司对中国调整的决策早有耳闻，他们非常担心。就在陈云回到北京后没几天，以总经理斋藤英四郎为首的日本新日本钢铁公司代表团急匆匆赶到北京，求见中国领导人，以期宝钢合作项目能够顺利进行。

6 月 12 日，中国国务院副总理谷牧会见了新日铁公司代表团成员。斋藤英四郎诚恳地向谷牧表示：“新日铁公司决心同中国方面更好地进行合作。我们要像建设自己的钢厂一样对待中国的上海宝山钢铁总厂，并尽自己最大的努力把它建设得更好。”谷牧对此表示感谢，并在谈话中表示赞赏新日铁董事长稻山嘉宽先生和斋藤英四郎先生等日本朋友对执行合同方面所持的友好合作态度。

谷牧与新日铁客人的会谈情况，很快就报告了陈云。

就在谷牧会见新日铁代表团的当天，陈云专门约薄一波和姚依林来谈宝钢建设问题。谈话中，陈云透露了中央的决心和自己经过反复考虑后的意见：

第一，宝钢建设问题，中央已定，很多领导同志也都批示过了，必须按计划坚决搞上去，不能耽误。要采取积极的方针，给条件，搞好。

第二，要让冶金部考虑，宝钢工程计划中还有哪些应办未办的项目（如海水提镁、码头的修建等），未列上的统统列上，省得以后又要追加。

第三，买设备的同时一定要把技术全部买进来。

第四，宝钢建设要有专人负责，冶金部要确定一个领导同志抓总，专管此事。

在这次谈话中，大家一致认为：要以宝钢建设为例，搞出个引进外资、引进技术、搞补偿贸易的典型来，总结经验，以后一些项目均可照此办理。

宝钢项目，是作为开放改革引进外资和引进技术的典型或试点来搞的，显然不能半途而废，而且只能搞好，不能搞坏。这就是为什么陈云等人要在经济调整的大背景下花那么大的工夫、顶着那么大的压力，力保宝钢建设项目继续上马的主要原因。

几天以后，陈云召开了回京后的第一次国务院财经委员会会议，研究如何重新批准宝钢建设的问题。这是国民经济调整中的最高决策机关召开的一次具有特别意义的会议。

时间：1979 年 6 月 16 日上午。

地点：北京中南海的一个会议室。

参加人：除王震（不在京）外的财经委员会全体成员，为广泛听取各方面的意见，还邀请了冶金部的唐克、高扬文、叶志强，一机部的周子健、沈鸿，四机部的钱敏，六机部的柴树藩，外贸部的贾石，中国社会科学院的马洪，国防工办的周太和，国家进出口领导小组办公室的周建南，中央办公厅研究室的梅行等人。

待参加会议的人坐定以后，陈云开门见山地点明了这次会议的议题："这次财经委员会全体会议，专门讨论批准宝钢建设的问题。"

接着，陈云神情凝重地说：

宝钢是一个特大项目，对全国、对上海来讲，都关系很大，事关全局。它投资大，在 200 亿元以上。

应该说，宝钢是仓促上马的。这样大的工程，按道理应该有更多的时间来调查研究，经过反复考虑后再决定。

从开工以后的情况看，工程进度是好的，施工力量已有 5 万人，成绩是很大的。现在工程建设正在进行。我们应该从各个方面再多加考虑，以弥补过去的不足。

陈云归纳了八个方面的问题，阐明自己的意见：

第一点，宝钢不存在"下马"的问题。陈云借用李先念的话，斩钉截铁地说："干到底！"建设规模方面，他同意先按 5 月份三委、三部和中国人民银行报告的方案定下来，将来有可能缩小，也有可能扩大，但不能举棋不定。

第二点，不要漏列项目，必须考虑协作配套。他以经济学大家的内行眼光提出："店铺开门，不怕买卖大。事先预料到比事后追加要好。"还提醒大家："外部协作条件，如煤、电、运输、码头、河道治沙以及一机部的协作配套等各方面的问题，都要考虑到。"

第三点，必须辩证考虑"立足国内"与"立足国外"的问题。陈云特别强调："买设备，同时也要买技术，买专利。"他尤其提醒大家，一定要重视技术和专利问题。有人告诉过他，买专利只要 2 亿美元。他让人赶快去核实一下这件事。

第四点，要提前做好技术培训方面的准备。陈云强调："宝钢这样的厂子，技术先进，各方面要求都很高，一定要抓好提前练兵。""否则就会影响钢的质量。这个问题，要及早研究解决。"

第五点，宝钢建设项目要具体明确负责人是谁。陈云在会上亲自点将：第一负责人是国务院副总理兼国家基本建设委员会主任谷牧；第二负责人是国家基本建设委员会副主任韩光；第三负责人是冶金部副部长叶志强；第四负责人是上海市委副书记、副市长兼上海市计划委员会主任陈锦华。

陈云还对这几位开了一个严肃的玩笑："要立军令状，完不成任务要'斩马谡'。"

针对上海方面提出宝钢建设由上海来总负责的要求，陈云明确表示："我看上海抓总有困难之处，因为牵涉到许多部和省。"

陈云在会上再次强调："宝钢是实现四个现代化中的第一个大项目，应该做出榜样来。"因此他在第六点至第八点意见中，主要是对冶金部等方面提出一些要求，比如："对宝钢要有严格的要求，甚至要有点苛求。只能搞好，不能搞坏。""冶金部有带动其他有关部门的责任。""各有关部门，像煤炭、电力、铁路运输、水路运输、一机、四机等部门，都必须同心协力，把宝钢的事情办好。"他还要求，冶金部要就宝钢问题组织几次大范围的讨论，要吸纳全国主要的冶金专家参加，广泛听取不同意见，并采纳各种有益的意见。

讲完上述意见，陈云提出：有关宝钢建设的问题，大家讨论定案以后，以国务院财经委员会的名义拟一个报告，送中央政治局，请求专案批准。

1986 年 5 月 18 日，陈云视察上海宝钢

为让大家好做工作，他果断地决策："从现在开始，对外的合同可以签了，工作可以做了，不要等待。"

陈云的话，无疑给负责宝钢工作的同志吃了一颗定心丸。

内部的思想是统一了，但对来自外界的压力怎么办？

陈云进一步给大家鼓劲说："要同心协力，把宝钢搞好。外界舆论，我来做工作。"

陈云的话，如同军中统帅的发令，既明确了方向，又稳定了军心。像宝钢建设这样大的项目，没有顶住来自各方面压力的气魄，是干不成的。有陈云这样德高望重的中央领导人顶着，下面的人可以放开手脚工作了。

宝钢建设的难度，是可想而知的。李先念在会上说："抓住一点或几点搞还可以。现在搞这样大的规模，没有经验。虽然有三十年了，但还是经验不足、不够。"因此提出："鉴于宝钢的问题，我认为我们搞经济工作的同志要谦虚一点，谨慎一点。"

陈云讲完话后，李先念接着发言，他表示赞同陈云的意见。

说起宝钢建设的经验教训，李先念主动承担责任说："同意陈云同志讲的，宝钢上马仓促了。这不是追究哪一个人的责任，如果要追究，应当是我负责，因为我主持国务院的工作。"陈云插话："搞四化没有经验，这是不可避免的。"

说起中国今后的进口方针，李先念表达了与陈云一致的意见："今后买设备一定要同时买制造技术、图纸资料和专利。”陈云进一步明确说：“这应该是一项大的政策。”

在中南海召开的这次财经委员会全体会议，从6月16日开始，连续开了四次，直到6月29日才告结束。正如李先念所说：“这次会议讨论一下宝钢问题，对于统一思想，一致对外很有好处，很有必要。”

经过国务院财经委员会的决断，尽管对宝钢建设仍然存在着各种各样的不同意见，但是激烈的争论算是告一段落，下定决心“干到底”的意见压倒了“举棋不定”或“下马”的意见。关于这次会议的作用，直到1990年宝钢第二期工程彻底建成时，陈云还念念不忘这次会议的正确决策。1990年6月6日，他在与不久前从上海市委书记任上调任中共中央总书记的江泽民谈话时，特意提到了这次事关宝钢命运的重要的财经委员会会议：

> 宝钢是一个特大项目，有关全局。但由于仓促上马，存在一些问题，意见也不一致。是继续上马，还是下马？当时国务院财经委员会经过反复考虑，决定干到底。

6. 宝钢的事搞定后，陈云累倒了。下一步怎么做？他对各省负责人拱拱手：“在家靠父母，出外靠朋友。”对中央建议：“成立书记处，调两个比较接触实际工作的同志上来。”

“干到底”的决策做出后，国务院财经委员会按陈云的指示，经过两个多月的准备，终于写出了给中央的关于宝钢建设问题的报告。

报告的内容和写法，本身是按照陈云意思起草的，并经他多次修改，所以陈云于9月初在报告的改定稿上批示：“可以送了。”

随后，立即由李先念致信华国锋、邓小平和胡耀邦，信中说：

“财委关于宝钢建设问题向中央的报告，陈云同志批示：可以送了。

“我意中央可以不拟批复了，即可按此报告办理。并印发政治局、财委各同志及计委、建委、经委、冶金部、外贸部、一机部、人民银行、财政部和进出口委员会。”

中央常委一致同意。就在这期间，邓小平还对上海市委的领导同志说过这样的话：“宝钢国内外议论多，我们不后悔，问题是要搞好。第一要干，第

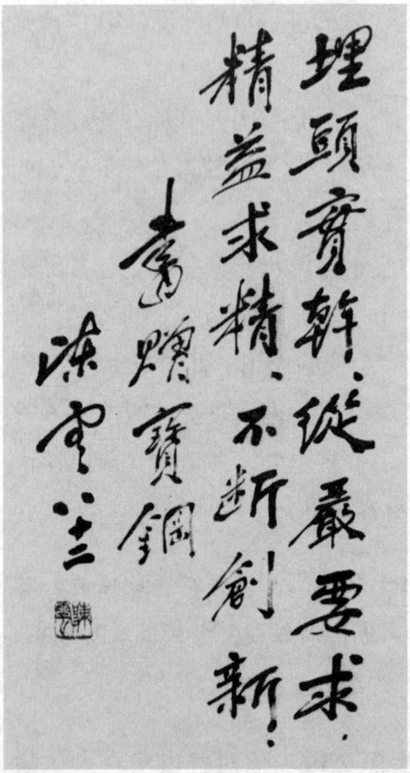

二要保证干好。”邓小平还这样预言：“历史将证明，建设宝钢是正确的。”

在国民经济调整的大背景下，为保住宝钢，陈云花费了非常大的心血和气力。

尽管后来社会上对宝钢建设的质疑依然此起彼伏，还发生 1980 年全国五届人大三次会议期间由北京、天津、上海等 5 个代表团先后 4 次向冶金部提出 60 条质询意见的事，甚至有人提出：“宝钢上马要追究上海市委的责任，罪魁祸首是林乎加、陈锦华。”这以后上马、下马的风依然吹来吹去。但是，宝钢在风风雨雨中曲折发展。1985 年 9 月，宝钢按照国家调整后批准的计划，一期工程如期投产，第二年陈云再次视察宝钢时，对宝钢一期工程取得的成绩表示满意，并题词：“埋头苦干，从严要求，精益求精，不断创新。”1991 年 6 月，宝钢二期工程完工。2000 年年底，宝钢三期工程全部建成投产。至此，中国在大型高炉的设计、设备、制造和建筑安装方面，达到了世界先进水平，宝钢生产能力达到年产钢材 1000 万吨，成为名副其实的千万吨级钢铁企业。2004 年 7 月，在美国《财富》杂志最新公布的全球 500 强中，宝钢以中国钢铁巨人的姿态第一批进入世界 500 强的企业。

宝钢以“专案批准”的方式，算是保下来了。作为调整工作的主帅，在保住重点的同时，陈云对其他必须下马的计划项目却一点也不客气。他是这样表述自己的建设思路的：“我们在实现四个现代化建设中，除了要上若干个大项目以外，着重点应该放在国内现有企业的挖潜、革新、改造上。”①

① 陈云在国务院财经委员会召开的汇报会上的讲话，1979 年 9 月 18 日。见《陈云文选》第 3 卷，人民出版社 1986 年版，第 267 页。

几经“折腾”，他的身体却吃不消了。

1979 年 6 月，作为五届全国人大二次会议主席团常务主席的陈云，还在参加会议期间，便因肺炎住进了北京医院。他后来这样回忆当时的状况：

上半年到上海搞宝钢，后来开五届人大二次会议，只忙了 26 天，最后得了肺炎。像我这样的人，身体原来很弱，今年 75 岁了，经不起几次肺炎。

就在五届人大二次会议上，陈云再次被任命为主管经济工作的国务院副总理。

7 月下旬出院以后，重任在肩的陈云将很大的注意力放在领导编制调整中的 1980 年和 1981 年的国民经济计划方面。这两年计划的制订，是在调整国民经济的总体指导方针下进行的。而新的计划数字的确定，必须与调整的思路相一致，与调整的目标相适应。为达到这一效果，陈云多次强调，经济建设必须脚踏实地地前进，这种前进从表面上看来好像是慢，但实际上是快，因为它是照顾到各方面的协调式前进。这个前进是可靠的！

在陈云等人指导下制订的两年计划较好地体现了“调整、改革、整顿、提高”的八字方针，这次计划编制的一些经验，被后来进一步搞长期规划当作重要的借鉴。

忙着忙着，陈云健康状况进一步减退。他自己对身体每况愈下的感觉也越来越明显。

就在人们迎来国庆三十周年的时候，陈云有一个强烈的愿望，就是尽快起用年轻一些的领导同志，并将中央财经工作的领导权交出去。

刚过完国庆节，中央召开了各省、直辖市、自治区党委第一书记座谈会。陈云于 3 日、4 日在会上就搞好调整工作和国民经济计划等问题讲了话。

陈云坦言：

我搞了一段财经委员会的工作，我自己已感觉到，财经工作中间经验是很少的，特别对工业方面。现在很复杂的问题是在工业方面。

联系到宝钢项目等通过“借外债”来进行建设的新问题，陈云进一步说：

同志们应该承认，借外债来搞建设，对我们来说，没有经验。应该逐项研究，积累经验。

下一步怎么办？

陈云伸出两只手，风趣地对各省来的大员们说："我对地方的同志拱拱手，在家靠父母，出外靠朋友。"

另一方面，为了党、国家和人民的利益，陈云高瞻远瞩地提出：

我有个具体的建议，就是成立书记处，调两个比较接触实际工作的同志上来，把财经工作好好搞一下。这是我们国家的大计。靠我是没有饭吃的。我去年12月24日当常委，搞了15天，天天打圈看文件，我跟小平同志说，不行了，顶不住了。我开国初期参加过常委的工作，现在的工作跟从前大不相同了，大量的外事工作，大量的经济工作，大量的组织工作，现在如果成立新的书记处，比从前的书记处工作多就是了。如果组织上不采取这样的步骤，我们的工作搞不动。华国锋同志太忙了，叶帅年纪大了，小平同志虽然身体好，究竟是76岁了，不能持久。我这是为了党的利益。

为了让大家理解他的身体状况，陈云甚至实事求是地说：

我身体实在不行。我不是偷懒，不是假装，我实在不行，一天只能工作两个小时，到了晚上，右眼睛伸手不见五指，看不见了。

当5日陈云住进北京医院治病时，知情的人才真正了解到陈云说的话并非客套话。

就在陈云住院期间，中共中央于1980年2月23日至29日在北京召开了十一届五中全会。陈云是抱病从医院出来与华国锋、邓小平、李先念共同主持会议的。

这次会议的一大任务，是要充实中共中央领导集体，并重新设立中央书记处。

会议期间，陈云恳切地提出："我向中央政治局常委说过，不要安排我进书记处和常委会。"

对交班问题，他还讲了两点意见：

“一个人接班不行，要搞集体接班。比如，搞十个人，垮了一半，还有五个。”

“国家计委的主要缺点是只管工业，只要加强了计委的工作，国务院财经委员会就可以取消。”

中央充分考虑了陈云和邓小平等老同志的意见。十一届五中全会经过充分讨论，决定增加中央政治局常委的人数，并且选举胡耀邦、赵紫阳两人为中央政治局常委。全会决定恢复党的第八次代表大会所决定的制度，设立中央书记处作为中央政治局和它的常务委员会领导下的经常工作机构，选举胡耀邦为中央委员会总书记，选举万里、王任重、方毅、谷牧、宋任穷、余秋里、杨得志、胡乔木、胡耀邦、姚依林、彭冲等 11 人为中央书记处书记。

进入中央领导层尤其是中央书记处的这批人，既在党内有很大的影响，又精力旺盛，且熟悉实际工作，符合陈云的要求。

按照邓小平、陈云等人的意见，中央书记处的工作重点放在经济工作上。

五中全会后，考虑到陈云的身体情况，中央同意他的建议，决定由新进政治局常委的赵紫阳来担任第一线的财经工作领导人。

3 月 17 日，中共中央政治局常委会决定：成立中央财政经济领导小组，赵紫阳任组长，余秋里、方毅、万里、姚依林、谷牧为小组成员；撤销国务院财政经济委员会。

第二天，陈云终于大病痊愈，搬出北京医院，回到久别的家里。

由中央财经领导小组替代国务院财经委员会的职权以后，陈云肩上的担子的确轻了许多。但是，在中国共产党的核心领导层内，陈云仍然是经济工作方面的主要决策人之一，始终发挥着自己的特殊的作用。就是在之后的经济调整工作中，赵紫阳、姚依林等人也经常向陈云汇报情况。

对新成立的中央财经领导小组，陈云给予了精心的指导和热情的支持。为树立他们的威信，他曾在多种场合表扬中央财经领导小组做出的成绩。

从 1979 年开始的这次经济调整，经过了许多曲折和艰难，当 20 世纪 80 年代中国经济逐渐走入正常发展的航道后，许多人感慨地说过这样的话：“如果没有这次调整，中国的经济发展是不可能取得这么大的成就的。”

6年以后的1985年9月21日，邓小平在人民大会堂接见以稻山嘉宽为团长的日中经济协会访华团。他们由宝钢一期工程建设投产，谈到经济调整的成果，有这样一段对话：

邓小平：作为中日合作的结晶，宝钢前两天已经点火了。……日本专家在宝钢工作得很好，我们在那里工作的人向他们学了不少东西。希望这样的合作项目以后多搞一些。如果说宝钢有缺陷，那就是我们曾决定第二期工程下马，引起了日本朋友的误会。你们知道，当时我们正在搞调整，不得不下马，但经过三年调整，条件好些，不是又上马了吗！……

稻山嘉宽：过去我见到中国最高领导干部时常说，中国的三年调整很重要，因为当时的世界上很多国家都有巨额外债问题。而中国有勇气及时地进行调整，并经过调整，积累了150亿美元的外汇储备，能做到这一点的只有中国。我认为当时中国的调整是很重要的，今后如有需要，也希望继续调整。

以调整引导中国国民经济和中国建设的大船走入健康、快速的发展航线，许多人都知道，在中国的这艘大船上，陈云发挥着举足轻重的影响。

卷三

改革开放后，重新组建中纪委，陈云连续担任两届九年的中纪委第一书记，对新时期党风廉政建设做出了巨大贡献。中纪委也从此打开了局面十一届三中全会，组建了一个强有力的机构——成立新的中央纪律检查委员会，并选举产生以中共中央副主席陈云为第一书记的100位中纪委成员。

十一届三中全会，赋予了中央纪律检查委员会特殊的职责——纪律检查委员会的根本任务，就是维护党规党法，切实搞好党风。

1. 纪检机构原来就存在过，前有朱德、董必武分别打下的基础，后有改革开放新的复杂局面。陈云这届中纪委提出：基本任务，就是要维护党规党法，整顿党风。要讲“六不怕”

从1978年十一届三中全会起，直至1987年党的十三大，德高望重的陈云，担任了两届九年的中央纪律检查委员会第一书记。在他人生的第73个至82个年头，为进一步拨乱反正和中国改革开放形势下执政党的党风建设，建立了不朽的功勋。由于他的作用，也让“中纪委”这个机构的名气，越来越大。

在中国共产党的建制中，负责纪律检查工作的机构，早就存在过。

新中国成立以前，在中国人民解放军的序列里，为严明部队纪律，曾经成立过纪律检查大队、纪律检查队或纪律检查组之类的机构。

新中国成立以后，为加强党的纪律检查工作，中共中央于1949年11月发布决定：成立中央和各级党的纪律检查委员会。在党内德高望重的朱德总司令，被任命为第一任中共中央纪律检查委员会书记。

1955年3月，在党的全国代表会议上，根据毛泽东的提议，做出了关于成立党的中央和地方监察委员会的决议，代替中央和地方各级党的纪律检查委员会的工作。也是德高望重的董必武，被选举为中央监察委员会书记。

由于党内党外、国内国外等各种主客观原因，以前的纪律检查机构，名气并不大；真正让中纪委“名声大噪”起来，还是十一届三中全会以后的事。

新成立的中纪委做的第一件大事，就是在陈云的主持下，拟定两个重要文件：一个用于中纪委内部运作，即：《中共中央纪律检查委员会关于工作任务、职权范围、机构设置的规定》；另一个用于全党的运作：《关于党内政治生活的若干准则》。

作为新成立的中纪委第一书记，陈云要做的第一件大事，便是迅速主持召开中央纪律检查委员会第一次会议。

会议召开之前，常务书记黄克诚和副书记王鹤寿专程到陈云住处，请示关于中共中央纪律检查委员会和各级纪检机构的工作方针问题。陈云果断地答复他们："抓党风。中纪委的工作指导方针是维护党规党法，整顿党风问题。"

1979 年 1 月 4 日，中纪委第一次会议在北京开幕。

主持会议的陈云，发表了一篇重要的讲话。

陈云的开场白，先从历史上中共和国际共运中的党风讲起。

讲到中共的党风，陈云深情地回忆了毛泽东所追求的政治局面："又有集中又有民主，又有纪律又有自由，又有统一意志、又有个人心情舒畅、生动活泼，那样一种政治局面。"他说："延安整风时期，毛泽东同志首先集中了几十个高级干部开了几个月的整风会议，大家面对面地指名道姓，进行批评和自我批评，认真总结建党以来的经验教训，以后就在所有干部中进行整风运动，在这个基础上写出《关于若干历史问题的决议》，在党的六届扩大的七中全会上通过了这个决议。以后就开党的七大，全党同志团结一致，取得了抗日战争和解放战争的胜利。新中国成立以后，毛泽东同志在《1957 年夏季的形势》一文中，又要求全党实现这种心情舒畅、生动活泼的政治局面。但是，由于种种干扰、种种原因，我们党很多年没有实现这样一种政治局面。"陈云认为，"一定要把这种风气扩大到全党、全军和全国各族人民中去，而且永远这样做。这是一件大事。这件大事对于党的工作着重点从今年起转移到社会主义现代化建设上来，对于党内安定团结，有十分重要的意义。"

他还肯定地说："如果鸦雀无声，一点意见也没有，事情就不妙。"

讲到国际共运，陈云从马克思主义的形成、发展说起，讲到马克思给共产党人留下的两大遗产，即：一是发现唯物史观，一是发现剩余价值；讲到俄国十月革命胜利后列宁时期"党内生活是非常正常的"，讲到斯大林后期"党内生活不正常"；再讲到中国在"文革"期间"我们党出现了很不正常的情况"

和“极不正常的状态”。

为此，陈云认为，中国共产党对国际共产主义运动负有很大的责任，一定能够把我们的党建设好，很好地负起这个责任。

他提出：

“党的中央纪律检查委员会的基本任务，就是要维护党规党法，整顿党风。我们这次会议就是要为实现这个基本任务做必要的准备工作。

“中央纪律检查委员会把维护党规党法、整顿党风的基本任务认真地担负起来，也就是在这个伟大事业中尽了自己应尽的一份力量。”

会后经陈云审定发表的题为《党中央纪律检查委员会举行首次全体会议》的新闻通稿中，将中纪委的基本任务增加了几句话，是这样写的：

遵照党中央的规定，党的纪律检查工作的基本任务是，维护党规党法，保护党员的权利，发挥党员的革命热情和工作积极性，同一切违反党纪、破坏党的优良传统的不良倾向做斗争，切实搞好党风。

这次会议是按照上述基本任务来安排议程和讨论问题的。中纪委的第二书记邓颖超、第三书记胡耀邦、常务书记黄克诚等人也在会上讲了话。

黄克诚说：

1981 年 7 月，陈云同邓颖超交谈

我们中央纪律检查委员会是党中央维护党规党法和整顿党风的一个重要助手。我们要同败坏党风的人、组织和现象作斗争。这种斗争，不是靠发个文件一下子就能够解决的，斗争还是很严峻的。过去毛主席要求我们要有五不怕精神，不怕杀头，不怕坐牢，不怕开除党籍，不怕撤职，不怕离婚。现在还要不怕撕破脸皮。我们有这种决心和勇气，就能把中央纪律检查委员会的工作做好，不辜负党中央的委托和人民的期望。

以发扬“五不怕”再加上“不怕撕破脸皮”的精神来做中纪委的工作。“六不怕”，成了会议的共识。会议文件旗帜鲜明地提道：“怕字当头、模棱两可、和稀泥、随风倒，是做不好党的纪律检查工作的。”

这次会议严格规定了党的纪律检查工作必须遵循的几项重要原则，即：

一、严格区分、正确处理两类不同性质的矛盾。

二、反倾向斗争，必须从实际出发。有“左”反“左”，有右反右，有什么反什么，有多少反多少。对于错误的性质和轻重的判断要恰如其分，防止无限上纲，特别要防止随便说什么路线错误，随便说什么阶级斗争在党内的反映。

三、重证据，重调查研究，严禁逼供信。

四、对人的处理要持十分慎重态度。

五、坚持实事求是，有错必纠。

六、敢于斗争，刚直不阿。

七、认真走群众路线。

八、实行集体领导和个人分工负责相结合的制度。

2. 中纪委当前做什么，长远怎么做？陈云一并谋划。他主持制定了《关于党内政治生活的若干准则》，并着重提出：“执政党的党风问题是有关党的生死存亡的问题。”

中纪委的第一次会议一共开了 18 天，到 1 月 22 日才结束。之所以开这么长时间，是因为要拟定并讨论两份重要文件，一份是中纪委的文件，即《中共中央纪律检查委员会关于工作任务、职权范围、机构设置的规定》；另一份是全党的文件，即《关于党内政治生活的若干准则》。附带还要讨论通过一份新闻通稿，即《党中央纪律检查委员会第一次全会通告》，以通告全党和全社会，中纪委开始工作了。

涉及中纪委和各级纪委成立后干些什么事。会议要求："各级纪律检查委员会的中心工作就是要抓好党风。"

会上涉及的《关于党内政治生活的若干准则》(以下简称《准则》)，是一份有关党的建设的长远性和战略性的文件，对这份文件，会议在组织拟定和讨论中慎之又慎。在《准则》起草过程中，遇到的重要问题，陈云都亲自把关，多次对起草工作给予指示。

起草《准则》主要依据，是总结中国共产党在长期革命斗争和建设实践中形成的一整套以民主集中制为中心的党内政治生活准则。比如，党的各级组织要实行集体领导，反对"一言堂"；每一个党员要讲真话，不许讲假话；要发扬党内民主，坚持言者无罪，闻者足戒的原则；等等。将这些准则形成党内法律，是搞好党风的依据。

中纪委拟定的这份《准则》草案，是在这次全会上边起草、边开会、边讨论、边修改中形成的。

在热烈的讨论中，大家根据党的历史经验，认为必须重申"坚持党的政治路线和思想路线"、"坚持集体领导，反对个人专断"、"严格遵守党的纪律"、"坚持党性，根绝派性"、"要讲真话，言行一致"、"发扬党内民主，正确对待不同意见"、"保障党员的权利不受侵犯"、"充分体现选举人的意志"等一系列准则。

《关于党内政治生活的若干准则》在中纪委的第一次全会上基本拟定后，陈云又指示中纪委，将其提交中共中央政治局会议讨论。政治局委员们在讨论中又提出了一些修改意见。陈云进一步主持对其进行了修改。

1979年2月28日，陈云致信华国锋，送去根据中共中央政治局会议讨论意见修改的《准则》草案稿等文件。怎么修改的，陈云在信中一一做了说明。一同送上去的，还有陈云指示中纪委代中央起草的准备将《准则》稿下发各地征求意见的通知。

华国锋同意陈云的意见，3月19日，中共中央正式将《准则》草案稿下发党的各级各部门征求意见。

经过上下征求意见、反复讨论和几个来回修改，《准则》终于正式定稿。1980年2月，《关于党内政治生活的若干准则》在华国锋、叶剑英、邓小平、李先念和陈云共同主持的中共十一届五中全会上，获得通过。

之后，《关于党内政治生活的若干准则》正式交付全党贯彻执行。

为使《准则》这一党内大法真正发挥作用，根据陈云的指示，中纪委采取了许多重要的措施。还召开了多次贯彻《准则》的座谈会。1980 年 11 月，就在中纪委召开的第三次贯彻《准则》座谈会期间，陈云提出了一个令党内外震撼的命题：

执政党的党风问题是有关党的生死存亡的问题。

这一命题一经提出，立即成为全党的座右铭，也就成为指导全党建设的一个永恒的指针。

陈云在整顿党风方面提出的其他一些名言，如“要讲真理，不要讲面子”、“对严重的经济犯罪分子，要严办几个、判刑几个，以至杀几个罪大恶极的”等，也成为搞好党风、做好纪律检查工作的基本指导思想。

在中央政治局内，根据分工，陈云除分管中央纪律检查委员会外，还分管相近的公安、检察、法院、民政等中央政法部门的工作。党纪国法，陈云操之于心。

3. 根据陈云提出的“有错必纠”的方针，中纪委进一步推进大量遗留案件的审理工作。刘少奇案要首先查清，给予平反；潘汉年案，陈云在患了重症进手术室前仍放心不下

中纪委成立之初，面临的是因“文革”期间践踏党纪国法的现象不能制止而形成的大量积案，大批受害的人长期申诉无门，沉冤不得昭雪。陈云指示中纪委，要抓紧平反冤假错案的工作。

新成立的中纪委，根据陈云提出的“有错必纠”的方针，进一步推进遗留案件的审理工作。

中纪委在开完第一次全会后，按陈云的有关指示精神，集中抓了为刘少奇平反和审理康生、谢富治两个阴谋家的案件。

刘少奇的所谓“叛徒、内奸、工贼”罪行的案件，显然是林彪、江青一伙一手制造的。1979 年 2 月，中纪委会同中央组织部，将刘少奇一案进行了

陈云在刘少奇追悼会上向王光美表示慰问

认真细致的复查。经过一年时间，对中共八届十二中全会通过的所谓《关于叛徒、内奸、工贼刘少奇罪行的审查报告》中提出的问题，逐项进行调查核实。在大量的调查取证和对证研究之后，在充分的事实面前，林彪、江青一伙对刘少奇的诬陷之辞终归站不住脚。1980年2月，中共十一届五中全会决定，撤销八届十二中全会做出的决议，为刘少奇同志彻底平反昭雪，恢复名誉，并举行追悼会，同时对受牵连的人和事，凡属冤假错案的一律平反。

对冤假错案的始作俑者，中纪委并不放过。“文革”中，康生任中央文革小组顾问，谢富治把持专案组和公安部，此二人积极参与了林彪、“四人帮”反革命集团的篡党夺权活动，制造了大量冤假错案，陷害了一大批党政领导干部，是典型的反革命阴谋家。根据陈云的指示，中纪委认真调查了他们的问题，揭开了他们的真实面目。1980年10月，中纪委向中共中央递交了关于康生、谢富治问题的审查报告。据此，中共中央决定，开除他们的党籍，撤销在他们死时所致的悼词。

经陈云过问和领导平反的冤假错案有许许多多，不胜枚举。在其中的重大案件中，潘汉年的冤案，更是一起奇案。

1979年10月24日，就在陈云因患重症需要施行手术这天，国务院副总理姚依林到北京医院守候。手术前，姚依林对陈云的身体状况不是没有担心的。担心之余，他俯身到陈云跟前，轻声问：有什么需要交代的没有？

陈云答：有一事放心不下，就是潘汉年的所谓内奸问题。

随后，陈云交给姚依林一封短信，信是写给时任中共中央政治局委员的胡耀邦的。信的大意是，请他过问一下潘汉年案，此案需要重新审查。

潘汉年究竟是何许人，需要陈云在重病手术之前做如此托付？

新中国成立之前，人们很少知道潘汉年这个名字。因为他长期在周恩来直接领导下从事敌战区的隐蔽战线工作和开展港澳同胞和海外侨胞的统战工作。20 世纪 20 年代初，潘汉年参加进步文艺运动，加入郭沫若、成仿吾等领导的“创造社”，主编过《洪水》等进步刊物，第一次国共合作时期，他在南昌、武汉等地担任过《革命军日报》总编辑、国民革命军总政治部宣传科长，建立了许多上层社会关系。大革命失败后，他在上海中共中央宣传部，负责文化、出版、文艺界的联络统战工作。他是中共中央直属的文化工作委员会（简称“文委”）的第一任书记，在文艺界赫赫有名的“左联”、“社联”、“剧联”的成立，一直是由潘汉年领导的。20 世纪 30 年代，潘汉年在隐蔽战线更是功勋卓著。他曾经担任过中共政治保卫组织——中央特科的负责人。这个组织的主要任务是获取敌人情报、建立秘密交通、营救被捕同志、惩办叛徒奸细，并保卫中央领导同志和驻沪机关的安全。陈云曾在潘汉年之前担任过中央特科的负责人。1981 年 11 月，陈云曾说过：“特科是周恩来同志直接领导下的党的战斗堡垒。特科是一个有战斗力的白区党的地下组织。”1934 年年底潘汉年参加了长征，任中共中央宣传部副部长和红军总政治部宣传部部长。遵义会议后，中共中央决定由陈云和潘汉年等去上海恢复党的地下工作。同年，中共中央又派陈云和潘汉年同赴苏联，向共产国际报告中国情况。1936 年“西安事变”后，潘汉年被中共中央任命为中共正式谈判代表，到南京和国民党谈判停止内

1979 年 2 月，陈云在办公室

战、合作抗日事宜。抗战期间，潘汉年被任命为第十八集团军驻沪办事处主任。他在香港、上海、南京等地周旋于日、伪、顽之间，领导地下党多次取得重要战略情报，还在敌战区与解放区之间建立了极为重要的地下交通线。解放战争中，为筹备召开新的政治协商会议，需要组织大批民主党派领导人、工商业家、文化界人士，从西南、西北、华中、上海等地秘密转到香港，再租船把他们送往解放区。夏衍后来说过："这件事，用现在的话说，完全是由汉年同志'牵头'的，事无巨细，从要到华北去参加新政协的人士们从内地到香港起，欢迎、宴请、商谈、帮助他们安顿家务，一直到妥善地送他们上船为止，他无时无刻不为这些事操心。"在国共两党分裂、合作、再分裂的过程中，在"你中有我，我中有你"之类的斗争中，潘汉年长期处于特定的环境下，

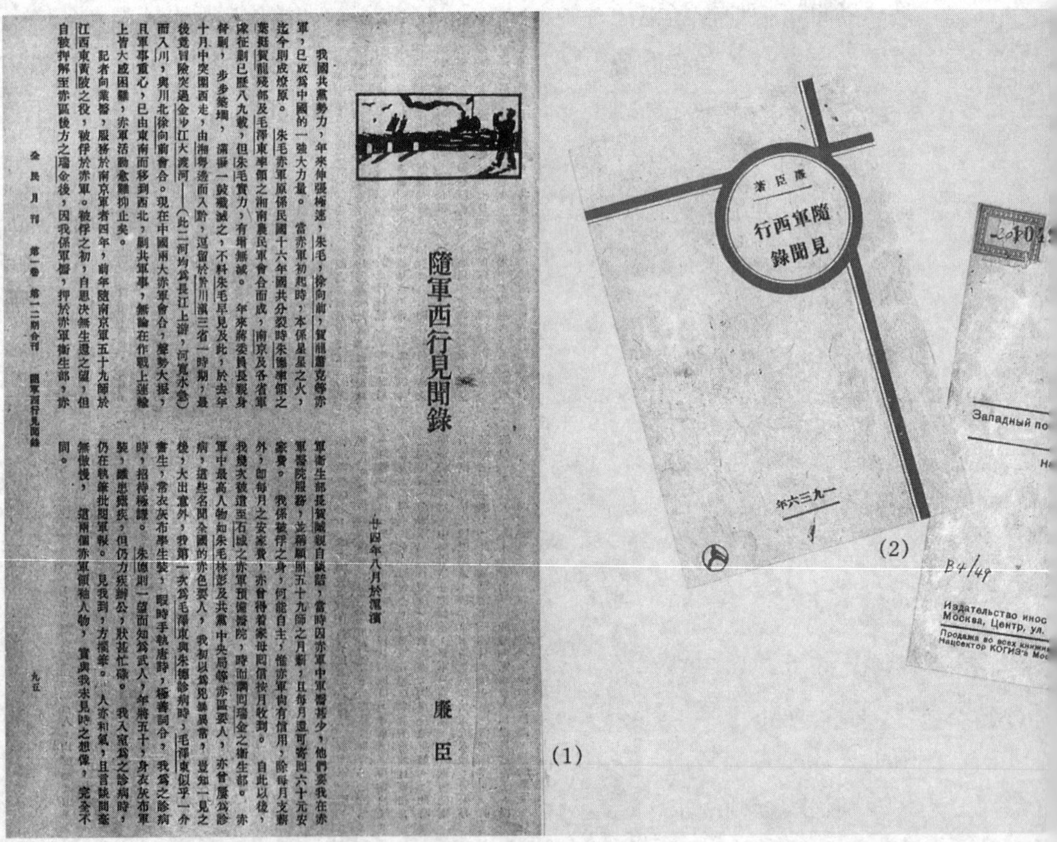
隨軍西行見聞錄

廿四年八月於滬濱

廉臣

我國共黨勢力，年來伸張極速，朱毛，徐向前，賀龍蕭克等赤軍，已成爲中國的一強大力量。當赤軍初起時，本係星星之火，迄今則成燎原。朱毛赤軍原係民國十六年國共分裂時朱德率領之葉挺賀龍殘部及毛澤東率領之湘南農民軍會合而成，南京及各省軍隊在剿已歷八九載，但朱毛實力，有增無減。年來蔣委員長親身督剿，步步築堡，滿擬一鼓殲滅之，不料朱毛早見及此，於去年十月中突圍西走，由湘粵邊而入黔，逗留於黔川滇三省一時期，最後竟冒險突過金沙江大渡河——（此二河均爲長江上游，河寬水急）而入川，與川北徐向前會合。現在中國兩大赤軍會合，聲勢大振，且軍事重心，已由東南而移到西北，剿共軍事，無論在作戰上運輸上皆大感困難，赤軍活動愈難抑止矣。

記者向業醫，服務於南京軍者四年，前年隨南京軍五十九師於江西東黃陂之役，被俘於赤軍。被俘之初，自思決無生還之望，但自被押解至赤區後方之瑞金後，因我係軍醫，押於赤軍衛生部，赤軍衛生部長賀誠親自談話，當時因赤軍中軍醫甚少，他們要我在赤軍醫院服務，並稱願照五十九師之月薪，且每月還可寄回六十元安家費。我係被俘之身，何能自主，惟赤軍尚有信用，除每月支薪外，即每月之安家費，亦曾得着家母回信按月收到。自此以後，我幾次被遣至石城之赤軍預備醫院，時而調回瑞金之衛生部。赤軍中最高人物如朱毛林彭及共黨中央局等赤區要人，亦曾屢爲診病，這些名聞全國的赤色要人，我初以爲兇暴異常，豈知一見之後，大出意外，我第一次爲毛澤東與朱德診病時，毛澤東似乎一介書生，常衣灰布學生裝，暇時手執唐詩，極善詞令，我爲之診病時，招待極謙。朱德則一望而知爲武人，年將五十，身衣灰布軍裝，雖患鼻疾，但仍力疾辦公，狀甚忙碌。我入室爲之診病時，仍在執筆批閱軍報。見我到，方擱筆。人亦和氣，且言談間毫無傲慢，這兩個赤軍領袖人物，實與我未見時之想像，完全不同。

全民月刊　第一卷　第一二期合刊　隨軍西行見聞錄　九五

(1)

(2)

1935 年秋，陈云化名廉臣撰写的《随军西行见闻录》

站在最前沿的阵地上，忠心耿耿地为党工作了几十年。

在党内，由于工作关系，陈云是与潘汉年最熟悉的领导人之一，也是最了解潘汉年的人之一。要论对党忠诚，陈云深知，潘汉年绝对称得上“绝无二心”。然而，由于历史的复杂性，进入和平时期，潘汉年的历史轨迹被人为地扭曲了。

新中国成立后，潘汉年留在了他熟悉的上海工作，先后担任中共上海市委第三书记、第一副市长等职。到了1955年，厄运降临到潘汉年头上。这年，中国大陆反对美蒋“共同防御条约”的热潮一浪高过一浪，与台湾敌对势力的斗争也进一步升级。潘汉年作为反特前辈、上海市的重要领导人，在公众面前露了几次面以后，却突然以反面人物的形象在中国的政治舞台上消

失了……

1955年1月初，潘汉年以中共上海市委第三书记的身份，在上海市各界代表集会上，号召大家以实际行动粉碎美蒋“共同防御条约”。他郑重提出：“上海处在解放台湾斗争的前线，因此，上海人民在解放台湾的斗争中，负有重大的责任。”

1955年2月12日，潘汉年在上海市第一届人民代表大会第二次会议上，当选为上海市第一副市长，陈毅当选为上海市市长。第二天，潘汉年以上海市中苏友好协会副会长身份在庆祝中苏友好同盟互助条约签订五周年大会上做报告，他提出号召，要人们“坚决完成我国第一个五年计划第三年的巨大任务，以实际行动支持解放台湾的正义斗争，粉碎美帝国主义的侵略计划和战争政策，保卫远东和世界和平。”

1955年3月15日，潘汉年以副市长身份在上海中苏友好大厦，主持了“苏联经济及文化建设成就展览会”开幕式。开幕式上，他仍提出，上海人民要以实际行动响应毛主席的号召，来进一步巩固中苏两国的伟大友谊，为支援人民解放军解放台湾、保卫世界和平、反对美国侵略而奋斗，为把我们的祖国建设成为一个伟大的社会主义国家而奋斗。

“问题”出在4月。

1955年4月初，潘汉年在全国性的党代表会议期间，以他对党的坦诚，主动向党组织交代了他在抗战期间的一次经历：一次去敌占区工作时，被人挟持到南京，会见了汪精卫。没想到的是，潘汉年的坦诚，成了他被打成“内奸”的导火线。

本来是在特殊斗争环境中发生的一件历史陈案，又是潘汉年自己主动交代的，按党的原则不应成其为“问题”。但是，在那种特殊的年代，特殊的背景下，潘汉年作为长期在复杂的隐蔽战线工作的高级干部，被放到了党内肃反工作中去考查。很快被怀疑为“内奸”遭到逮捕。

当年7月，就在全国人大常委会宣布潘汉年因为已经发现“有进行反革命活动的证据”而被逮捕审判后，有的不明真相的代表在全国人大一届二次会议期间提出：要求大会建议政府对“反党反人民”的潘汉年等人“予以严厉惩处”。不明真相的“人民代表”，居然将昔日的人民功臣当成了“隐藏在人民内部的反革命分子”。

1963 年，最高人民法院做出终审判决，认定潘汉年的所谓罪行是：1936 年在国共谈判中投降国民党；1940 年前后投靠日本特务机关和秘密会见汪精卫；在上海解放后掩护大批反革命分子并向台湾供给情报，引起“二六轰炸”。根据这三条罪名，认定潘是“长期暗藏在中国共产党和国家机关内部的内奸分子”，判处有期徒刑 15 年，剥夺政治权利终身。

到了“文化大革命”中，潘汉年更是身心备受折磨。1970 年潘汉年被改判无期徒刑，“永远开除出党”。1975 年 3 月，潘汉年被下放湖南耒阳沫江农场安置，作为“特殊犯人”接受管制。两年以后，潘汉年背着“反革命”、“内奸”的沉重历史包袱，在湖南长沙凄然病逝。

陈云对潘汉年的所谓历史问题，始终是有怀疑的，但是，在那种黑白颠倒的年代，他，甚至包括周恩来那样对潘汉年知根知底的领导人，都不可能改变潘汉年的命运……

历史进入拨乱反正的年代，作为新成立的中央纪律检查委员会第一书记，

1938 年，陈云（右一）同潘汉年（右二）等在延安

陈云终于有了为潘汉年鸣冤的机会。

中纪委成立后，陈云多次表示过：潘汉年秘密会见汪精卫的所谓“内奸嫌疑”是不存在的。如果他真心投敌，就不能解释刘晓领导下的上海地下党组织为什么能在整个抗日战争时期和解放战争时期完整地保持下来。上海“二六轰炸”更不可能是潘汉年利用国民党的秘密潜伏电台提供的情况，因为国民党在上海统治多年，杨树浦发电厂这样的目标早就是清清楚楚，用不着潘汉年提供情报。至于讲到1936年的国共谈判，陈云更是知情人，他说过：当时中央驻共产国际代表团的代表和主管同国民党接触的有三个人：王明、康生和我，如今只剩我一个了。我再不说话，没有人知道了。

陈云着手复查潘汉年案件，先找那些了解潘汉年的知情人。他找到抗战时期曾担任上海群众工作委员会书记和江苏省委书记长达12年之久的刘晓，请他写材料。又找了廖承志、夏衍等人，让他们将对潘汉年的了解写出系统的、具体的材料交给中纪委。

正是在重新调查潘汉年案的过程中，陈云因患重症而做手术。由于历史过去了多年，潘汉年案也沉冤二十几年，调查起来难度较大。要想翻过一个案子来，更是不容易。手术成功后，陈云抓紧时间督促潘汉年案的复查。

一年以后，眼看潘汉年案的复查有了一些重要进展，陈云于1980年12月23日让秘书打电话给公安部，要亲自调阅潘汉年案最后定案的全面材料。对从公安部调来的潘案材料，陈云仔细地研究了10天。

1981年元旦刚过，陈云便于1月3日再次让秘书给公安部打电话，请公安部迅速整理一份有关潘案处理过程的梗概报告，送往中纪委。1月16日，公安部遵照陈云的指示向中纪委递交了关于潘汉年一案的材料，如实地反映了潘案的处理过程。

在收集了大量材料的基础上，陈云打算正式向中央提出复查潘汉年案的建议。

1981年3月1日，陈云提笔给中共中央其他几位领导人写了一封信：

小平、先念、耀邦、紫阳同志：

1979年10月，我曾写一条子给耀邦同志，我认为潘汉年的案件需要复查一下，我认为他当时并未真心投敌，否则不能解释刘晓同志领导下的上海党能完整地保持下来。潘汉年已于1977年死于劳改农场。连潘汉年的老婆董慧同志也已平反（也是1977年死的）。我收集了一些公安部的材料和与汉年同案人的材料。这些材料，并无潘投敌的材料确证。而且对于刘晓、刘长胜同志等能在上海保存下来反面提供了潘并未投敌出卖组织或某一个同志。我提议中央对潘汉年一案正式予以复查。这件事如中央同意，可交由中央纪律检查委员会办理。

陈云

1981年3月1日

随信，陈云还附上了廖承志给他写来的有关潘汉年问题的信。

邓小平等人接到信后，一致赞同陈云的意见。

邓小平当即批示："赞成。"

李先念批示："同意。"

胡耀邦则指示中纪委：立即展开对潘案的复查。

此后，潘汉年一案进入正式直接由中纪委接手复查的阶段。陈云提议直接交由中纪委来办，表明潘案的分量不同寻常，同时也反映了陈云本人对为潘汉年平反问题的高度重视。

按照中央的指示，中纪委在陈云的亲自领导下，迅速组织对潘汉年案件进行复查。几十年的沉冤，查起来困难重重。中纪委的工作需要排除种种干扰，做出多方努力。这点陈云早就预料到了。他在给邓小平等人写信之前，曾在2月对中纪委第三次全会讲过三点意见：第一，纪委工作是要做的。第二，纪委工作是有困难的。第三，我们做了工作以后，如果有人指手画脚，或者有些什么意见，对纪委有些什么批评的话，可以不计较它。我们做得对，他指责得不对的，可以不管它；如果他们的意见是对的，我们应该考虑。

就在潘汉年案复查过程中，中共中央党史资料征集委员会于1981年11月8日在北京召开了"中央特科"党史专题座谈会，邀请曾参加过"中央特科"工作且尚在的老干部以及有关部门的负责人，就当时"中央特科"的工作进行座谈。作为"中央特科"的老领导，陈云听说这件事后，立即在人民大会堂福建厅接见了参加会议的代表。参加会议的一些老人，陈云以前就认识，见到这些隐蔽战线上出生入死的老战友，陈云十分兴奋，一一同他们握手问好。谈话中，陈云讲起了特科的一些情况，并高度评价了周恩来直接领导下的中央特科在党的历史上发挥的重要作用。

讲到特种历史上那些知名的或不知名的人物，陈云提到了潘汉年："特科出过若干个有名的或者党内大多数人不知名的有功绩的同志，也出过一个大叛徒顾顺章。1931年顾顺章叛变后，我是特科主任。1932年我去搞工会工作，康生接任。康生走后是潘汉年负责。康生做过若干工作，但他在延安搞抢救运动是错误的，'文化大革命'中又与林彪、'四人帮'搞在一起，整了一大批高级干部……"

在提到潘汉年案件时，陈云不容置疑地说："潘汉年的案件，中央纪律检查委员会正在为他平反。我相信他必将恢复名誉。"

有陈云这句话，有中纪委出面复查，大家放心了。因为能否正确处理潘汉年问题，不仅关乎潘汉年本人，而且关乎整个隐蔽战线一大批忠诚的共产党员的历史功绩。

历史进入1982年夏秋之际，中共第十二次全国代表大会即将召开，潘汉年的案子也终于水落石出。经过中纪委艰苦细致的复查，确凿的证据表明："在

1981年春，陈云会见参加中共党史专题资料征集座谈会的老同志

长期革命斗争中，他忠实执行并多次出色地完成党交给的任务，对党的文化工作、统一战线工作，特别是在开展对敌隐蔽斗争方面，曾经做出了重要贡献，是有很大功劳的。”“潘汉年同志是一贯忠实于革命的好同志，绝不是‘长期暗藏在中国共产党和政府机关内部的内奸分子’。”中纪委提出：原来认定潘汉年是“内奸”的结论都不能成立，应予否定。

中共中央接到中纪委的复查报告后，于 8 月 23 日发出了《关于为潘汉年同志平反昭雪、恢复名誉的通知》，肯定了潘汉年的历史功绩，并向全党公开宣布：撤销党内对潘汉年的原审查结论，并提请最高人民法院依法撤销原判，为潘汉年平反昭雪，恢复党籍，追认潘汉年的历史功绩，公开为他恢复名誉。凡因潘案而受牵连被错误处理的同志，由有关机关实事求是地进行复查，定性错了的应予平反，并切实处理好他们的政治待遇、工作安排和生活困难等善后问题。

经陈云指示，有关为潘汉年冤案平反的通知，除发到县团级，传达到全党和担任相当省、直辖市、自治区一级职务的党外人士外，还要在报刊上发表文章进行宣传。陈云本人还亲自请与潘汉年有 20 多年交往的夏衍在《人民日报》发表了《纪念潘汉年同志》一文。夏衍的文章发表后，引起很大的社会反响。老将军萧克一口气读完后，专门写了一篇《读〈纪念潘汉年同志〉一文有感》，并附了一首四言诗，曰：

一代忠贞，一朝玉碎。
长期蒙冤，惜人弗味。
今得昭雪，忠魂有归。
万众欢呼：三中全会！

4. 第一届中纪委的工作，得到全党认可。陈云再次当选为第二届中纪委第一书记。他对纪检干部说：“不应当在原则问题上‘和稀泥’。”以身作则的陈云，目光紧盯经济领域

从中共十一届三中全会成立中纪委到中共十二大，这届中纪委走过了近 4 年的历程。到 1982 年召开党的十二大，中纪委要向党的代表大会“述职”。

1982 年，陈云在办公室

这届中纪委向十二大提交了一个经陈云审定的工作报告。报告回顾了三年多来的主要工作情况、基本经验，并对今后工作提出了建议。

对陈云领导的中纪委的工作，十二大作了充分的肯定，并在决议中这样说：

> 中国共产党第十二次全国代表大会批准中央纪律检查委员会的工作报告，并对中央纪律检查委员会自十一届三中全会选举成立以来所进行的大量工作表示满意。

中共十二大选举产生了新一届中纪委。这是改革开放后的第二届中纪委，其成员，由原来的 100 人，增加为 129 人，它的重要性由此可见。李先念在十二大的闭幕词中是这样讲的："中央纪律检查委员会由党的全国代表大会选举产生，它的责任更加重大了。它对贯彻执行新党章，维护党的纪律，保持党的共产主义纯洁性，都要起到重要的作用。"

人们从 1982 年 9 月 14 日公布的这届中纪委第一次全体会议公报中看到，第二届中纪委的第二书记为黄克诚，常务书记为王鹤寿。而它的主帅，仍是陈云。

在 9 月 13 日召开的新一届中纪委第一次全体会议上，陈云在概括中纪委以后的主要工作时讲了三点，核心意思是：

第一，协助中央和各级党委，切实抓紧抓好党风整顿。

第二，继续建立和健全党的纪律检查部门。

第三，把党的纪律检查队伍本身的干部选好，用好。

陈云是这样描述纪检干部形象的：

做纪律检查工作的干部应当是有坚强的党性，有一股正气的人，应当是能够坚持原则，敢于同党内各种不正之风和一切违法乱纪行为做坚决斗争的人；而不应当是在原则问题上“和稀泥”，做和事佬、老好人的人。

在日常生活中，陈云自己更是以身作则，堪称全国纪检干部的楷模。在点滴的小事中，他也特别注意严格要求自己。他给自己立了个不收礼的规矩，对所有工作人员说：“凡是有人来送礼，必须向他报告，不得擅自收下。”有一次，某大军区的两位领导来到他住所，向他汇报有关工作，顺便给带来了两盒当地产的葡萄。工作汇报完后，两人起身告辞，陈云叫住他们说：“你们把葡萄拎走。我是中纪委书记，不能收这个。”他们解释说：“这是当地的土特产，值不了几个钱，只是请您尝尝，不是送礼。”陈云坚持，东西不能收，心意可以领。他说：“那我吃 10 颗，叫‘十全十美’，剩下的你们带回去。”来的人没有办法，只好将老远带来的葡萄又拎了回去。他们见识了什么是“中纪委书记”。

十二大刚开完，陈云看到一封遵义会议纪念馆的来信，请示恢复陈云当年居室的旧址，并拟将正在占用当年遵义卫戍司令部旧址的单位迁出，开辟纪念室。这样做，势必造成不好的影响，陈云坚决不同意。9 月 30 日，他给遵义会议纪念馆回了一封信，讲了三点意见：

第一，我没有在遵义会议会址住过，会后都回到遵义卫戍司令部去住。

第二，不要恢复遵义卫戍司令部旧址，那个地方现在做什么用就继续做什么用，如果改变是很错误的。否则，我要给遵义党委写信，表明我的这个意见。

第三，只要在遵义会址的说明词中写上我参加了这次会议，当时我住在什么地方，现在那里在做什么用，就足够了，不必再搞什么纪念室。我历来不赞成搞这种东西，以前有人提出要把我老家的房子搞成纪念馆保留起来，我就没有同意，今后也不能搞。

陈云和叶剑英在一起

鉴于改革开放形势下经济领域严重经济犯罪活动有增长的势头，陈云多次指示，要下大力气纠正经济领域中的不正之风，坚决打击严重经济犯罪活动。

在他的领导下，第二届中纪委的一项重大的任务，是把目光紧紧盯在经济领域。

为了遏制经济领域违法犯罪的势头，中纪委配合中央采取了一系列有力的措施，还向各地发出紧急通知，提出首先要认真处理负责干部中现行的经济上的重大犯罪案件，对省、市或部门的党委优柔寡断、熟视无睹、姑息养奸的情况，中央将考虑追究责任。中央对那些职务较高的负责干部的经济犯罪，采取了严惩的措施。陈云也要求中纪委，必须全力以赴，抓到底。这样一来，揪出了一批严重经济犯罪的腐败分子。

这项工作遇到来自上上下下的重重阻力。早在十二大以前，香港的报纸就曾反映，中共的反贪污、反腐败斗争停滞不前。陈云看到这个材料后，立即批转黄克诚和王鹤寿：“对于经济犯罪案件必须严办，阻力再大也必须办。为此，中纪委派出了 100 多名司局级以上干部分赴各地，充实、加强办案力量，直接参与大案要案的处理工作。

十二大以后，中纪委还多次专门以打击经济领域严重犯罪活动为内容，召开全国性或区域性的工作会议。

经济领域犯罪现象的不断翻新，是与新时期经济不断向纵深发展联系在一起的。而要深入打击经济领域的犯罪，又必须在大的改革思路下寻找突破口。

5. 经济体制改革不断深化，陈云提出，两个文明更要一起抓。有一份材料引起他的警惕：有些地方搞起了“八菜一汤，独霸一方”和“美人计”。陈云强调：“党的纪律不存在‘松绑’的问题。”

到了1984年，随着我国农村经济体制改革的成功，全面推进以城市为重点的整个经济体制改革也提到了迫切而紧要的日程。1984年10月，在中共中央召开的第十二届中央委员会第三次全体会议上，通过了《中共中央关于经济体制改革的决定》(以下简称《决定》)，提出了“制订全面改革蓝图，加快改革步伐，推动以城市为重点的整个经济体制的改革”，“建立充满生机的社会主义经济体制”的任务。经济体制改革的决定，给中纪委的工作也提出了新的更高的要求。这一点，在《决定》中明确提出：“越是搞活经济、搞活企业，就越要注意抵制资本主义思想的侵蚀，越要注意克服那种利用职权谋取私利的腐败现象，克服一切严重损害国家和消费者利益的行为，就越要加强党风党纪的建设，维护和健全党内健康的、正确的政治生活。”这份《决定》也提到了如何对待“经济案件”和“经济犯罪行为”等问题。

十二届三中全会以前，在中央政治局讨论《关于经济体制改革的决定》稿时，陈云表示：“这个文件是非常重要的文件，一个很好的文件，我完全拥护。”同时，他也预料到：“这次改革涉及范围很广，在进行过程中，一定还会出现一些我们现在难以预见的问题。”因此，他以中纪委提供的材料为根据，从纪检工作的角度，对《决定》稿提出了一些重要的意见：

物质文明同精神文明要一起抓。为什么要讲两个文明一起抓的问题？因为，现在实际情况是，一方面，工厂里搞超额分成，剩余新产品可以卖出去；另外一方面，绝大部分的社队企业原材料没有列入国家计划。这边手里有东西，那边要东西，两者合在一起，必然会出现一些消极现象。文件第21页倒数第8行讲，“竞争中可能出现某些消极现象和违法行为”，写得好。现在有没有消极现象？有就是了，中纪委的材料说，大吃大喝，请客送礼之风大有回潮之势。一些定货会、协作会、展销会，大家来了，敞开吃喝，临走还要送很贵的礼品。有的地方总结出经验叫：“两菜一汤，生意跑光；四菜一汤，生意平常；六菜一汤，生意兴旺；八菜一汤，独霸一方。”

会上，陈云还给大家讲了一个从《经济日报》上看来的故事：一位记者在一个偶然的机会，同浙江省乐清县大荆镇纺织配件厂的厂长，就如何办民间企业问题做了一番交谈。记者问：你们是怎样开展业务的？能到北方去拉生意不简单。厂长答：我们厂挑选了两个20多岁的漂亮姑娘跑外勤。除了发给她们高工资以外，多拉到一笔生意，可以提取百分之八的奖金。她们可神通广大啦！男的外勤人员送给对方一块进口手表，不如女的送一把折叠伞来得灵光……

陈云指出，这类手段属于生意人搞的"美人计"，也就是一种"消极现象"。但是，对这些消极现象也不必大惊小怪。做买卖就会有消极现象。什么"八菜一汤，独霸一方"，什么搞二十几岁的姑娘跑生意，这些都会出现。只要我们头脑清醒，注意到这些现象，物质文明同精神文明一起抓，那么，这些消极方面是完全可以加以限制的。

为限制消极现象，十二届三中全会前，中纪委常委会还提出了《关于加强纪律检查工作，保证改革顺利进行》的报告。这份报告送到陈云那里，他立即批示："纪检工作应当研究新情况，适应新情况。党性原则和党的纪律不存在'松绑'的问题。没有好的党风，改革是搞不好的。共产党不论在地下党时期或执政时期，任何时候都必须坚持党的纪律。"

十二届三中全会，是陈云同胡耀邦、邓小平、赵紫阳、李先念几位中央政治局常委共同主持的。会上，陈云也提交了一份书面发言。他再次强调，在目前我国经济工作正面临系统地进行经济体制改革这一首要问题的时候，物质文明和精神文明更要一起抓。他在发言中再次提到了市场竞争中可能出现的某些消极现象和违法行为。另一方面，他着重提醒人们：

如果我们不注意这个问题，不进行必要的管理和教育，这些现象就有可能泛滥成灾，败坏我们的党风和社会风气。因此，我们在抓物质文明建设的同时，必须抓精神文明建设，两个文明一起抓。只要我们的头脑是清醒的，看到这些现象，并加强精神文明的建设，这些消极方面是可以受到一定限制的。我们是社会主义国家，我们既要有高度的物质文明，也要有高度的社会主义精神文明，这是我们永远要坚持的奋斗方向。

中共十二届三中全会开完以后，中纪委接着召开了第四次全体会议，讨论纪律检查工作如何保证中央决定贯彻执行的问题。

在十二届三中全会通过的《关于经济体制改革的决定》中，提出要改革旧的计划体制，并对社会主义计划体制的基本点进行了重新的概括，将过去的计划经济，重新确认为“有计划的商品经济”。

这以后的几年中，随着我国“有计划的商品经济”的展开，陈云所强调的社会主义精神文明建设和执政党自身的建设，显得越来越重要。

6. 为搞好党风和社会风气，陈云主张：要严格制止党政领导干部及其亲属经商办企业。他直接过问了涉及领导机关和干部的“海南岛汽车案”、“晋江假药案”和“中科院购买高级小轿车案”

在商品经济的诱惑下，一些党政机关和党政干部及其子女纷纷经商、办企业，在各种名目下以权谋私，损公肥私，有的套购紧俏物资，有的利用职权倒买倒卖等。这些行为，在 1984 年的夏天以后形成一股强大的风潮，严重败坏了党风和社会风气，造成极不良的社会影响，引起中央的高度警觉。

1984 年 12 月，《关于严禁党政机关和党政干部经商、办企业的决定》以中共中央、国务院的名义下达。

接着，中纪委也于 1985 年 1 月 5 日发出通知，要求各级纪委以鲜明态度，积极协助党委和配合有关部门，认真检查清理党政机关和党政干部经商，办企业问题。陈云对此持积极的赞成的态度，主张坚决刹住这股歪风。

中央的决定和通知发出以后，许多地方和部门对这类问题开始着手清理。

华北地区，以北京市为例。由中共北京市委连日召开常委会议，并做出决定：对已经登记开业的各种公司、中心，进行一次清理、整顿，坚决制止党政机关、党政干部从事商业活动；今后市委、市政府领导人一律不再接受各种公司、中心及任何经济实体聘任为名誉董事长、董事长、顾问等职务的要求，已经承担的宣布无效。

东北地区，以辽宁为例。中共辽宁省委、省纪委在接到党中央和国务院的有关决定后，对纠正党政机关和党政干部经商、办企业这股歪风的问题，立即进行研究，并指定省委书记、省长全树仁负责这项工作，迅速通知有关部门着手进行清理。不久便初见成效。

为进一步搞好清理工作，经陈云同意，中央纪律检查委员会于1985年1月23日就辽宁省认真清理党政机关和党政干部经商、办企业不正之风的问题发出通知。通知说：

党中央、国务院对党政机关和党政干部经商、办企业的歪风，一再严令禁止。从全国看，有的地方和部门比较重视，并较快地开始进行清理，但有的地区和部门至今没有重视，行动迟缓；有的还在观望，看“形势”；有的甚至采取“上有政策，下有对策”的办法，改头换面，敷衍搪塞。这种有令不行，有禁不止，各行其是的态度是一种危害极大的不正之风，是党性不纯的表现，是违反组织纪律的行为。

通知在强调“没有好的党风，改革是搞不好的”后，要求所有党的组织和全体党员干部必须以党性保证党中央、国务院《决定》的贯彻执行。凡违背中共中央、国务院《决定》精神、在禁止之列的，都要坚决纠正。

几个月以后，党政机关和领导干部经商、办企业的势头被压了下去。但是，领导干部子女及其配偶经商、办企业的问题又凸显出来。4月初，中纪委又起草了《关于不许领导干部子女及其配偶经商办企业的建议》。文件送到陈云那里，他考虑再三，提笔批示：

这件事，应由中央像严禁党政机关和党政干部经商、办企业的问题那样，做出明确的决定方能制止。不然的话，发展下去，党的肌体、党群关系必将受到损害，有所好转的党风也会受到影响。改革也难以顺利进行。应退出的干部子女的范围，是否再扩大一点。

陈云批示过的文件传到邓小平那里，邓小平非常赞同，立即批示：“赞成，要早出决定。”

陈云深知，在商品经济的大潮中，由于涉及许多人的个人利益，要真正解决好这类问题，绝非易事，不是一天两天、一两个决定就能奏效的。中纪委以及其他相关部门还要做艰苦的，不懈的努力。

1985年6月下旬，中纪委在北京召开了全国端正党风工作经验交流会。

1985 年 6 月，陈云同前来看望他的曾在经济部门和在身边工作过的同志合影

这次会议主要交流两千多个县以及一大批县级单位端正党风工作的经验。中纪委认为，这一层非常关键，把这些单位一个一个地抓好，党风的根本好转就有了切实的保证。把这些单位在端正党风方面分散的、零碎的、局部的成功经验总结出来，并在全国推广，一定会促进党风的根本好转。陈云完全赞同这样的做法。

6 月 29 日，陈云专门给这次会议的闭幕会提交了一篇书面讲话，中心意思就是："两个文明要一起抓"。

陈云讲话，苦口婆心，他强调：

> 在进行社会主义物质文明建设的时候，如果不同时进行社会主义精神文明建设，物质文明建设就可能偏离正确的方向。任何单位，任何领导干部，如果忘记或放松抓社会主义精神文明建设，物质文明建设也不可能搞好。

他再次批评了上一年第四季度刮起的党员干部及其子女经商办企业等歪

风，要求全党把建设社会主义精神文明作为重大的任务，要求党的纪律检查部门要负起重大的责任。

这篇书面讲话立即引起很大的反响。7月1日，在党的生日这天，《人民日报》头版发表了陈云的这篇讲话，随后，中纪委于7月4日发出通知，要求全党同志认真学习。

9月，中纪委召开第六次全体会议，陈云提醒大家："目前在党风、社会风气方面，还存在许多严重问题，实现党风、社会风气的根本好转，任务还很重。""当前比较普遍存在的忽视精神文明建设的现象，绝不是一个小问题，全党同志务必高度重视。"

他强调："社会主义建设，包含物质文明建设和精神文明建设，两者是不能分离的。社会主义事业不可能是单纯的物质文明建设，又不可能是单纯的精神文明建设。社会主义事业也不可能先进行物质文明建设，然后再来进行精神文明建设。"

陈云要求："各级党委只有在抓物质文明建设的同时，抓精神文明建设；在抓思想政治工作的同时，严肃党纪、政纪，党风才能根本好转。各级纪委应在同级党委统一领导之下，始终围绕搞好党风这一中心任务，做艰苦的努力。"

他还以不容置疑的语气提出："对于危害社会主义建设，败坏党风、社会风气的歪风邪气，熟视无睹，听之任之，除了追究那些为非作歹的个人外，还要追究那个单位、那个地区的党委的责任，包括纪委的责任。"

这次会上，陈云还直接过问了两件大案的处理：一件是"海南岛汽车案"——广东省海南行政区党委和政府的一些主要领导干部，目无组织纪律，违背中央的方针政策，批准并支持所属公司大量进口和倒卖汽车等物资。一件是"晋江假药案"——福建省晋江地区不顾国家法律和人民生命安全，大肆制造、销售假药，却没有引起当地党政领导的高度重视。由于陈云的过问，在这两起案件中违规和渎职的地方党政领导干部，受到了应有的党纪和政纪处分。

令陈云和中纪委头疼的是，在党政领导干部中，这类违法乱纪的事件仍不断出现。

1986 年 1 月，中央书记处刚刚在北京召开中央机关干部大会，号召中央党政军机关全体党员、干部要在端正党风中做全国的表率，当月中纪委就揭出了一起违纪事件：中国科学院挪用科研经费购买高级小轿车。在这起事件中，中国科学院动用 164.7 万元科研经费，用来购买了 14 辆皇冠牌、6 辆奔驰（380）牌高级小轿车。其中几辆高级小轿车被一些高级干部要走。

陈云看到中纪委送来的这份材料后，非常生气。尽管他知道这份材料中纪委也送了中央政治局和书记处的其他同志，但他还是批转给胡耀邦和胡启立，请他们再看一遍。他说：

自己有车，还向下属单位要新的高级车，这样的事，在高级干部中，可能不仅这几位同志。中央要求北京的党政军机关，在实现党风和社会风气根本好转中做表率。我建议，做表率首先从中央政治局、书记处和国务院的各

陈云的故乡——上海市青浦县练塘镇

位同志做起。凡是别人（或单位）送的和个人调换的汽车（行政机关配备的不算），不论是谁，一律退回，坐原来配备的车。在这件事上，得罪点人，比不管而让群众在下面骂我们要好。如同意，请将我这个意见批发给在京中委、中顾委、中纪委成员和党政军各部委，以便监督执行。

当日，胡耀邦又将陈云的意见批转给中央各部门和各省、自治区、直辖市、大军区，并在批示中说："陈云同志的意见非常重要，我们大家都要认真贯彻执行。"

7. 面对党风和社会风气的状况，邓小平和陈云都神情严肃：对那些罪大恶极和影响极坏的，决不能手软，要依法杀一些，"杀一儆百"。十三大前，陈云谈到了自己的去留

面对越来越严重的经济犯罪，邓小平、陈云等老一辈革命家忧心如焚。他们一致认为，不抓几个"大老虎"开刀，党风和社会风气没法整顿。早在1982年1月5日，陈云就曾针对广东一些地区走私活动猖獗一事做过这样的批示："对严重的经济犯罪分子，我主张要严办几个，判刑几个，以至杀几个罪大恶极的，并且登报，否则党风无法整顿。"邓小平完全同意陈云的意见，还在陈云的批示中加了8个字："雷厉风行，抓住不放。"

1986年1月，在一次中共中央政治局常委会议上讨论党风廉政建设和精神文明建设等问题时，陈云重提这一意见。在那天的会上，邓小平和陈云都神情严肃。讲到精神文明建设，邓小平说："我们在1982年9月'十二大'时，讲五年实现党风和社会风气的根本好转，现在已经过去3年4个月了，剩下1年8个月，可能时间来不及。必须狠狠地、一天不放松地抓，光是今年一年是不够的。"

邓小平提出，对严重的经济罪犯和刑事罪犯，决不能手软，要依法杀一些。陈云完全赞同邓小平的意见，多次插话说：

"杀一儆百。"

"杀一些可以挽救一大批干部。"

邓小平和陈云的意见，得到了中央核心领导层的一致认同。

他们说的“杀一儆百”，是有所指的。主要指那些罪大恶极和影响极坏的，尤其是那些所谓有后台、有靠山的犯罪分子。

这个时候，恰恰有一大案报到中央：上海一些高干子弟违法犯罪的事件。

以高干子弟胡晓阳等人为主犯的强奸、流氓团伙，自 1981 年至 1984 年间，经常纠合在一起，以跳舞、帮助调动工作等名义，诱骗妇女，进行强奸、奸淫、猥亵、轮奸妇女数十名。这伙罪犯罪行特别严重，犯罪情节特别恶劣，对社会危害极大。上海市公安部门经过侦查，掌握了这伙犯罪分子的确凿罪证，报请上海市人民检察院分院批准逮捕。1985 年 10 月 16 日，上海市人民检察院分院向上海市中级人民法院提起公诉。市中级人民法院依法组成合议庭，于 1985 年 11 月 4 日至 9 日进行了不公开审理。

然而，由于这伙犯罪分子自恃有后台，案件审理起来难度很大。

报到中央，中央态度非常明确：不管是什么人，依法处理，杀一儆百。

1986 年 2 月，上海市中级人民法院依法以强奸罪、流氓罪判处陈小蒙、胡晓阳和葛志文死刑，剥夺政治权利终身。随后，上海市高级人民法院经过复审，下达了执行死刑的命令。其他罪犯也受到了应有的惩处。就在宣布执行死刑的当天下午，中共上海市委副书记吴邦国在上海市中级人民法院闭庭后举行的全市干部大会上表明了党和政府的态度：一定要依法严惩那些猖狂破坏社会安定，危害公共秩序，侵犯国家和人民利益的各种严重犯罪分子，决不手软。要坚持在法律面前人人平等，不管是什么人，不管是哪一级干部，也不管是什么人的子弟，只要触犯了刑律，就要严肃查究，秉公执法，决不姑息。

陈小蒙、胡晓阳和葛志文等六名罪犯受到法律的严厉制裁，引起社会各界强烈反应。许多人谈到，对这件大案的公正判决表明了社会主义法制的严肃性。有的人指出，只要从这样的大案要案抓起，社会风气的根本好转就大有希望。

但是，能否真正扭转党风和社会风气，也有一些人仍有疑虑。

2 月 26 日，就在中共中央政治局常委召开会议听取中央机关端正党风领导小组汇报工作时，邓小平和陈云等再次就这一事件的处理表明了态度。

邓小平说：我看了一些反映，上海判了胡晓阳案以后的反映，说这件事处理得好，敢于处理。不管什么人，只要犯了法，都要按法律办事，党员还要按党纪办事。

邓小平是充满信心的，他说：上海那个案子判得好，党内外、国内外觉得我们有希望，但并不因为这么一两件事就坚定了人们的信心，还要看。看嘛，我们就认真做给他们看，证明我们不是说空话的。

陈云赞同，他接着说："老子要开明，儿子要管严一点，要依法办事。"

"杀一儆百"，只是一种手段，最终的目的还是要搞好全社会的精神文明建设。

经过邓小平、陈云等老一辈革命家的不断强调以及全党不断总结经验，到 1986 年 9 月，一个有关精神文明建设的纲领性文件诞生了。9 月下旬，中共十二届六中全会召开，通过了《中共中央关于社会主义精神文明建设指导方针的决议》(以下简称《决议》),《决议》点明："社会主义精神文明建设，是关系社会主义兴衰成败的大事。"这份决议，重申了陈云的"党风问题是关系党的生死存亡的问题"这句话，提出："社会主义精神文明建设的根本任务，是适应社会主义现代化建设的需要，培育有理想、有道德、有文化、有纪律的社会主义公民，提高整个中华民族的思想道德素质和科学文化素质。"还说："在新形势下坚持两个文明一起抓，是全党面临的新课题。"

1986 年 10 月 4 日，陈云同中纪委常委王鹤寿、陈作霖、傅杰、李之琏、肖洪达等在一起

十二届六中全会通过有关精神文明建设的《决议》以后，中纪委立即着手召开第八次全体会议。

10月4日上午，中纪委第二书记王鹤寿，常务书记韩光，书记强晓初、韩天石、陈作霖和常委王德瑛、包玉山、刘丽英、李之琏、李正亭、肖洪达、傅杰，来到中南海陈云处，报告中纪委第八次全体会议的准备情况和要解决的问题。陈云与大家边研究中纪委的工作，边谈了自己的一些想法。

陈云说："这次中纪委全会，要认真研究如何贯彻执行《中共中央关于社会主义精神文明建设指导方针的决议》。社会主义精神文明建设，是有关整个社会主义建设成败的大问题。中纪委常委们要从全党的纪检工作上，考虑提出一个提纲挈领的规划来。"

陈云进一步提出要求说："党的各级纪检工作部门不仅要对妨碍、破坏改革的人和事坚决反对和纠正，而且更要使纪检工作成为促进改革的重要力量。全国纪检部门，要使自己的工作密切联系、保护和促进社会主义经济体制、政治体制改革的顺利进行。"

陈云提醒大家，要时刻从"我们党是处于全国执政的地位"这一点来考虑问题，"纪律检查部门和全党各级组织，必须重视执政党条件下党员的政治思想教育和党性教育。"

谈话结束后，陈云笑着把大家送出房门。他握着"女将"刘丽英的手说："你是我们中纪委常委中唯一的穆桂英，要为纪检工作做出更大的成绩。"

大家体会到了陈云幽默中的严肃，刘丽英笑着点头答应。

肩负着中国改革开放新时期历史赋予的重任，这届中纪委的成员在老一辈革命家陈云的带领下，为实现党风和社会风气的全面好转，艰辛工作，走过了从党的十二大到党的十三大五年的历程。

1987年10月，陈云领导下的第二届中纪委迎来了党的第十三次全国代表大会。

十三大召开前，中纪委召开了第九次全体会议。这届中纪委的委员们尤其是中纪委的常委们，从各种渠道得知，他们的老首长陈云，在十三大以后将"退下来"，不再担任中纪委第一书记职务。各种遗憾和议论，伴随着依依不舍之情，源源不断地传递到陈云的耳中。为给大家表个态，10月19日，陈云写了一份书面讲话稿。

在中纪委第九次全体会议上，委员们从陈云的书面讲话上看到了两点：一是关于中纪委的工作，二是关于自己的去留。但是，大家却从陈云的讲话中体会到了三层意思：

第一层，如何评价中纪委的工作。陈云说："中央纪委和下级纪检机关成立以来，成绩是主要的，也存在不足，需要改进。"

第二层，中纪委工作的核心是什么。陈云指出："端正党风的关键是提高党员素质，尤其是提高高中级党员领导干部素质。"

第三层，"三老"为什么要从党中央的第一线退下来。陈云透露："去年10月，小平同志、先念同志和我共同商定，十三大时一起退下来。这是党的事业的需要。"

书面讲话就是这么简明扼要的几句话。几天以后，中共十三大召开，陈云不再担任中纪委的职务。由乔石接替陈云，担任新选出的第三届中纪委第一书记。

陈云退出中纪委的领导岗位，也是这么简简单单。但陈云给中国改革开放新时期中共中央纪律检查委员会所留下的东西，却发挥着深远的历史影响。

卷四

进入 20 世纪 80 年代后，为探索一条建设有中国特色社会主义的新路子，陈云和邓小平等人主张：在总结经验中开拓，“摸着石头过河”

20世纪80年代，对于中华人民共和国的历史来说，是一段值得大书特书的华章。进入80年代，中国加快了改革开放的步伐，开展全面实施社会主义建设的战略部署。整个80年代，中国发生的翻天覆地的变化，令世人刮目相看……

20世纪80年代，以邓小平、陈云、叶剑英、李先念等为代表的中共第二代领导集体，在中国的历史舞台上，演绎了一幕幕威武雄壮的话剧。

作为中共中央政治局常委、中共中央副主席、国务院副总理的陈云，是在北京医院医治结肠癌的过程中，迎来20世纪80年代的历史钟声的。

1. 1980年3月，在医院住了5个多月后刚出院的陈云，又在深入思考国家长期规划。他提出：长期规划必须包括人口问题，否则事情不好办；要明确规定"只准生一个"，准备人家骂断子绝孙

由1979年10月5日住进北京医院，24日做结肠癌切除手术，到1980年3月18日病情基本稳定出院回家，陈云整整在医院住了164天。

他人在医院住着，思想和行动却没有闲着。除了病重的几天以外，他几乎天天思考党和国家的大事，看文章，与人谈话……岁末的时候，他在医院里与邓小平就党和国家的一些重大事情进行了商谈；春节刚过，他还从医院"跑出来"，到北京京西宾馆，与华国锋、叶剑英、邓小平、李先念共同主持了具有历史意义的中共十一届五中全会。

陈云出院回家的时候，身体依然是虚弱的。可党和国家在改革开放初期面临的众多矛盾和问题，却不允许他有丝毫的懈怠和半点的喘息。

鉴于原订的《1976~1985年十年规划纲要》对"文革"给国民经济造成的困难估计不足，对国情的了解不到位，对30年来经济建设正反面的经验教训认识不够，以致一些指标定得过高，基本建设规模过大，许多项目没有经过综合平衡，为此，就在头一年召开的五届人大二次会议上，华国锋在《政府工作报告》中曾经提出对这个十年规划纲要进行必要的补充和修订。但是，

中央经过反复研究，认为这个十年规划纲要时间已经过去了4年多，再修订也已失去意义。因此决定放弃修订，转而着手制订1981年到1990年的新的十年规划纲要，并据此制订1981年到1985年的第六个五年计划。

进入80年代，中央面临的一个重大任务，就是制订新的长期规划纲要。

还在住院期间，陈云就不断思考着国民经济调整和经济建设长期规划的问题。他与邓小平交换了这方面的意见，他提出："应该研究一下，积累和消费的比例划在什么杠杠上比较合适。"

陈云提出的这个题目，很快由中央有关部门去落实。不久，中共中央办公厅研究室整理出了一份材料：《从历史经验中探讨我国合理的积累率》。这份材料提出，积累率占国民收入的25%比较合适。

陈云出院的时候，国务院正在筹备将于3月30日至4月24日召开的长期计划（长期规划）座谈会。

3月19日，邓小平就起草《关于建国以来党的若干历史问题的决议》和编制长期规划等问题，与胡耀邦、胡乔木、邓力群谈话。

讲到长期规划问题，邓小平明确表态说："今年要抓好两件大事，一件是写好若干历史问题的决议，一件是搞好长期规划。要争取在十二大以前把规划搞好。这件事关系很大。"

邓小平还对胡耀邦等人提到了陈云出的有关积累和消费比例的题目。邓小平同意，积累率不能过高，占国民收入的25%即可。他说："过去的教训是超过了，最高时达到43.8%，总以为积累率越高，建设

1980年2月，陈云在中共十一届五中全会上

速度就越快。我们这次搞长期规划，积累率就定在25%。”

为加强计划工作，从1980年3月开始，中央专门调国务院副总理姚依林兼任国家计委主任。

3月30日至4月24日，由国务院组织的长期计划座谈会在北京召开，在20多天的时间里，参加会议的各省、直辖市、自治区和有关部门主管计划工作的负责人，以及40多位社会科学专家和自然科学专家，同国家计委的同志一道，就编制长期计划的方针、政策等问题进行了细致的讨论。

长期计划座谈会召开的时候，陈云正在杭州休养，但他时刻关注着会议的情况，并通过各种方式，进一步表达自己对制订长期计划的一些想法。

4月4日，陈云从杭州给姚依林打电话，专门谈了自己对制订长期计划的一些想法。总的一条，陈云提出：“长期规划中要考虑如何使占人口80%以上的农民的生活有所改善。”他叮嘱国家计委方面，要充分听取各方面的意见，包括一些外国友人对中国现代化建设提出的意见，当然，在具体工作中怎么做，要从我国的实际情况出发。

电话上，陈云着重提出：“长期规划中必须包括人口问题，人口问题要有个规划，这个问题不解决，许多事情不好办。”

长期规划座谈会期间，李先念于4月19日到杭州探望了陈云，两人在谈话中就长期计划的制订问题又交换了意见。两人长期在国务院共事，办事风格都实事求是，因此很快在以下几点达成一致意见：

其一，积累和消费的比例必须恰当，赞成邓小平提出的积累率定在25%这条杠杠；

其二，经济增长的速度不要求太快，主要是要求今后20年稳定增长，不走弯路，因此速度定为7%~8%，如果有困难，5%~6%也可以；

其三，能源和交通要优先发展，电、路先行；

其四，工资调整要慎重稳进，这一两年内不要大调整，主要是解决文教、科技、机关等没有奖金的人的工资问题。

李先念回京后，将这些意见向计划部门作了转达。

陈云在计划工作方面的一系列指导思想，对这次编制长期规划有着重要的影响。就在国务院召开的这次长期规划座谈会上，薄一波还专门提到“在陈云同志领导下编制”1980年和1981年计划的经验，他对参加会议的人说：“我翻了翻去年的记录，认为去年搞的几个数字是接近实际的。首先是考虑到了消费和积累要有个适当的比例，这是调整中的一个重要问题。”

座谈会上，还专门整理了邓小平、陈云、李先念、赵紫阳、姚依林等人在会前和会议期间有关拟订长期计划的方针、政策讲的一系列意见，概括起来主要有这么几个方面：

降低积累占国民收入中的比重，适当提高消费基金的比重，使人民生活继续有所改善；

基本建设投资总额两三年内控制在500亿元左右；

工业生产每年增长7%~8%或者5%~6%；

经济结构要适当调整，使农业、轻工业发展得快一些，能源、交通、建筑业要加强；

在农村和城市的所有制问题上，要根据不同情况，搞得松动一些；

各项工作都要进行经济效果的比较，这要作为一条十分重要的方针；

要发挥优势，扬长避短，承认不平衡；

要在更大程度上利用对外贸易，促进国内经济的发展；

等等。

国家计委在吸纳了各方面意见的基础上，加紧拟定、制定长远规划的一些基本设想。三个月后，初步拟出了制定长远规划的一些基本设想（汇报提纲）。

在制定长期规划问题上，如何规划人口增长，解决中国的“人口爆炸”问题，始终是萦绕在陈云心中的一大心病。

跨入80年代的中国，统计在册的人口已经超过9亿，并且增长的势头仍很迅猛。

当时中国的一些自然科学和社会科学工作者应用现代控制论的方法对未来100年中国人口发展趋势做了多种测算。测算结果表明，假如仍然保持1975年的每个育龄妇女平均生3个孩子的水平，100年以后，即到2080年，中国人口将达到42亿6千万，接近1979年全世界人口数量的总和。测算结果还表明，如何从1980年起大力提倡一对夫妇只生一个孩子，到1985年普

听评弹（1979年2月）

遍做到"一胎化"，到本世纪末人口自然增长率可接近零，全国人口总数可控制在11亿以下。结论是："一胎化"是解决我国人口问题的最理想的方案。

"人口爆炸"的问题严重地制约了经济社会的发展。能否控制人口增长，成为能否实现现代化的一个重大问题。许多人提出，国家要制定长期国策，严格控制人口的增长。但是，如果控制，严格到什么程度，社会上有不同的看法。结合中国的长期发展战略，尤其是人口发展战略问题，关于计划生育的讨论越来越热烈。这些情况，陈云始终关注着。

1980年夏天，随着中国第三次全国人口普查工作的启动，由中央做出进一步严格控制人口增长的决策，就显得更为紧迫。

6月13日，国务院副总理兼国家计划生育委员会主任陈慕华将有关人口和计划生育问题的汇报提纲等材料报送陈云，并在附信中求证汇报提纲中所引陈云1979年6月1日与上海市负责人谈话时所提出的关于加强计划生育工作五条措施的话是否准确。

陈云的五条措施，酝酿于1979年5、6月间。那年夏天，他在杭州休养，对中国"人口爆炸"的问题深深忧虑。5月18日，他在与有关方面负责人谈到对经济工作的意见时，明确提出："中国人口多，有困难，要想办法发挥它的优点。但是，人口要控制。"十几天以后的6月1日，他在与上海方面的负责人谈宝钢建设问题和经济工作时，谈到中国能否在今后20年实现现代化的问题，又专门提到"人口爆炸"的问题。陈云严肃地指出："不解决好人口问题，将来不可收拾。"

怎么解决，当时陈云便想了五条措施：（一）大造舆论，要造三五年的舆论；（二）制定法令；（三）加强避孕药物、医疗工作；（四）实行优待政策，如招工就业首先安排独生子女等；（五）实行社会保险，解决“养儿防老”的问题。

在那次谈到“制定法令”这条措施时，陈云曾提到：“先念同志对我说，实行‘最好一个，最多两个’，我说要再强硬些，明确规定‘只准一个’。准备人家骂断子绝孙，但不这样，将来不得了。”

陈云所做的这种“人家骂断子绝孙”的思想准备，不是没有道理的。在几千年传统农业社会所形成的风俗习惯下，在多年来奉行“人多力量大”、“人多是好事”的认识下，中国许多家庭尤其农村家庭很难接受“只准一个”的提法。刚刚进入 20 世纪 80 年代的时候，中央提出“最好生一个，最多生两个”的提法都是准备着挨骂的，并没有做出“只准一个”的硬性规定。

为了“大造舆论”，从1980年开始，中央做了大量的工作。1980年2月2日，余秋里、王震、谷牧、陈慕华、薄一波等中央领导人出席了在北京召开的“家庭、婚姻和计划生育新风尚座谈会”，会议提出：“把计划生育工作重点放到抓一对夫妇最好生一个孩子上，是解决我国人口问题的一项战略任务。”

借着造舆论之风，6 月 13 日，陈慕华致信陈云，再搬“尚方宝剑”。

6 月 14 日夜，陈云回信陈慕华，非常明确地证实：“你引的我去年讲的话没有错。”在回信中，陈云还再次强调了自己对计划生育问题的意见：“我认为提倡只生一个孩子是眼前第一位的工作，至于由此而产生的一些问题则属于第二位的问题。”

陈云所讲的“由此而产生的一些问题”，是指当时许多人担心一对夫妇只生育一个孩子，将来会出现一些新的问题，如：人口的平均年龄老化，劳动力不足，男性数目会多过女性，一对青年夫妇供养的老人会增加……等等。但是，相对于整个国家由于人口爆炸所带来的在吃饭、穿衣、住房、交通、教育、卫生、就业等方面的极大困难，相对于中国人口在 20~40 年间将达到 13 亿至 15 亿，大大增加实现四个现代化的困难，造成人民的生活很难有多少改善的严重局面而言，严格控制人口增长当然成为第一位的问题。

思考这一问题，陈云夜不能寐。写完给陈慕华的回信后，他整夜仍在思考如何将严格限制人口和计划生育问题列入国家计划一事。第二天清晨，他再次提笔给陈慕华写了一封信：

陈慕华同志：

限制人口、计划生育问题要列入国家长期规划、五年计划、年度计划，这个问题同经济计划一样重要。关于这一点，我已与姚依林同志谈过，他是很同意这个意见的。

为了尽早让陈慕华看到这封信，陈云在封面上还专门给工作人员注明："此件十五日送到。"

陈云的意见，对中央决策产生了重大的影响。考虑到控制人口增长的难度，中央将目标定为争取在20世纪末把中国人口总数控制在12亿以内。

1980年9月25日，中共中央以特殊的方式表明了自己的态度——发出《关于控制我国人口增长问题致全体共产党员、共青团员的公开信》。信中强调：

提倡一对夫妇只生育一个孩子。这是一项关系到四个现代化建设的速度和前途，关系到子孙后代的健康和幸福，符合全国人民长远利益和当前利益的重大措施。

实现一对夫妇只生育一个孩子，是一场移风易俗的大事。

中央要求：

全体共产党员、共青团员特别是各级干部，一定要关心国家前途，对人民的利益负责，对子孙后代的幸福负责，透彻了解这件大事的意义和必要性，以身作则。

一项重大的决策就这样确定了下来。至今人们还说：如果没有这项政策，中国的"人口爆炸"问题不堪设想。

2. 党和国家一些具体领导体制妨碍社会主义优越性发挥，陈云和邓小平等人力主改革。"五老"做出了表率，主动让贤，不再兼任副总理。陈云提出：我们选干部，要注意德才兼备

在改革开放初期的中国，解决其他方面的重大问题与解决人口问题一样，

都只能根据中国自身的实情出发来考虑。作为老一辈无产阶级革命家，陈云和邓小平等老同志有一个共同的认识：中国的改革开放和现代化建设，只能在艰难的摸索中行进，走一条适合中国实际情况的发展道路。而找到这样一条道路，必须经过几代人的共同努力。这是一项艰巨而复杂的历史任务。

为了完成好这一任务，邓小平和陈云等人考虑，从长远着想，目前最要紧的是解决好新老干部交接班的问题，老同志是党和国家的宝贵财富，责任重大，而他们现在第一位的任务，是帮助党组织正确地选择接班人。要探索出一条适合中国实际发展的道路，首先就要在党和国家的干部制度上进行改革，废除干部职务实际上存在的终身制、逐步实现各级领导人员的革命化、年轻化、知识化、专业化，同时尽快实现中央领导集体的新老交替。

1980 年 8 月 18 日至 23 日，中共中央政治局召开扩大会议，专门讨论党和国家领导制度的改革问题。会前邓小平与陈云就这一议题进行过多次商议。

会议共开了五天，头一天邓小平便给会议定了一个调，作了一篇题为《党和国家领导制度的改革》的讲话。

邓小平直言不讳地说："党和国家现行的一些具体制度中，还存在不少的弊端，妨碍甚至严重妨碍社会主义优越性的发挥。如不认真改革，就很难适应现代化建设的迫切需要，我们就要严重地脱离广大群众。"

讲到改革的最终目的，邓小平强调："改革党和国家领导制度及其他制度，是为了充分发挥社会主义制度的优越性，加速现代化建设事业的发展。"

他还说："社会主义现代化建设的极其艰巨复杂的任务摆在我们的面前。很多旧问题需要继续解决，新问题更是层出不穷。党只有紧紧地依靠群众，密切地联系群众，随时听取群众的呼声，了解群众的情绪，代表群众的利益，才能形成强大的力量，顺利地完成自己的各项任务。"

邓小平特别重视陈云的意见，他在讲话中专门提到："陈云同志提出，我们选干部，要注意德才兼备。所谓德，最主要的，就是坚持社会主义道路和党的领导。在这个前提下，干部队伍要年轻化、知识化、专业化，并且要把对于这种干部的提拔使用制度化。这些意见讲得好。"

邓小平接着说：

"许多同志除了不注意干部队伍的年轻化外，对干部队伍的知识化、专业化也很不重视。这也是过去在知识分子问题上长期存在的‘左’倾思想的一种恶果。

“目前的问题是，现行的组织制度和为数不少的干部的思想方法，不利于选拔和使用四个现代化所急需的人才。希望各级党委和组织部门在这个问题上来个大转变，坚决解放思想，克服重重障碍，打破老框框，勇于改革不合时宜的组织制度、人事制度，大力培养、发现和破格使用优秀人才，坚决同一切压制和摧残人才的现象做斗争。”

邓小平这篇讲话的所有内容，由中央政治局经过认真仔细地讨论，8月31日再次开会，作为正式文件通过并下发。

为进一步适应改革开放和现代化建设的需要，中央政治局会议还讨论了国务院领导成员的变动问题。结果是：

华国锋提出不再兼任国务院总理，由赵紫阳接替；

因身体原因，陈云和邓小平、李先念、徐向前、王震五人提出不再兼任国务院副总理，由身体较好、精力较强的同志担任。

这一结果和他们几位的请求，在8月30日至9月10日召开的五届全国人大三次会议上得到了确认。

陈云等五位老同志退出国务院工作第一线的行动，得到了参加五届人大三次会议和同时期召开的五届政协三次会议的代表们一致的赞赏。

从五届人大三次会议后，陈云不再兼任政府副总理，可以“集中精力处理党和国家的重大问题”，尤其是集中思考和处理经济建设中的一系列重大问题。在经济工作方面，陈云仍是主要决策人之一。

3. 陈云提示：改革突破口要从农村、农业和8亿农民着手。邓小平请陈云对国家的经济政策做一篇纲领性的发言。面对潜在危机，陈云拿出一个办法并提出十条意见，一语惊四座

经过一年的调整，到1980年下半年，国家的经济形势依然十分严峻。一直领导国民经济调整工作的陈云对此忧心如焚，要想在实际工作中真正地压缩不合实际的计划指标，将建设速度控制在适当的范围内，不是一件容易的事。按8、9月间召开的五届人大三次会议通过的控制数字，基本建设投资总

规模为550亿元。但实际情况并非如此，基建投资总规模仍然过大。在建大中型项目的个数虽然减少了，但停缓建的大中型项目投资压缩幅度仍然很小，许多该退的项目还未退下来，而新上马的小型项目中，有相当部分又属于重复建设、盲目建设的项目，财政收支很不平衡。另外，由于仍有巨额财政赤字，积累和消费的总需求超过了总供给，从而导致货币量发行过大、物价上涨过多等严重后果。

1980年秋天，有人预测："搞不好明年要发生通货膨胀，潜伏着的危机就会爆发，明年不爆发，也可能后年爆发。"

如何避免通货膨胀和经济危机，是中央领导集体工作的当务之急，也是让陈云揪心的一大难题。

如何处理这一紧急难题？陈云不断放出话去：

我们是10亿人口、8亿农民的国家，我们是在这样一个国家中进行建设，必须从中国自己的实际出发。美国、欧洲以及亚洲"四小霸"（中国香港、中国台湾、新加坡、韩国）都没有8亿农民这个大问题。

我们搞建设不能搞得到处紧张，要先把农民这一头安稳下来，摆稳这一头，就是摆稳了大多数，8亿农民的生活逐步改善了，人口稳定了，天下就大定了，这是头等大事。

整个经济搞不好，农民是大头，不能让农民喘不过气来，农民稳住了，事情就好办了。

……

党和国家遇到困难，理论界和实际部门都在急着"支招"。

1980年11月中旬，仅北京地区就组织100多位理论工作者和经济工作部门的权威人士举行多次联席会议，专门讨论"社会主义生产目的问题"。讨论的最大结论就是："经济调整要从满足人民生活需要出发。"联席会议强调："为了实现社会主义生产目的，当前要花大力气搞好国民经济的调整，同时逐步进行经济管理体制改革，包括国民经济计划体制和计划方法的改革。调整和改革要结合，改革要有利于调整，调整和改革都要有利于生产目的的实现。"

调整和改革从什么地方着手？

讨论来、讨论去，大家一致推崇陈云提出的办法——会后新华社和《人民日报》的报道是这样说的：

发言的同志认为，长期以来我们安排国民经济计划，把与人民生活直接有关的消费资料生产放在无足轻重的地位。结果是人民生活长期得不到应有的改善。不久前，陈云同志说："我国人口有9亿多，80%以上在农村，必须使他们有吃有穿，而且一年比一年生活得好。在这个基础上，来安排我们国家建设和经济生活。农民是个大头，把这个大头安排好了，中国的大局就定了。"

这些话非常重要。我们处理经济建设和人民生活的相互关系、调整经济结构，必须把满足人民的生活需要作为出发点和归宿。

理论界和实际工作部门的联席会议刚刚开完，11月28日，中共中央政治局常委和中央书记处也联合召开会议，听取国务院汇报有关调整1981年计划的设想，包括1981年进一步压缩基建规模的总体考虑以及把项目和投资退下来所达到的水平。

陈云在会上一边冷静地听取汇报，一边思索解决当前问题的策略。

在这次最高层的会议上，姚依林等人提出：在"通货膨胀"和"经济长期徘徊不前"这两大经济难题面前，首要的问题是避免"通货膨胀"的潜在危机。陈云同意这一意见。

中央其他领导人也先后发表了自己的看法。

如何收拾局面？邓小平最后请陈云出来收场。

邓小平说："请陈云同志讲几句收场。问题摆得清清楚楚了，反而就不复杂了。"

陈云不紧不慢，稳当地拿出了一个办法，一语惊四座。他的意见是：

基本建设投资控制在320亿的方案，可能是最好的。我脑子里有一条，三年之内基本建设投资搞"铁公鸡，一毛不拔"。

有人说这样做会耽误时间。从鸦片战争以来耽误了多少时间！？现在"耽误"三年时间有什么了不得！就是"一毛不拔"，置之死地而后生！历史上讲我是右倾机会主义，再机会主义一次。

这一招，是为压缩不切实际高指标的一个狠招，不这样做就搞不下去。三年之内基本建设投资“一毛不拔”，谁也不敢轻易下这个决定。熟谙经济工作的陈云就有这种“置之死地而后生”、“再右倾机会主义”的魄力！

陈云甚至提出，还可以采取比 320 亿元更加严格的方案，三年之内彻底退下来。

为什么要这样做，他点明了这些年经济建设方面犯错误的主要症结：经济工作中基本错误是“左”的东西，“左”的东西还没有肃清。

邓小平表示：“赞同陈云同志的意见。”

邓小平也强调：“要退，退得够一点，也许前进的时间来得快一点。想问题的方法，要着眼于退得够不够。真正大调整是从明年开始。趁这次调整的时机，把生产搞得扎扎实实的，质量搞得好一点。”

谈到发展速度问题，邓小平主张：“速度能不能保持 5%？保持不住，4% 也行。”

陈云附和：“4% 并不丢脸，并不简单。”

大家对此没有提出不同意见，邓小平严肃地说：

“这次调整很不容易，事情大得很，因此权力要集中。历来克服困难都不是讲分散，而是讲集中，最后落到中央集中统一。既然讲集中，定了以后就要一切听指挥，思想统一，行动统一，没有统一行动搞不成。”

为在更大范围内统一思想，邓小平提议：召开一次中央工作会议，做做大家的思想工作，把道理讲清楚。

邓小平进一步提出：“对国家的经济政策要有一个东西，或者请陈云同志做一篇发言。”

李先念赞同陈云和邓小平等人的意见，他强调说：“能搞多少就搞多少，搞不到就拉倒，还是陈云同志讲的三大平衡。”

与此同时，国务院于 11 月 15 日至 30 日在北京召开了全国省长、市长、自治区主席会议，还套开了全国计划会议，都讨论了经济形势和调整 1981 年计划的问题。

会议采纳了陈云在政治局常委和书记处会议上提出的意见：明年基本建设要退够，是“铁公鸡，一毛不拔”。

全国计划会议后，对1981年的国民经济计划做了较大的调整，除了工农业总产值、财政收支等削减以外，最明显的是基本建设投资，由原来的550亿元减为300亿元，比上年预计减少百分之四十。

为加深人们对调整国民经济必要性的认识，改变调整工作迟缓的局面，中共中央于12月16日至25日在北京召开中央工作会议，进一步讨论经济形势和经济调整问题。

根据邓小平在政治局常委和书记处会议上的提请，陈云在16日的开幕会上就“目前的经济形势与经验教训”问题发表重要讲话。这篇讲话提出了经济工作中许多重大的原则，人们后来称之为对调整工作有重要影响的“十四条意见”。

开门见山，陈云首先由基本建设变成“铁公鸡，一毛不拔”以后，建设资金不够怎么办讲起。他的回答是：在国家财力严重不足的情况下，“利用外资和引进新技术，这是我们当前的一项重要政策措施”。

陈云实事求是地点明：“打破闭关自守的政策是正确的。”改革开放以后，中国面临着一个新形势，“资金不够，可以借外债”。他认为，在自力更生为主的条件下，借一些不吃亏的外债，引进有利的技术，这是必要的。同时他也提醒大家：对外债要进行分析，所谓借外债，绝大多数不是借给我们现金；对将来有可能借到的带援助性质的外债，例如国际货币基金组织和世界银行的低利自由外汇贷款，要十分谨慎地使用，只能用在最关键性的项目上；我们必须清醒地看到，外国资本家也是资本家，世界上没有一个愿做低于平均利润率买卖的资本家，对外国资本家在欢迎之中要警惕。

陈云反复强调，我们有些干部对利用外资这件事还很天真，对他们要敲敲警钟，提醒那些头脑还不很清醒的干部。

第二条意见，陈云指出，看待国内经济形势既要看到好的一面，又要看到不利的一面。他认为，现在“经济形势很好”，“是开国以来少有的很好的形势”。“但要看到不利的一面。除了若干种国家规定不准涨价的商品以外，许多商品都在涨价，涨价商品的面相当大，影响人民的生活。这种涨价的形势如果不加制止，人民是很不满意的。经济形势的不稳定，可以引起政治形势的不稳定。”

接着，陈云逐条讲了其他一些看法。他娓娓道来：

• 经济体制改革产生了前所未有的好作用，大大有利于经济形势的改善，农村人民生活改善了，市场搞活了，这是二十多年来少有的好现象，但是也出现了一些缺点，中央正在采取措施予以纠正。

• 我们国家是以计划经济为主体的，对许多方面，在一定时期内，国家干预是必要的，但在大的方面要按经济规律办事。

• 目前对国营和集体企业产品的价格至少要冻结半年，要在半年内研究相关的各种经济问题，并且做出初步的结论。

• 像我们这样的国家没有财力的集中是不行的，否则就会乱套，也不利于改革；我们要改革，但是步子要稳，不能要求过急，要靠一定的理论研究，经济统计和经济预测，更重要的还是要从试点着手，随时总结经验，也就是要“摸着石头过河”；改革开始时步子要小，缓缓而行，要使改革有利于调整，也有利于改革本身的成功。

• 经济建设和国防建设是为了改善和保障人民的生活，只能量力而行。

• 一切引进项目，都必须有专家参加，必须是领导干部和专家共同商量，要注意和考虑各方面专家的意见，必须作出几个比较方案，择优选用，定案时宁慢勿急；任何一个项目，必须集体商量，不能由一个人说了算，从公社起直到中央常委，一律照此办理。

• 要节省外汇，出国考察必须少、小、精；出口方面要“肥水不落外人田”。

• 我们要发展经济作物，同时必须保证粮食的逐步增产，不能因为发展经济作物而挤了粮食产量，粮食还是第一位的。

• 要真正清醒地认识到我们是在一个10亿人口、8亿农民的国家中进行建设，要看到这种困难。

• 实现四个现代化决不要再作诸如“超英赶美”等不切实际的预言；实现四个现代化必须靠我们党的领导，干部队伍的革命化、年轻化、知识化、专业化、制度化仍然是我们在干部政策上的大方针。

• 要总结经验教训，必须指出，开国以来经济建设方面的主要错误是“左”的错误。“左”的错误是从1958年以后严重起来的。代价是重大的。

……

最后一条，陈云再次回到了调整的主题上来，他强调：

调整意味着某些方面的后退，而且要退够。不要害怕这个清醒的健康的调整。可能有些议论：“这会耽误三几年。”不怕。从鸦片战争以来，中国的经济建设已经耽误了100多年。而且这次调整不是耽误，如不调整才会造成大的耽误。因为我们这次调整是清醒的健康的调整，我们会站稳脚跟，继续稳步前进。

对中央财经领导小组提出的调整计划，陈云表示支持。对中央财经领导小组成立以来在领导经济体制改革方面取得的成绩，陈云表示了充分的肯定。

在当天的会上，陈云讲完以后，国务院和中央财经领导小组负责人对为什么要对国民经济进行大的调整、调整的要求和方案、调整和改革的关系做了说明，特别强调：

陈云同志的讲话，分析了经济形势，总结了经验教训，提出了经济工作的许多重大原则。他讲的14条，都贯穿着实事求是，一切从中国的国情出发的精神。照这些原则去办，对于我们渡过困难，使经济建设走上正确的轨道，具有重要的作用。

在25日的会上，李先念讲了计划工作要实事求是、财政要做到收支平衡、既要保证粮食稳步增产又要发展多种经营等问题。他也表示：

陈云同志说，过去经济建设方面的主体错误是“左”的错误。在“左”的错误领导下，也不可能总结经验。这是非常深刻的。要彻底纠正“左”的错误，就要认认真真总结经验，并在今后工作中切实加强调查研究，坚持实事求是原则。编计划，作预算，搞平衡，一定要从实际出发，一就是一，二就是二，不能做虚假文章，更不能凭主观偏见。我们过去往往在这方面吃了亏。当然完全准确不可能，但要力求符合实际，大体准确。经济部门，特别是计划部门，要认真总结这方面的经验教训，引以为鉴。

在25日举行的闭幕会上，邓小平讲了“贯彻调整方针，保证安定团结”的问题。邓小平的讲话，更是开宗明义表示赞同陈云的意见，他说：

我完全同意陈云同志的讲话。这个讲话在一系列问题上正确地总结了我国31年来经济工作的经验教训，是我们今后长期的指导方针。

我也完全同意中央财经小组通过的关于1981年计划的安排。

1978年12月党的十一届三中全会以后，陈云同志负责财经工作，提出了调整方针，去年4月中央工作会议对此作出了决定。但因全党认识很不一致，也很不深刻，所以执行得很不得力。直到现在，这种情况才有了变化。这次调整，就是进一步贯彻这一方针。

我们这次调整，正如陈云同志说的，是健康的、清醒的调整。这次调整，在某些方面要后退，而且要退够。其他方面，主要是农业、轻工业和有关人民生活的日用品的生产，能源、交通的建设，以及科学、教育、卫生、文化事业，还要尽可能地继续发展。这些继续发展的企业、事业和建设单位，都要认真进行整顿，提高管理水平，提高职工的业务技术能力，提高劳动生产率和工作效率，发挥职工的积极性、创造性，尽力减少各种浪费。

邓小平在讲话中还多次提到陈云的意见，其中说道：

“我完全同意陈云同志的意见，今后一段时间内，重点是要抓调整，改革要服从于调整，有利于调整，不能妨碍调整。改革的步骤需要放慢一点，但不是在方向上有任何改变。

“陈云同志说，经济工作搞得好不好，宣传工作搞得好不好，对经济形势和政治形势能否稳定发展，关系很大。他所以同时提出宣传工作的问题，一方面是要我们对宣传工作的成绩和缺点做出清醒的估计，另一方面是要我们今后的宣传工作能够适应经济形势和政治形势的要求，能够有助于而不是有碍于调整工作的顺利进行。”

自三中全会以来，陈云在领导经济工作方面的思想，深得邓小平等人赞赏，他系统、正确地总结了建国以来经济工作的经验教训，这些总结，在中国社会主义现代化建设的新的历史时期，具有举足轻重的指导作用。正如邓小平所说：“是我们今后长期的指导方针。”这次中央工作会议所讲的“十四条”意见，10年后的1990年6月6日，陈云与新任中共中央总书记江泽民的一次谈话中，自己做了这样一番评价：

我在1980年12月讲的《经济形势与经验教训》，一共14条，这是针对当时情况讲的，而且是起了作用的。现在总的看来，也还有用。

4. 随着经济建设走入正轨，陈云有关经济工作的一系列语言被作为指导性用语高频率地引用。这个时候，做出历史决议，以便以后“一心一意搞建设”的时机也已成熟

1980年12月召开的这次中央工作会议，对国民经济调整工作甚至改革开放后中国的经济建设道路，有着关键的、转折性的影响。这次会议总结了新中国成立30多年经济建设的经验教训，对经济工作上的“左”倾错误进行了较为彻底的清理，使党和政府的各级领导层对中国这样一个生产力发展比较落后的国家，在进行现代化建设方面的长期性、艰巨性有了比较清醒的认识，从而也就对全面切实地贯彻调整方针，规划未来中国的发展道路，起了重要的作用。

对这次会议，邓小平在1983年3月在与国家计委和经委的负责人谈经济工作时，做过这样的评价：

经济工作，应该说，我们真正的转折是1980年那次调整会议，在那次前，客观地说，我们还是那种“左”的东西，那次会议真正是一个拨乱反正，……现在看起来，没有那次会议确定八字方针，而且以调整为核心，就没有今天的形势。

与调整工作的扭转和经济建设走入正轨相对应，陈云有关经济调整以及经济建设方面的一系列思想，很快成为全党上下甚至党外大多数人的共识。陈云有关经济工作的一系列语言也被从中央领导层到实际工作部门的决策者高频率地引用，并经常被作为党和国家的文件、重要报刊社论的指导性用语。

1981年1月21日，《人民日报》在一篇题为《不怕慢，就怕弯——谈经济发展速度问题》的评论中说："社会主义国家如何规定国民经济发展的速度，是一个大问题。对于这个问题，陈云同志有一句话，叫作'不怕慢，就怕弯'。国民经济发展需要什么样的速度？是实事求是、量力而行、持续稳定的速度，还是不切实际、大起大落、不讲实效的速度？这是一个关系到国计民生，关系到四化建设能否顺利进行的重大问题，需要在思想认识上搞清楚。"这篇评论批评了过去那种只从政治上讲需要高速度、不从经济上和客观实际上分析这种速度的可能性的做法。并引用陈云的话说："一个国家，政治上要有稳定的局面，经济上尤其不能瞎折腾。'不怕慢，就怕弯。'稳定的合理的发展速度看起来慢，但持续下去，不走弯路，反而是快。"

这一时期，在报刊上以陈云的原话或思想为题的重头文章随处可见。

众多经济学家也经常引用陈云有关经济建设的思想、名言，用来分析、阐述在建设中国特色社会主义过程中的一系列经济问题。

正在这个时期，经中共中央书记处批准，中央书记处研究室编辑了《陈云同志文稿选编》，于1980年11月由人民出版社出版。这部文稿收入了陈云自1956年9月至1962年期间有关社会主义建设的部分重要著作，它反映了陈云在20世纪五六十年代关于社会主义建设的许多看法和意见。在中央书记处审定的该文稿《前言》中做了这样的说明：

然而历史却证明，他的观点和主张不仅在那时是正确和可行的，而且现在看来也还是正确和可行的。

当然，随着情况的变化，我们在经济建设中必须采取新的方针、政策和措施，但是，陈云同志的这些基本观点，应该继续受到尊重。在马克思主义者看来，凡是严格遵照实事求是的原则提出的观点和主张，因为它与客观规律的要求相符合，具有强大的持久的生命力。

陈云的文稿发表以后，许多经济学家和在经济领域工作的人如获至宝。

1981年1月29日，著名经济学家董辅礽在《人民日报》上发表了一篇文章，题为《发展有利于人民的社会主义经济——重读陈云同志在中共八大的发言》。文中说："陈云同志在中共八大的发言，对我国社会主义改造基本完成后出现的新问题，及时作出了富有远见的回答。我们的社会主义经济应该是一种有利于人民的经济，经营方式应该有利于满足人民的需要。国家经营和集体经营是工商业的主体，一定数量的个体经营是主体的补充；计划生产是工农业生产的主体，按照市场变化而在国家计划许可范围内的自由生产是主体的补充；国家市场是社会主义的统一市场的主体，一定范围内国家领导的自由市场是主体的补充。这些基本思想，经过历史的考验，证明是非常正确的，至今仍有巨大意义。”

文中还讲：“在经过了四分之一世纪以后，重读陈云同志在中共八大的发言《社会主义改造基本完成以后的新问题》（1956年9月），我们会惊异地发现，发言中许多透彻精辟的论点至今依然切中时弊，甚至好像就是针对当前的一些问题而发的。如果我们再回顾这四分之一世纪中我国经济所走过的曲折道路，我们又会不禁地感慨：要是从那时以来能按照这篇讲话的观点和主张去做，我们的社会主义经济该是多么的强大和繁荣！”

3月2日，另一位经济学家周叔莲又在《人民日报》上发表了一篇题为《不能再走经济效果低的道路了》的文章，文中提到：“早在六十年代初，陈云同志就指出追求不切合实际的高指标必将造成浪费。当时追求高指标被说成是积极平衡，即所谓按长线搞平衡。陈云同志总结了‘大跃进’时期的教训，指出：按长线搞平衡不可能有真正的综合平衡，结果只能是‘材料和半成品大量积压，造成严重浪费’。他还说：‘过去几年，指标高，物资少，生产吃老本，基建不配套。’可见，我们早就不应该走高速度低效果的建设道路了。当时陈云同志还提出了克服高指标的办法……这些意见对现在也还是适用的。”

许多经济学家在撰文中都感到，陈云在经济建设方面的许多思想，无疑对探索一条适合中国国情的经济建设道路，具有重要的影响作用。

陈云的经济思想，在实际工作中发挥着重大的效用。

1981年以后，国民经济调整工作开始有些起色。国家计委的工作开始逐渐适应形势发展的要求，陈云所关注的一些重大的经济问题和国家发展战略，他有关国家建设的一些思想，在计委工作中也能得到较好的体现。对计委的工作，陈云是满意的。

1981年3月，他在给全国政协副主席陆定一的一封信中对姚依林所领导

1981 年 2 月 24 日，陈云在北京向教师们祝贺春节

的国家计委的工作是这样评价的："姚依林同志任计委主任后事情好办一些了。像植树造林、治理江河、水力资源、治理污染、人口计划等等都必须有百年或几十年的计划，这已经大家看到了，也同意了。"

1981 年的春天，陈云的心情是比较舒畅的。4 月初以后，心情较为舒畅的陈云，到上海、杭州两地休养。

行前，就在 3 月间，《关于建国以来党的若干历史问题的决议》稿送到了陈云的手中。对新中国成立以来党的历史能否做出恰当的、科学的决议，是关系到全党在历史问题上能否真正统一思想、全面总结经验、一心一意地投入社会主义现代化建设新实践中去的问题。陈云抓紧时间进行了认真的审阅。

《历史决议》稿，是在中共中央政治局和中央书记处的领导下，由邓小平亲自主持起草的。起草工作从 1980 年春天开始，历时一年多。在《历史决议》的起草和修改过程中，陈云提出了一些重要的意见。在《历史决议》稿起草之初，邓小平曾提出过 3 条总原则：一是确立毛泽东的历史地位，坚持和发展毛泽东思想；二是对建国 30 年来历史上的大事进行实事求是的分析，对一些负责同志的功过是非做出公正的评价；三是对过去的事情做个基本的总结，宜粗不宜细。陈云坚决支持这3条总原则。

在决议稿起草中间，陈云先后多次找起草小组负责人谈话或直接与邓小平交谈，表达了自己对决议起草的意见。最主要的几次谈话，就发生在1981年的这个3月份。

3月，《历史决议》的起草经过一年的打磨以后，进入重要的修改阶段。在这之前，决议在如何正确评价毛泽东、确立毛泽东的历史地位，坚持和发展毛泽东思想这一核心问题上，囿于“建国以来”这一时间上的限制，许多方面难以说清，思维定式难以突破。陈云曾对起草小组的胡乔木和邓力群等人说过：“一定要在我们这一代人还在的时候，把毛主席的功过敲定，一锤子敲定，一点一点讲清楚。这样，党的思想才会统一，人民的思想才会统一。如果我们不这样做，将来就可能出赫鲁晓夫，把毛主席真正打倒，不但会把毛主席否定，而且会把我们这些作含糊笼统决议的人加以否定。因此，必须对这个问题讲得很透彻。”

为能讲得透彻，陈云也在苦思冥想。

在陈云去杭州休养之前，他终于想到了一个较为妥善的办法。

3月24日，陈云与前来探望的邓小平在家中进行了一次长谈。陈云提出了他的想法：

> 《历史决议》稿要专门加一篇话，讲讲解放前28年党的历史，写党的60年。这样写，毛泽东的功绩、贡献就会概括得更全面，确立毛泽东的历史地位，坚持和发展毛泽东思想，也就有了全面的根据。

听了这一意见，邓小平点头称好，大加赞赏。增加建国前28年历史的回顾，决议的写法便活了，许多问题便能迎刃而解了。

在这次谈话中，陈云还提出了另一条修改意见：建议中央提倡学习，主要是学习马克思主义哲学，重点是学习毛泽东的哲学著作。

两条意见，邓小平十分重视。他很快向起草小组负责人转达了。起草小组立即将这两条意见在《历史决议》中很好地体现出来。

对《历史决议》的起草，陈云还提出过其他许多重要的意见，如：

——毛泽东的错误怎么写？陈云提出：不是要回避毛泽东晚年的错误，而必须采取马克思主义的实事求是的科学态度。对毛泽东的错误，主要讲他的破坏民主集中制。同时，对毛泽东的错误，地方的同志也要负一定的责任。

——建国以来32年中党的工作错误怎么写？陈云提出：一定要写得很准确，论断要合乎实际，要把它“敲定”下来。反复推敲，反复斟酌，使它能够站得住，经得起历史的检验。要在宜粗不宜细的原则下面，是成绩就写成绩，是错误就写错误；是大错误就写大错误，是小错误就写小错误。

……

陈云的这些意见，得到邓小平和中央常委的一致同意，起草小组也很好地进行了消化吸收，体现在了决议稿中。

政治和经济方面和大政方针都有了眉目以后，陈云来到了上海和杭州。

4月20日，陈云正在杭州休养，中共中央总书记胡耀邦来访。在与胡耀邦的谈话中，陈云意味深长地对这位即将接班的新领导人说：

现在你们的担子很重，人民对你们的要求很高，因此，重要的问题是要真正办成、办好几件事……

5月下旬，陈云从杭州回到北京，准备参加将于6月召开的中共十一届六中全会。六中全会有两大议题非同小可，一是要通过《关于建国以来党的若干历史问题的决议》；一是要改选和增选中央最高领导层的主要成员。

1981年5月，陈云在杭州会见上海评弹演员

会前，再次将改好的《历史决议》稿子送请陈云审阅。最后送到陈云手中的这份决议稿，吸收了各方面合理意见，对建国以来党的若干历史问题做出了历史唯物主义的结论，对毛泽东的功过是非以及毛泽东的历史地位、历史贡献做出了实事求是的评价，对毛泽东思想科学内涵及其指导作用做出了科学的概括和说明……这份稿子，不仅充分地体现了全党的智慧，而且也完全表达了陈云本人的意见。看完决议稿，陈云非常满意，他托人转告起草小组的胡乔木："改得很好，气势很壮。"

1981 年 6 月 27 日至 29 日，中共十一届六中全会在北京召开，陈云与胡耀邦、叶剑英、邓小平、赵紫阳、李先念、华国锋共同主持了这次会议。由于会前经过了长时间的准备，会议顺利地通过了《关于建国以来党的若干历史问题的决议》。

《关于建国以来党的若干历史问题的决议》，其意义不仅在政治上达到了总结经验、统一思想的目的，在党的指导思想上完成了拨乱反正的历史任务；而且在经济上，也为进一步规划全党的工作重点，更好地把国民经济搞上去，起到了重要的转折性的作用。正如邓小平在会后接见香港明报社社长查良镛

陈云同杨尚昆等老同志在一起

时所说的："有了一个统一的结论性的东西，今后对历史问题就不再说了，一心一意搞建设。"

也由于会前经过了充分的酝酿，会议比较顺利地改选和增选了中共中央的主要领导成员。结果如下：

同意华国锋辞去党中央主席和中央军委主席职务的请求，选举胡耀邦为中央委员会主席；

增选赵紫阳、华国锋为中央委员会副主席；

选举邓小平为中央军事委员会主席；

选举中央委员会主席胡耀邦和副主席叶剑英、邓小平、赵紫阳、李先念、陈云、华国锋七人组成中央政治局常务委员会。

陈云和邓小平、叶剑英、李先念四位德高望重的老一辈无产阶级革命家，仍被党的中央委员会留在最高领导核心中，发挥独特的领导作用。

新的领导集体上任后怎么工作？用胡耀邦在闭幕会上的话来说："我们的劲该往哪里使？"

会上，中央领导集体的共识是：在党的指导思想上完成了拨乱反正的历史任务后，应该集中主要精力，来考虑如何把国民经济搞上去，同时考虑如何有效地建设社会主义的精神文明。

胡耀邦在闭幕会上提出，要想把我们的事业推进一步，"首先就要求我们全体中央委员、各省市委和中央、国家机关的各部委，从今年下半年起，大家都一起来下一番苦功夫，抓住重点，分门别类地真正研究清楚几个问题。"他还引述了陈云在杭州与他谈过的话，认为必须在三中全会以来在农村经济形势稳步好转的基础上，不辜负人民的期望，认认真真地办成、办好几件大事，把经济工作以及其他各项工作做得更好。

六中全会闭幕的时候，心情愉快的陈云只说了几句看似简简单单，可句句都是发自内心的肺腑之言：

中央开了一次很重要的会议，解决了几个重大的问题。党的建设和国家建设任务还很重。中央和全党必须兢兢业业地工作。

5. 对经济体制进行改革，打破了“大锅饭”、“铁饭碗”，陈云高度赞赏。下一步怎么改？陈云主张：步子要稳，一要吃饭，二要建设。要走出一条中国式发展的新路子

六中全会以后，胡耀邦、赵紫阳等年纪稍轻一些的领导人担负起中央第一线的工作，陈云和邓小平等老同志可以集中精力思考党和国家的一些重大的发展战略问题。

随着国民经济调整的进一步深化，经济体制改革的任务就被提到日程上来。

1981 年 9 月 2 日，中共中央召开政治局会议，主要研究的，是今后中国经济发展的方向及经济体制改革等战略问题。

对体制改革的问题怎么看？陈云在会上表明了自己的观点：“经济体制改革的实施，打破了‘大锅饭’、‘铁饭碗’，完全按照‘多劳多得，少劳少得，不劳不得’的原则搞。它的作用，它的意义，不下于解放初期到 1950 年的私营工商业改造，会有很大的作用。这是一件大事。我赞成。”

讲到体制改革下一步怎么办？邓小平和陈云一致主张：“农业先走，我看工业、财贸系统也势在必行。”同时邓小平强调：“农村还有一件事，就是政社分开，这个事情要做，不能太迟。”

1981 年 6 月，陈云在中共十一届六中全会上讲话

陈云提醒大家：“要看到，工业、财贸中间的体制改革比之于农业复杂，内部的相互关系，外部的关系，都比农业复杂。因此步子要稳。我看，有意识地分，哪些先搞，哪些后搞。”

讲到实行体制改革和责任制问题，陈云强调必须抓住几个要点，如定额

问题、质量问题、单位成本问题，等等，最重要的一条，必须统筹全局。

怎样统筹全局，陈云重申了他一贯主张的一个重要观点：

有两个问题要解决：一个是吃饭问题。吃饭，当然可以吃得好一点，现在吃得差一点的，总要慢慢让他们吃得好一点，但是太好了也不行。二是总得还要有钱拿来建设。一是吃饭，二还要建设。

不建设，日子就这样过去了，那就是小平同志讲的，我们在台上的人都要下台。所以，一要吃饭，二一定要有钱搞建设。

这就发生一个问题，钱怎么用法。我们是10亿人口，一年一共有多少钱，每年能给工人农民多少，国家建设多少，要有一个统盘的筹划。

总之，一要吃饭，二要建设。

陈云进一步指出：搞建设，必须从中国实际出发，头脑必须清醒，必须有战略眼光。

他继续说："现在的计划发展速度定在4%，并不是低指标，而是要经过努力才可以达到的。如果我们工作做得不足，数目字低了，要补上去，还比较容易，因为我们头脑是清醒的。"

陈云认为，只有搞清中国的实情，才能领导好建设。

在会上，陈云再次重提：像重工业、轻工业与农业的关系，要有个长远考虑。发展农业跟轻工业，这是完全必要的，但是从长期来考虑，没有重工业的支持，轻工业也搞不下去。同时，像水的问题、水力资源、城市污染问题等，都应该有长远考虑。

最后，陈云还讲了自己对目前经济形势的看法。他认为，尽管还存在各种各样的问题，但总的来说，整个农业、工业的形势是好的，尤其是农村的形势更好，几十年来或者说解放以来，都没有过这样好的形势。他充满信心地说："我对于现在财经的情况是很满意的，我觉得是好的。"

至于说到在财经问题上的不同意见和矛盾，陈云指出：这是经常会有的，甚至于说不会没有。他提出："我赞成除了财经领导小组以外，书记处的同志能够至少花三年时间，钻进去。我看见耀邦同志也有这样一个意见，需要多讨论几次经济问题。"

中央政治局会议以后，国家计委根据中央的批示精神拟出了《关于第六个五年计划控制数字的汇报提纲》，总体设想是：1985 年农业总产值达到 8050 亿元，平均每年递增 4%；国民收入生产额达到 4410 亿元，平均每年递增 4%。

从这时起，中央初步确立了到 20 世纪末中国 20 年间的阶段式发展战略，前 10 年主要是用来打基础。中央政治局在听取国家计委的汇报后指出：今后经济发展速度总的说不慢，但是头一个 5 年、10 年速度不可能很高；头几年，要非常谨慎，重大的事情要稳当一些，摸着石头过河，看准了再搞。“六五”期间工农业总产值的增长速度，计划定为 4%，争取 5%。

陈云在 9 月政治局会议提出的有关“一要吃饭，二要建设”等一系列有关经济问题的重大原则，为起草将于年底召开的五届人大四次会议的《政府工作报告》，提供了重要的指导。根据全国人大常委会的决定，五届人大四次会议主要议题是讨论经济工作。因此，在起草《政府工作报告》过程中，国务院领导就报告中涉及的机构改革和经济建设问题等内容，多次当面或书面向陈云汇报、请示。

这份政府工作报告，在中华人民共和国的历史上是少见的，基本上是只讲经济不讲其他。原因何在？只因在 20 世纪 80 年代初期的中国，经济问题突显得如此之重要，它关系到中国的前途和命运，关系到中国能否“杀出一条血路来”，找到一条中国式的社会主义建设道路。

在一个需要打开改革开放局面的年代，这份独特的政府工作报告稿拿出来并呈递给中央核心领导层时，它主要分为三大部分：“当前的经济形势”、“今后经济建设的方针”和“我国经济发展的前景”。

11 月 25 日，中共中央政治局再次召开扩大会议，讨论即将提交五届人大四次会议的《政府工作报告》稿。

陈云发言，很满意这份报告稿的结构。他认为：“有必要做一个经济方针政策的讲话。”

接着，陈云详细地提出了自己对报告稿的修改意见：“有两个方面主张加一点，有一个方面主张减一点。”

两个方面“加一点”：一是要将技术改造的资金和基本建设资金一并列入国家计划；二是强调今后 20 年中国要大大加强教育和科学事业，增加常规教育和科技攻关的内容。

一个方面“减一点”：主要是指论述有关“价格与价值严重背离”的部分。

他细细道来……

陈云的意见，基本被吸收进《政府工作报告》。

1981年11月30日至12月7日，第五届全国人民代表大会第四次会议在北京人民大会堂召开。

国务院做的这次政府工作报告专门取了一个题目，叫《当前的经济形势和今后经济建设的方针》。

80年代中国是什么样的经济形势？报告是这样说的：

“1981年国民经济计划预计可以胜利完成，稳定经济的目标能够基本实现。今年进行这么大幅度的调整，又遇上了严重的自然灾害，工农业生产总值不仅没有下降，而且将比上年增长百分之三以上，整个经济形势比预想的好。我国国民经济已开始走上稳步发展的轨道。

“这次进一步的调整，指导思想是正确的，发展过程是健康的，取得的成果是显著的。这次调整难度很大，原先估计，可能会出一些乱子，结果进行

1981年11月，陈云同张爱萍握手

得相当顺利，大乱子没有出，小乱子也极少，并且迅速得到了解决。经过调整，基本上达到了稳定经济全局的要求，进一步巩固和发展了全国安定团结、生动活泼的政治局面。调整、改革、整顿、提高方针的提出，是在中共十一届三中全会的正确路线指引下，我国经济建设指导思想的根本转折。”

今后的发展方向是什么？这份《政府工作报告》是这样描述中国经济发展的道路的：

当前，国务院在努力做好各项经济工作的同时，正在继续抓紧编制我国发展国民经济的第六个五年计划。这个计划在指导思想上和具体安排上都要有一个大的转变，以充分体现对整个国民经济进一步实行调整、改革、整顿、提高的要求，走出一条发展国民经济的新路子。

中国要走的这条“新路子”，就是邓小平、陈云以及中共中央领导集体率领全党和全中国人民共同探索的道路——有中国特色的社会主义建设道路。

这条道路具体怎么走？谁也不是先知先觉，但是，陈云等人经常在党内这样说：“摸着石头过河。”

对过河以后的景色，陈云充满了信心。

卷五

改革计划经济体制的弊端，破除旧的经济体制框架，陈云在探索中率先提出：计划经济和市场经济是社会主义的两种经济自1992年中共十四大确定中国经济体制改革的目标是建立社会主义市场经济体制以后，尤其是中国加入世界贸易组织以来，社会主义市场经济就逐渐成为中国经济的代名词，以至于社会上许许多多的人对中国经济体制的发展过程渐渐淡忘，甚至有许多年轻人已经不太清楚中国经济原来是个什么样子了，也不知道市场经济在中国是怎么来的了……

改革开放以来，如何解放和发展生产力，始终是邓小平、陈云、李先念等老一辈革命家和全党上下艰辛探索的难题。这个探索，早就开始了。新中国成立以来，对中国多年实行的旧的计划经济体制的弊端，上上下下、党内党外都有深切感受，但怎样才能真正消除这种弊端，如何从“计划经济”过渡到“市场经济”？这就不得不让我们去追述探索的过程，也就不得不提到陈云在党内最早进行的探索。

1. 一篇写于1979年3月的关于计划经济与市场经济的提纲，要等到3年多以后才发表，只因它包含了对旧的思想模式的几大突破，提出了经济体制改革的思路

1982年7月，中共中央文献研究室创刊不久的《文献和研究》杂志，首次发表了一篇重要的文章提纲：题目是《计划与市场》，作者是陈云，标明的写作时间是1979年3月8日。

1979年3月8日写作的提纲，为什么要等到三年多以后才发表呢？我们从这份提纲的内容中，可以看出其中的缘由。

提纲全文不到2000字，但却包含了陈云一段时期以来对中国经济体制问题走向的深刻思考。照录如下：

（一）计划工作的规则：有计划按比例。这一思想来之于马克思。

《资本论》是分析资本主义的一部政治经济学著作。

《资本论》发现了资本主义生产是无政府状态的，生产力的发展必然与生产关系发生不可调和的矛盾，最后导致资本主义的灭亡。

在社会主义革命还没有在一个国家胜利以前，马克思就设想过社会主义经济将是有计划按比例发展的，这个理论是完全正确的。

（二）1917年后苏联的经济计划和1949年后中国的经济计划，都是按照马克思所说的有计划按比例办事的。

当时苏联和中国这样做是完全对的，但是没有根据已经建立社会主义经济制度的经验和本国生产力发展的实际状况，对马克思的原理（有计划按比例）加以发展，这就导致现在计划经济中出现的缺点。

60年来，无论苏联或中国的计划工作制度中出现的主要缺点：只有“有计划按比例”这一条，没有在社会主义制度下还必须有市场调节这一条。所谓市场调节，就是按价值规律调节，在经济生活的某些方面可以用“无政府”、“盲目”生产的办法来加以调节。

现在的计划太死，包括的东西太多，结果必然出现缺少市场自动调节的部分。

计划又时常脱节，计划机构忙于日常调度。

因为市场调节受到限制，而计划又只能对大路货、主要品种作出计划数字，因此生产不能丰富多彩，人民所需日用品十分单调。

（三）整个社会主义时期必须有两种经济：

（1）计划经济部分（有计划按比例的部分）；

（2）市场调节部分（即不作计划，只根据市场供求的变化进行生产，即带有盲目性调节的部分）。

第一部分是基本的主要的；第二部分是从属的次要的，但又是必需的。

1982年7月，陈云在办公室

既掌握了政权，又有了第一部分经济，就能够建设社会主义。第二部分只能是有益的补充（基本上是无害的）。

解放初期，只掌握了第一部分，私人资本主义经济还存在，但我们仍然是社会主义国家。

我们把一斤皮棉价定为八斤米价，结果棉花大发展。

问题的关键是，直到现在我们还不是有意识地认识到这两种经济同时并存的必然性和必要性，还没有弄清这两种经济在不同部门应占的不同比例。

所以目前存在着以下两种现象。

该严的（必须按比例的）不严，例如：

基本建设的战线太长；

电力、运输是必须先行的，非但不先行，反而落后；

原料工业与加工工业的比例失调，一般来说现在加工工业多于原料工业；

钢铁工业内部比例失调；

各工业部门之间的比例失调；

最大的问题当然是农业与工业比例失调。

该宽的不宽，例如：

计划权力太集中；

农业的非计划部分现在还太紧、太死，无论是集体的还是个人的；

地方财力用于建设太热心，因此地方财力真正机动的太少。

（四）忽视了市场调节部分的另一后果是，同志们对价值规律的忽视，即思想上没有“利润”这个概念。这是大少爷办经济，不是企业家办经济。

南斯拉夫受到苏联打击后，没有办法，只有大撒手让市场经济部分大发展。看来那时计划部分太少，所以后来逐步增加了计划部分。

（五）我国社会经济的主要特点是农村人口占80%，而且人口多，耕地少。

计划机关和工业、商业部门的同志对此没有深刻的认识。

如果不纠正这种认识上的盲目性，必然碰壁。

“农轻重”的排列，就是马克思主义与中国革命实践相结合。

（六）在今后经济的调整和体制的改革中，实际上计划与市场这两种经济的比例的调整将占很大的比重。不一定计划经济部分愈增加，市场经济部分所占绝对数额就愈缩小，可能是都相应地增加。

陈云的这份提纲，至少在以下几处突破了长期以来人们对社会主义经济体制认识上的旧的思想模式：

突破一：指出自苏联建立计划体制以来60多年期间单一计划经济模式的缺点，清算了原有计划体制的弊端。

突破二：从马克思主义的题中应有之义出发，说明社会主义社会中计划与市场的辩证关系，明确“整个社会主义时期必须有两种经济”：“基本的主要的”部分——有计划按比例的计划经济；“从属的次要的，但又是必需的”部分——根据市场供求的变化进行生产即带有盲目性调节的市场经济，从而在理论上确立了市场经济在社会主义经济制度中的应有地位。

突破三：对产生于资本主义制度下的市场经济进行新的认识：将“市场调节”或“市场经济”引入社会主义经济体制中，为“市场经济”概念正名；指出如果忽视市场调节和价值规律，会带来严重的后果，那是“大少爷办经济，不是企业家办经济”；提出随着计划经济部分增加，市场经济部分也相应增加的经济体制改革思路。从而也明确了中国经济体制改革的走向。

这几种突破，无论在党内还是党外，无论是领导层还是理论界。同意的人不一定很多。不同意见的争论甚至相当激烈。尤其是计划体制的弊端，许多人并没有完全认识到。

在1979年春天时发表它，显然认同的人不会太多。深知陈云思想的人也担心：陈云在经济体制改革方面这种引入“市场经济”概念和市场调节体制的主张，弄不好会引起党内和理论界的误会。

陈云写作这份提纲的最初打算，本是想通过阐述计划与市场的关系，对中国经济体制改革的方向做出进一步的探索。

其实，陈云这种探索早在20世纪50年代就开始了。

1956年9月，随着社会主义改造的基本完成，资本主义工商业和个体农业、手工业等“大量的原来的非社会主义经济成分如此迅速地转变为社会主义经济成分”，给党和政府领导和管理经济带来了一系列新的问题和新的任务，尤其是对那些非社会主义经济成分该怎么办。陈云在9月20日的中共八大会

1956 年 9 月 15 日至 27 日，中共八大在北京召开，20 日，陈云在大会上做《关于资本主义工商业改造高潮以后的新问题》的发言

议上，做了一篇题为《关于资本主义工商业改造高潮以后的新问题》的报告。

在这篇报告中，陈云的一些提法，颇有新意和胆识。他提出，在社会主义改造完成以后，我们应该采取正确的方针指导企业的生产和经营，把我国资本主义工商业和个体农业、手工业，改造成为这样一种有利于人民的社会主义经济。

怎么才算有利？陈云当时就提出：

对一部分商品采取选购和自销，让许多小工厂单独生产，把许多手工业合作社划小，分组或按户分散经营，把许多副业产品归农业合作社社员个人经营，放宽小土产的市场管理，不怕有些商品的价格在一定范围内暂时上涨，改变对某些部门计划管理的方法，所有这些，是否将使我国的市场退回到资本主义的自由市场呢？绝不会这样。采取上述措施的结果，在我国出现的绝不会是资本主义的市场，而是适合于我国情况和人民需要的社会主义的市场。

陈云紧接着对即将建立的社会主义经济体制做了这样的描述：

我们的社会主义经济的情况将是这样：在工商业经营方面，国家经营和集体经营是工商业的主体，但是附有一定数量的个体经营。这种个体经营是国家经营和集体经营的补充。至于生产计划方面，全国工农业产品的主要部分是按照计划生产的，但是同时有一部分产品是按照市场变化而在国家计划许可范围内自由生产的。计划生产是工农业生产的主体，按照市场变化而在国家计划许可范围内的自由生产是计划生产的补充。因此，我国的市场，绝不会是资本主义的自由市场，而是社会主义的统一市场。在社会主义的统一市场里，国家市场是它的主体，但是附有一定范围内国家领导的自由市场。这种自由市场，是在国家领导之下，作为国家市场的补充，因此它是社会主义统一市场的组成部分。

这就是陈云早在 1956 年就提出的“三个主体，三个补充”的思想。

按陈云的设想，实施上述思想，“必须慎重从事，稳步前进，经过试验，逐步推行”。

在当时的中央领导层中，刘少奇等人是赞同陈云的想法的，刘少奇在中共八大上所做的政治报告中也主张，必须克服过去严格资本主义工商业的某些副作用和缺点，并提出：“我们应当改进现行的市场管理办法，取消过严过死的限制；并且应当在统一的社会主义市场的一定范围内，允许国家领导下的自由市场的存在和一定程度的发展，作为国家市场的补充。”

但是，在当时“左”的思想还比较浓厚的情况下，这些想法和措施是不可能做到的。即便是在改革开放初期的 20 世纪 80 年代，无疑也是超前的。

改革开放后，陈云开始进一步思考，准备结合对中国经济体制改革的探索写一篇阐述计划与市场关系的文章。但由于工作太忙，最终“没有精力写下去了”，只写成了《计划与市场问题》这篇提纲。

这份提纲，大体囊括了他有关计划与市场关系的主要思想。提纲写作前后，他曾将其主要意思在中央领导和思想理论界小范围里讲过，征求过一些人的意见。

作为党内比较早地以文字形式留存下来的有关充分重视市场经济和市场调节作用的思想结晶，这份提纲的出台，成为新时期中国经济体制改革的一个重要文献。后来有经济学家这样说：这份提纲“是新的历史时期关于计划与市场问题讨论的最初的重要文献。这篇重要文献，从一个重要方面，剖析了原有经济体制的弊端，提出了经济体制改革的思路。”①

2. 作为改革的“实事求是派”，陈云始终坚持要从中国的实际出发，经济体制改革并不是不要国家计划，国家干预是必要的。人们逐渐接受“以计划经济为主，市场调节为辅”的提法

以陈云为代表，中央领导集体对经济体制改革的思考从20世纪70年代末80年代初开始逐渐展开，“以计划经济为主，同时充分重视市场调节的辅助作用”逐渐成为人们的共识。

但是，在中国这样一个建立在农业经济基础上的又长期实行死板的计划经济的国度里，经济体制怎么改才能适合中国自身的实际。这并非是一件容易的事。后面几年的改革实践，充分说明了这一点。

作为经济体制改革的倡导者和先驱者，陈云的态度是始终如一的，那就是：必须实事求是，水到渠成、瓜熟蒂落，要从中国的实际情况进行改革，决不能照搬照抄别国的模式。

邓小平和陈云都把这种改革的态度称为“实事求是派”。有在改革问题上急于求成的人，把这种态度归入“保守派”；也有在改革问题上设置障碍的人，把这种态度归入“改革派”。

有意思的是，多年以后，邓小平对社会上有关这方面的议论作了这样的解释：

> 中国改革遇到的困难并不算多，还比较顺利。有些人对改革的某些方面、某些方法不赞成，但不是完全不赞成改革。中国不存在完全反对改革的一派。你们过去把我看作是“改革派”，把别人看成是“保守派”。我是“改革派”，不错。如果要说讲四个坚持是“保守派”，我又是“保守派”，所以，我既不是“改革派”，也不是“保守派”，比较正确地说，我是“实事求是派”。②

---

① 王梦奎：《学习陈云同志新时期经济论著四题》，载《陈云与新中国经济建设》，第376页。

② 1987年3月3日，邓小平会见美国国务卿舒尔茨时的谈话。见《邓小平文选》第3卷，人民出版社1993年版，第209页。

了解陈云的人们都知道，陈云就是这样的“实事求是派”，他始终从中国的实际出发，推进着中国的经济体制改革。

1979 年 5 月，陈云到杭州休养期间，与有关方面负责人谈到经济工作，他断然提出：“体制改革势在必行。现在要进行研究，先改什么，后改什么，怎么改。扩大企业自主权是必要的，但是必须在国家计划的大框框之内。”

陈云的意思很明显，经济体制改革并不是不要国家计划，因为有计划、按比例是任何一个社会都必须遵从的规律，资本主义社会也是如此。他进一步说：“按比例是任何社会的普遍规律，区别在于有的可以自觉，有的不自觉。”

按照陈云的这一指示，有关部门从 1979 年开始，一边进行国民经济调整，一边研究、处理调整与改革的关系，在“调整、改革、整顿、提高”的八字方针下，稳步推进体制改革。陈云也多次交代：改革问题很复杂，要从试点着手，开始时步子要小，缓缓而行；要“摸着石头过河”，随时总结经验，不能要求过急；改革要服从于调整，要有利于调整，也有利于改革本身；等等。

在探索体制改革的过程中，要正确处理好调整与改革的关系，正确认识和处理计划与市场的关系，都是一件困难的事情。随着调整与改革的进展，既取得了一些成绩，也出现了一系列偏差。为此，1980 年 12 月，中共中央在北京召开中央工作会议，讨论经济形势和经济调整问题。

12月16日，陈云在中央工作会议上的讲话中，特别提到了体制改革的问题。

对一段时间以来经济体制改革所取得的成绩，陈云大加赞赏：“经济体制改革产生了前所未有的好作用，大大有利于经济形势的改善。”“农村人民生活改善了，市场搞活了，农民、工人的积极性调动起来了，这是近 20 多年少有的好现象。”

当然，陈云也指出了由于处理不好改革与调整的关系出现的诸如“各地区盲目的重复建设，以小挤大，以落后挤先进，以新厂挤老厂”等一系列缺点。

接着，陈云从如何正确认识价值规律的作用方面，阐述了对中国经济体制的一些看法：

按经济规律办事，这是一种好现象。我们国家是以计划经济为主体的。对许多方面，在一定时期内，国家干预是必要的。

粮食的收购价高，销售价低，国家要补贴。

房租很低，只能作修理费，甚至抵不了修理费。

国家补贴一年共计有 200 多亿元。

从微观经济看，这是不合理的，似乎是不按经济规律办事。但我国是低工资制，如国家不补贴，就必须大大提高工资。

究竟哪种办法好？我看现在还是国家补贴、低工资的办法好。不补贴，大涨价，大加工资，经济上会乱套。

从最后的经济结果看来，现在的办法，小的方面不合理，但是大的方面还是按经济规律办事的。

陈云也提醒人们，要尊重辩证法，体制改革是必要的，但也应该看到当前存在的经济体制的合理性因素。他深刻地点明：

黑格尔说一切存在的都是合理的。我赞成这句话。为了易懂起见，应该说一切存在的都是有理由的（有原因的）。

为进一步找到改革的突破口，12 月中央工作会议后，陈云指示中央财经领导小组：由中央财经领导小组负责，搞一个怎么把市场搞活的设想；要用半年时间把计划调节和市场调节结合起来，把市场搞活。

根据陈云的这一指示，对计划调节和市场调节的研究和实践不断得到展开，人们也逐渐接受了市场调节的理念。1981 年 6 月通过的《关于建国以来党的若干历史问题的决议》中，根据陈云的意见，写入了“必须在公有制基础上实行计划经济，同时发挥市场调节的辅助作用”的意思，同时还点明，“社会主义生产关系的发展并不存在一套固定的模式”。

随后，以“以计划经济为主，市场调节为辅”的提法在党内外正式确定下来，成为中国改革开放初期实行“对外开放和对内搞活”所必须坚持的根本原则。正确处理计划与市场的关系问题，也成为经济体制改革中的一个根本性问题。

就在这个时期，社会上又再现了一种否认计划工作，不要国家干预，一切依赖市场的现象。这是与体制改革正确导向相违背的。

率先倡导经济体制改革，并最先提出“市场经济”概念的陈云认为，经济体制改革必须遵从中国的国情，在改革开放初期，要解决好改革当中的问题，核心还在于处理好计划与市场的关系。

1981 年 11 月 25 日，中共中央政治局召开扩大会议，讨论将要在五届人大四次会议上作的《政府工作报告》稿。

会上，陈云提醒：在这次《政府工作报告》中，对计划经济和市场经济的关系，要做点说明。

如何“说明”？陈云提供了说明的思路：

计划经济和市场经济两者的关系是主要方面和从属方面的关系，计划经济起主要作用，市场调节还是从属于计划，把重点突出一下。

陈云讲的这层意思，在《政府工作报告》的原稿中涉及一点，但并不明确。起草人当即表示：“《政府工作报告》没有写这样的话，修改时要将陈云同志这个意思加在里面。”

陈云在这次会上表述计划与市场两者的关系的时候，所用的概念与他在内部讲话时一样，也与 1979 年 3 月 8 日的提纲一样，即同时使用“市场经济”与“市场调节”两个概念。在将“市场经济”与“计划经济”并提的时候，他既从体制方面讲了“市场经济”在中国经济体制中的从属地位，又从手段方面讲了“市场调节”在中国经济手段中的从属作用。因此，他所说的经济体制改革也就是在国家宏观计划体制的大前提下充分运用市场调节手段的作用。

就在这次政治局会议上讨论《政府工作报告》时，陈云进一步从价格和价值的关系以及市场供求关系角度，讲了他对经济体制改革问题的意见。他以进口粮食为例说：

在我们这样的社会主义国家，现在的情况，有些价格是背离了，应该符合起来；但是有相当大的一部分不能不背离。比如说，进口粮食是要赔钱的，就是按照粮食的卖价，我们市场还要贴钱。粮食赔钱换得市场稳定，有肉吃，给我们时间搞体制改革。否则，没有手段搞体制改革。粮食赔钱，但是我们经济作物发展了。东方不亮西方亮，从那里赔了，从这里拿回来。如果粮食不补贴，国家大波动。

陈云还回顾了1979年以来在调整工作中所遇到的体制问题。他认为，只要在改革过程中采取了实事求是的方法，马克思活着的话也会赞成的。他说：

1979年开始调整的时候，我在杭州打电话回来，告诉姚依林同志，西德的资本家对煤炭有补贴的，补贴20亿马克。从什么地方收回来？从别的地方收回来。马克思的《资本论》讲了很多东西，但他说明的要点是什么？主要说明剩余价值是从哪里来的。所以如果马克思活到现在，他会采取什么办法？会不会采取我们这样有补贴和就业的办法？我看，马克思会赞成。这是合乎实际的。马克思是资本主义那个时代的，现在我们讲我们这个时代，真正的社会主义国家里头，他也会赞成保持一种合理补贴的社会主义，小的方面不合理，大的方面合理。

但讲到计划经济体制中的弊端，陈云是主张要坚决地改革的。他接着说：

是不是说一切不合理的东西不要改革了？不是，必须改革。我记得很清楚，1979年那一次会议，万里同志给我讲，多劳多得，少劳少得，不劳不得，这三句话，互相联系，一句都不能少。我看这个话是对的，是马克思主义的，我们体制改革用的也是这样的道理。①

陈云的这些意见被吸收进了《政府工作报告》中。五天以后，在五届人大四次会议上《政府工作报告》谈到“积极稳妥地改革经济体制”是这样表述的：

我国过去经济体制的主要弊端，在管理方面是权力过分集中、政企不分，在分配方面是吃大锅饭、平均主义。近年来，我们按照服从调整、促进调整、配合调整的要求，在农业、工业、财贸等领域，在所有制形式、计划管理形式、经营管理形式、分配形式等方面进行了一些改革。这些改革，对于调动各方

① 陈云在中共中央政治局扩大会议上的讲话记录。1981年11月25日。见《陈云文集》，中央文献出版社2005年版，第494–497页。

1956 年 9 月 27 日，陈云主持中共八大闭幕会

面的积极性，搞活经济，促进生产的发展，取得了显著的成效。但是，这些改革还是局部的、探索性的，工作中也出现了某些前后不衔接、相互不配套的问题。我们现在的任务，就是要总结前一段改革的经验，经过周密的调查研究，反复的科学论证，尽快拟定一个经济体制改革的总体规划，逐步实施。

《政府工作报告》还引用了 1956 年陈云在中共八大上提出的有关“三个主体，三个补充”的思想，进一步阐述说：

国营经济和集体经济是我国基本的经济形式，一定范围的劳动者个体经济是公有经济的必要补充。在我国，要大力发展社会主义的商品生产和商品交换。我国经济体制改革的基本方向应当是：在坚持实行社会主义计划经济的前提下，发挥市场调节的辅助作用，国家在制定计划时也要充分考虑和运用价值规律；对于带全局性的、关系到国计民生的经济活动，要加强国家的集中统一领导，对于不同企业的经济活动，要给以不同程度的决策权，同时扩大职工管理企业的民主权利；改变单纯依靠行政手段管理经济的做法，把经济手段和行政手段结合起来，注意运用经济杠杆、经济法规来管理经济。

这份报告还明确地告诉人们：

正确认识和处理计划经济和市场调节的关系，是改革中的一个关键问题。陈云同志在1956年基本完成生产资料私有制的社会主义改造以后就说过："计划生产是工农业生产的主体，按照市场变化而在国家计划许可范围内的自由生产是计划生产的补充。"陈云同志这个意见对当前的改革仍然具有现实的指导意义。

就在五届人大四次会议召开的当月下旬，中共中央还召开了各省、直辖市、自治区党委第一书记座谈会。

陈云在会上讲话，再次强调了"全国一盘棋"的经济建设思想和改革思路。

他从改革最为活跃的农业讲起：

农业经济是国民经济重要的一部分。农业经济也必须以计划经济为主，市场调节为辅。

所以要提出这个问题，是因为实行各种生产责任制以后，似乎农业可以不要计划了。事实并不是这样。这个问题本来是清楚的，搞了生产责任制以后，包产到户以后，计划并不是不要了。

他还举例说，郊区种菜、养猪的派购任务、种烟叶和扩种棉花的限量、粮食种植面积不能再缩小、增产经济作物不能挤占种粮食的土地等等，这些都不能让农民自由选择只对他自己一时有利的办法。这就是国家计划。

对这些问题，陈云表示：

市场调节只能在这个范围内灵活灵活。不这样做，8亿农民的所谓自由，就会冲垮国家计划。说到底，农民只能在国家计划范围内活动。只有这样，才有利于农民的长远利益，国家才能进行建设。

这是农民与国家两利的大政方针。

爱开玩笑的陈云打了个比喻接着说：

我讲的这些话，都是“北京话”。地方的同志说北京人讲“北京话”，我是上海人，但话属于“北京话”。有的同志讲，赵紫阳同志到了北京以后，讲“北京话”了。我看这是确实的，因为赵紫阳同志是管全国的。我是老北京，一开国就在中央工作，我这个“北京话”合乎全国的利益。

他最后还幽默地双手抱拳，用了一句江湖上的语言：

总之一句，就是在家靠父母，出门靠朋友，拱拱手就是了，请你们帮助。

开完各地方大员的会后一个星期，便迎来了1982年。

3. 进入1982年的中国，许多人思想上的疑惑和行动上的偏差，已经严重影响了“全国一盘棋”。大年初一，陈云疾呼：资本主义企业里头相当有计划，而我们更要有战略家

进入1982年的中国，容易让许多人产生思想的疑惑和行动的偏差。

在思想上，有一部分人误认为，改革就是不要国家宏观管理，一切由市场需求决定；还有一部分人则坚持，市场经济是资本主义经济，不宜引入社会主义体制。

在行动上，自党的十一届三中全会以来，在对内搞活和对外开放的同时，也不可避免地会带来一些问题，如：严重的走私贩私、投机诈骗、贪污受贿等经济领域中的违法犯罪活动，扩权、搞活以后的本位主义、分散主义以及自由化的倾向，不顾国家整体利益而削弱和摆脱国家统一计划、干扰和分割社会主义统一市场、影响“全国一盘棋”的行为，等等。

进入1982年，陈云是担忧的：在改革开放的情况下如果不能正确地处理搞活经济与规范国家经济秩序的关系，正确地处理市场经济（市场调节）与计划经济的关系，改革只会走弯路。

1982年的1月25日，是中国农历的大年初一。就在这个特别的日子里，75岁的陈云早已无心过年。

这天一早，陈云将国家计委的几个负责人约到了中南海家中，他们是：国务院副总理兼国家计委主任姚依林，国家计委副主任宋平、柴树藩、李人俊、

房维中。

他的谈话，语重心长：

一年之计在于春。我今天要讲的是怎样坚持以计划经济为主、市场经济为辅的问题。我在省、自治区、直辖市党委第一书记座谈会上已经讲了一次。农业搞了生产责任制以后，仍然要坚持上述原则，不能例外……

陈云又以大型企业首都钢铁公司为例，讲了工业、企业领域的计划工作的重要性，并指出了一些人对资本主义市场经济的误解：

首钢的经验，我看说明这样一个问题：在我们的企业里头，应该是有计划的。产品有没有销路，原料从哪里来，都计算好了，才经营得好。我们过去不讲究这一套，有没有销路不管，原料从哪里来心中没有数，一进一出都不是按计划的。就这点讲，资本主义企业里头相当有计划，没有计划的话，那就不行。经委这个机关，要把生产组织好。从工作来说，企业是一层，经委是一层，计委也是一层。计委管全国大的计划，经委管各个部门的协调。有些事情可以包给企业，哪些包，哪些不包，规定要具体、恰当。上层机构要有人专心考虑大问题。

1982 年 1 月 25 日，陈云同国家计委领导同志座谈。左起：宋平、陈云、姚依林、柴树藩、李人俊

陈云进一步强调，经济计划问题实际上是“战略性问题”，国家计委就应该是一个战略部门，他说：

> 我过去讲，“瓜皮帽，水烟袋”，旧商人中有一种人专门考虑“战略性问题”。我们现在的经济机关，不大考虑这方面的问题。我们要有这样的战略家，计委就是要管这样的事情，有先有后，有重有轻。哪是重点，哪是轻点；哪些先办，哪些后办，这些问题计委要考虑。

对国家计委的工作，陈云在谈话中也提出了批评。社会上攻击计委在体制改革中思想保守，陈云早有耳闻。他对计委提出了更高的要求：

> 计委放空炮行不行？还是要脚踏实地呀！过去的经验不要忘掉了。过去要计委定多高的速度就能定多高，要10%就定10%，要20%就定20%。这怎么行呢！搞建设，真正脚踏实地、按部就班地搞下去就快，急于求成反而慢，这是多年来的经验教训。计委的工作难做呀！去年12月我讲了那四点主要强调计划经济，不强调不行。

最后陈云点明了大年初一还找大家来的原因：“现在计划不受欢迎啊！所以今天大年初一，我就找计委几位主要负责同志来谈一谈这件事。”

陈云的一番话，计委的几位领导深有同感。

按惯例，中央领导人在春节期间的重要的活动都要有选择地作适当报道。

陈云与国家计委负责人的春节谈话，于当天编好稿子，由新华社以“新华社电”的形式送交《人民日报》等新闻单位。

第二天即1月26日（大年初二），《人民日报》在头版报头的显要位置，以耀眼的大标题《坚持计划经济为主，市场经济为辅》和小标题《陈云同志约请国家计委负责人座谈加强计划经济问题》，将陈云这次谈话的核心内容公之于众。

细心的人注意到，这篇报道中，凡涉及“计划经济为主”时，与之相配的都有“市场经济为辅”这个词。

有人琢磨，作为老一辈革命家，陈云直截了当地使用“市场经济”这个词，并将它引入了社会主义经济模式，其中必有缘由。

没过几天，即1月31日，《人民日报》在头版发表了一篇一看就很有来头的署名文章，题目就叫《春天的脚步》，文章在引用杜甫《小至》中的两句诗“天时人事日相催，冬至阳生春又来”后，提到了陈云这件事：“初一上午，年事已高的陈云同志，约请国家计委几位负责同志，就加强计划经济问题进行座谈。人们从这里看到，中央领导同志以怎样的精神状态抓工作……”

也是在这天的《人民日报》第4版上，却出现了这样一个并不起眼的标题：《新华社更正》。全文如下：

“本社1月25日播发《陈云同志约请国家计委负责人座谈加强计划经济问题》一稿（见本报1月26日第一版），标题和第三段、第五段中的‘市场经济为辅’均系‘市场调节为辅’之误。”

如何误的，在哪个环节误的？新华社并没有说明；也不可能说明。那么，在一个重要的日子里发一条像陈云这样“重量级”的中央核心领导人的报道，会不会出现这种在关键性词语上的错误呢？

20年后的2002年12月11日，新华社专为陈云采发新闻的记者李尚志在《党史信息报》上写了一篇回忆文章。从李尚志的文章中可以得到些答案。文章的标题就是《为陈云“发新闻”》，内容是这样说的：

领导人有什么重要活动，新华社一般都是要报道的。

凡是党和国家的重大政治活动，如国庆、五一、七一等纪念活动，当然要发新闻。……而单个领导人活动的新闻就复杂一些，对这类活动的报道，记者有三怕：其一，有些领导人活动时没有讲话稿或发言稿。其二，临时更改。其三，委托审稿人。

笔者曾多次采访陈云同志活动，却从未遇到过上述三种情况。

陈云同志的活动，原说不发消息的，就从未碰到过临时更改的情况。他老人家在活动结束时凡要发消息的，都是把记者、秘书和有关同志叫到身边，亲自商量着修改报道稿，所以审稿及时、妥贴。特别是他有个做法是值得称道的：他的活动，参加什么会议也好，与什么人座谈、谈话也好，都是事前口授，让秘书给他先起草一份讲话稿自己修改定稿后打印出来发给记者，而且明确规定：记者发稿时，引用他的话就以此稿为准，可以删减，但不能增加内容。

记得笔者多次报道过陈云同志的活动，他都是这样做的，他那打印好的发言稿或谈话稿，都是言简意赅，文风很好。

有一次，陈云同志对笔者说：“发新闻时，我的讲话稿别添、别改，添改了就不是我的意思了，当然你们可以删减，总不能满篇都是我的话。”他还说：“有了这个打印稿，我们再谈话便轻松多了，再说了什么都可以不作数的。”

陈云说，这样做还有两个好处，“人老了，难免说话不利索；再说我讲的是上海口音，你们不容易听懂，这样可以省掉许多麻烦。”陈云同志这样“发新闻”，除了表现出老一辈革命家的严谨作风外，我认为也包含着照顾记者、尊重记者劳动的意思……

这就是说，有关“计划经济为主，市场经济为辅”的这篇稿子，事先陈云肯定是看过的，而且新华社也不会随便弄错的。

原来，陈云的谈话发表后，中央的一些理论权威人士有不同的看法，便提醒陈云：还是统一口径，讲“市场调节”为好，以免引起误会。陈云照顾了这种意见，便让秘书向新华社“打招呼”。这才有1月31日《人民日报》的《新华社更正》，说陈云讲的“市场经济为辅”均系“市场调节为辅”之误。

其实，这一时期，邓小平在内部讲话时，也与陈云一样，使用的是“市场经济”一词。他们讲的“市场经济”，与“市场调节”是一个意思。

1982年，陈云同宋平、姚依林交谈

经中办秘书局整理以后，陈云的关于计划经济与市场经济关系的这次讲话，与他1981年12月在省市区党委第一书记座谈会上的讲话一道，于1982年2月份迅速发到全党。中央在发文时是这样说的："陈云同志的两次讲话，从理论和实践上深刻地阐述了我国发展国民经济，进行社会主义现代化建设必须坚持以计划经济为主、市场调节为辅的问题，请认真学习、领会和掌握。"

陈云的这番谈话，作为中央的正式文件，在中国经济体制改革的历史进程中产生了极为重要的影响，也为后来人们探索市场经济的问题提供了重要的理论先导。然而，后来也有一些不明究竟的人，割裂历史发展，只看到陈云强调计划经济，并以此歪曲说陈云是不主张市场经济的。

4. 中共十二大前后，陈云从战略角度提出：搞活经济必须处理好计划与市场的关系，这就好比鸟与笼子的关系，"笼子"不一定限于省、地区、国内，甚至可以跨国跨洲

就像《人民日报》的文章说的一样，陈云与国家计委负责人谈话后，"春天的脚步"就悄然而至。经济体制改革也按照规范性的方向往前推进。

3月4日，历时半个月的全国工业交通工作会议在天津闭幕，国务院专门提供了《关于当前经济工作的几个问题》的讲话，国务院认为：解决经济效益问题归根到底要靠调整经济结构、改革经济体制来解决。在当前体制不合理、结构不合理、价格不合理的状况下，解决这个问题需要充分发挥领导的作用，要加强计划指导和行政干预。并强调了"坚持计划经济为主和全国一盘棋的问题"，还提到了陈云的思想：

陈云同志最近对经济工作做了一系列重要指示，再次强调：我们的国家必须坚持以计划经济为主，市场调节为辅；国家建设必须是全国一盘棋；必须执行"一要吃饭，二要建设"的根本方针。同时还指出，经济特区现在第一位的任务是认真总结经验。这些都是经济建设中的重大方针原则问题，是针对当前经济生活中存在的问题而提出来的，有重要的现实意义。这些指示，同我们在经济工作上近几年所采取的对外实行开放、对内实行搞活经济的政策，

是一致的。

国务院负责人还批评了“削弱和摆脱国家的统一计划，干扰和分割社会主义的统一市场，影响全国一盘棋”的现象。并根据陈云的意见提出：

我们是统一的社会主义国家，要有统一的计划，统一的国内市场，决不能搞成一个省一个市场。如果那样搞，对我们国家政治上、经济上带来的后果将是不堪设想的。

为了加强经济工作的集中统一，必须坚持大计划、小自由，大集中、小分散，摆正全国一盘棋和发挥地方积极性的关系。对那些错误做法，国家就是要干预，要令行禁止，决不能各搞一套。

1982 年春天以后，由于中央采取一系列措施，计划工作得到加强，削弱和摆脱国家统一计划、干扰和分割社会主义统一市场等影响全国一盘棋的现象逐渐得到遏制。也就为健康地发挥市场调节的作用打下了较好的基础。正是在这样的情况下，陈云才同意将他 3 年前写的《计划与市场》提纲送交中共中央文献研究室刚创刊的刊物《文献和研究》首次发表。这份提纲发表后，对正在进行的经济体制改革探索产生了重大的影响。人们也开始进一步领会陈云在经济体制改革方面的辩证思想。

《计划与市场》提纲发表之后，陈云进一步思考新形势下计划与市场的关系。他还打算写出一个新提纲，进一步阐述计划与市场的问题。在新提纲写作过程中，他对身边工作人员说过：“对这个问题，要站在历史唯物主义和辩证唯物主义的高度看。历史上的生产从来是盲目的、‘无政府’的，直到进入了社会主义社会之后才有了计划。现在计划经济和市场调节都要向广度和深度发展，广要广到国外，深要深到每个人的劳动。实行岗位责任制，多劳多得，少劳少得，就是计划经济与市场调节深入到每个人劳动的体现。”

因社会主义建设实践正在向“广度”和“深度”发展，经济体制改革的探索也在不断深化过程中，陈云没有轻易将新提纲拿出来，他对身边工作人员表示：“对这个问题还要再想想，然后找人来谈谈。”

1982 年夏天，在筹备的中共十二大期间，十二大报告起草小组多次征求陈云的意见。报告稿在阐述有关计划与市场关系问题时，充分吸收了陈云的思想，写入了以下意思：

> 正确贯彻计划经济为主、市场调节为辅的原则，是经济体制改革中的一个根本性问题。我们要正确划分指令性计划、指导性计划和市场调节各自的范围和界限，在保持物价基本稳定的前提下有步骤地改革价格体系和价格管理办法，改革劳动制度和工资制度，建立起符合我国情况的经济管理体制，以保证国民经济的健康发展。

陈云完全同意十二大报告中有关经济体制改革的这一提法。8月6日，他与胡耀邦、叶剑英、邓小平、赵紫阳、李先念、华国锋共同主持召开了中共十一届七中全会，通过了中央委员会向十二大提交的报告。

8月25日，中纪委常务书记黄克诚和副书记王鹤寿到陈云家中商谈新一届中纪委领导机构的人事安排事宜。

谈话当中，黄克诚向陈云表示，自己对社会上出现的诸如走私、逃税以及乱上项目、乱涨价等扰乱经济秩序的状况很担忧。黄克诚还形象地比喻说："要把经济搞活，不能再像过去那样搞死，但搞活不能没有秩序。这就好比一只鸟，不能捏在手里，捏在手里它就死了，要让它飞。但要让它在笼子里飞，否则它就飞跑了。"

1982年夏，陈云在中南海

黄克诚的这种生动形象的比喻，启发了陈云的思考。陈云觉得，计划与市场的关系、计划指导与搞活经济的关系，恰好类似于笼子和鸟的关系，关键问题在于把握社会主义"笼子"大小。

9月1日至11日召开的中共十二大，全面分析了中国经济情况和发展趋势，提出了自1981年到

20 世纪末 20 年间中国经济建设的战略目标、战略重点、战略步骤和一系列方针政策。会议做出重大决策："为了实现 20 年的奋斗目标，在战略部署上要分两步走：前 10 年主要是打好基础，积蓄力量，创造条件，后 10 年要进入一个新的经济振兴时期。"

对于经济体制改革的目标，十二大也作了大体的规定，即：在 1981 年到 1985 年的第六个五年计划期间，要巩固和完善经济管理体制方面已经实行的初步改革，抓紧制订改革的总体方案和实施步骤；在 1986 年到 1990 年的第七个五年计划期间，要逐步展开经济管理体制的改革，同时继续完成企业组织结构和各方面经济结构的合理化。

十二大的这些重大决策，无一不浸透着陈云的心血，十二大的政治报告在论述经济问题时，许多地方甚至引用的是陈云的原话。

会上，陈云再次当选为中共中央政治局常委，并当选为中央纪律检查委员会第一书记。

党的十二大以后，陈云在中央政治局常委中主要分管纪检工作，但是他的经济思想仍然影响着中国经济体制改革的进程。

根据十二大提出的"两步走"战略，10 月 25 日至 11 月 10 日，中央在北京召开了全国计划会议。如何处理好今后 20 年内的前 10 年与后 10 年的关系、如何处理好进一步搞活经济与加强计划指导的关系等问题，成为会议讨论的

1982 年 9 月 6 日，陈云在中共十二大上发言

焦点。

陈云每天关注会议的讨论情况，阅看《会议快报》。

11月4日上午，国家计委副主任宋平和柴树藩前来向陈云汇报全国计划会议的情况。针对会议涉及的几个重大原则问题，陈云发表了自己的意见。

陈云提出，计划工作必须从处理好前十年与后十年的关系角度来考虑问题。他说：

要分清前十年和后十年，要抓住这两个十年的区别。前十年每年究竟增长速度百分之几合适，我没有研究，但前十年是打基础的，要把各种关系理顺，不能搞快了。如果在前十年乱上基本建设，经济仍会出现混乱。

针对有的地方只强调搞活经济、忽视统一计划的问题，陈云借用黄克诚的比喻，阐发了搞活经济与计划指导的关系即“鸟”与“笼子”关系的思想，他的论断是：

搞活经济是对的，但必须在计划的指导下搞活。这就像鸟一样，捏在手里会死，要让它飞，但只能让它在合适的笼子里飞，没有笼子，它就飞跑了。“笼子”大小要适当。总要有个笼子，这就是计划经济。市场调节只能在计划许可的范围以内。

“鸟”与“笼子”关系的论断，其核心是要在有计划、按比例、综合平衡的基础上搞活经济，让鸟在合适的天空飞翔。至于“笼子”的存在，只是为了让鸟儿有序地飞翔。陈云对“笼子”的大小并没有做限定，只要“合适”、“适当”就行。

陈云的谈话，经他亲自审阅、修改后，在全国计划会议期间作为会议文件印发，随后又印发省、军级干部参阅。“鸟”、“笼”关系的论断，迅速在广大干部群众中尤其在经济领域流传开来。

中央财经领导小组根据陈云意见拟定了一系列改革经济体制的措施和办法，陈云非常赞成。

11月22日，中共中央政治局会议上专门讨论修改国务院将向五届全国人大五次会议做的《关于我国国民经济和社会发展第六个五年计划的报告》。

陈云在会上表扬了中央财经领导小组在打破“铁饭碗”、实行责任制等方面所做的工作。他赞赏的心情溢于言表：“我非常欣赏这个办法。”还谦虚地说：现在搞的责任制，“搞得是好的”，比我1956年和1962年关于个体经营、农业合作小组应当长期存在的意见要“高明得多”，“大大超过了我那个时候的变化”；那个时候“说‘大乎隆’不行，个人搞的东西效果好，我只知道这一点”。

陈云进一步指出：

“我说打破‘铁饭碗’是一场革命，其意义不下于公私合营。吃公家大锅饭，好坏一个样，干不干一个样，怎么得了！”

陈云也谈到了农村实行联产承包责任制改革的经验。他对联产承包责任制的倡导者万里说：“万里同志在农村搞责任制，多劳多得，少劳少得，不劳不得，这三句话一句不能少。”

陈云高度赞赏这样的改革方向。

他认为，现在无论是工业体制还是农业体制方面的改革，都比1962年前进了一大步。

1982年12月2日，陈云同出席五届人大五次会议的上海代表团部分代表在一起。握手者为沈鸿，右二为胡立教，右三为荣毅仁

对此，出席会议的陈丕显表示："陈云同志的经济指导思想，无论在城市，无论在农村，他一贯主张搞活。在城市，'三大改造'以后，我记得陈云同志说过这么一句话，你们要研究那些小商小贩，拿烟袋的人。这个话什么意思？就是应该允许一些个体经营存在。陈云同志意见比我进一步了，说要大胆让私人搞。所以，陈云同志思想很早就要搞活。当然，当时受到许多'左'的思想影响，没有普遍推广。现在不同了，现在全国无论城市、无论农村都有很大发展。"

由于大家对陈云的经济指导思想，尤其他关于搞活经济、调动个人积极性、改革不合理经济管理体制方面的思想，有着很强的认同感，所以陈云的许多提法甚至使用的语句，都被吸收进国务院的报告中。

因为大家都知道了陈云关于"笼子"与"鸟"关系的提法，陈云便在这次政治局会议上解释说："这个话不是我发明的，是黄克诚同志讲的。"

但是，陈云借这个机会进一步发挥了这方面的思想，阐述"笼子"大小的概念。他说：

当然，笼子大小要合适，该多大要适当。搞活经济有一个笼子，这个笼子就是国家计划，不一定一个省就是一个笼子，笼子也可以大到跨省跨地区。总得有个笼子，这就是计划经济，如果没有这个笼子，我们的计划就要被冲垮。应该说，我们的笼子——五年计划和每年计划也是经常要调整的。

明白经济工作的人一看便知道，陈云的定义包括下面几个意思：

- "笼子"就是国家计划，但"笼子"大小是为了搞活经济而设定的。
- "笼子"可以到极大，不一定是一个省，也可以大到跨省跨地区，甚至不一定限于国内，也可以跨国跨洲。
- "笼子"是动态的，它本身也要经常调整，只要适合"鸟"飞、适合搞活经济，该多大就多大，并不是一成不变的。

从这以后，陈云关于计划经济与市场经济关系的思想，被一些人简称为"鸟笼经济"思想。明白的人，能够体会其中的科学、辩证含义；不明白的人，也会误解"笼子"的作用。

进入 1983 年，中国面临的任务更加繁重。要实现工农业总产值翻两番的目标，20 世纪给中国人民剩下的日子并不多。“前十年”的时间也只剩下了 8 年了。要完成党的十二大确定的战略目标，中共中央领导层认为，除了抓好重点建设和技术改造以外，必须进一步深化经济体制改革，并抓紧进行新改革措施的试点工作。陈云多次强调：“改革必须经过试点。因为试点而使改革的进度慢了，与为了加快改革的进度而不经过试点，以致改得不好，还要回过头来重新改，这两种损失相比，前一种比后一种要小些。”

5. 经济特区试办之初，陈云批示：特区要办好，第一位的任务是认真总结经验。他交代：特区必须针对出现的新情况、新问题，不断拿出新办法；它的拳头不是产品，而是管理办法

在改革经济体制的探索和试点中，试办经济特区，是中央做出的一个重要决策。陈云始终支持试办经济特区，并在特区建设过程中多次提出要及时总结经验，规范特区经济体制改革的正确方向。

自 1979 年 7 月中共中央、国务院下发第 50 号文件，决定在广东和福建两省大胆地进行体制改革的试验，试办深圳、珠海、汕头、厦门四个经济特区以来，特区就是按照特殊的经济体制进行运作的。

正如 1980 年 3 月间国务院副总理谷牧受中共中央和国务院委托到广州召开了特区工作会议，形成的《广东、福建两省会议纪要》中所说：“经济特区的管理，在坚持四项基本原则和不损害主权的条件下，可以采取与内地不同的体制和政策。特区主要是实行市场调节。”这就是说，特区的经济管理体制，与内地的“以计划经济为主”不同，可以实行以市场为导向的经济管理体制。对特区经济体制的试点，陈云是赞同的。

5 月 16 日，中共中央、国务院批示同意《广东、福建两省会议纪要》的改革方向，批示说：“由于全国的经济体制还没有做大的改革，广东、福建两省试行新体制的过程中，出现一些问题，是难免的。这是前进中的矛盾。我们的任务就是要认真地及时地总结经验，研究新情况，解决新的问题。”中央认为：“广东、福建两省进行经济体制改革，不但有利于加快两省经济的发展，而且有利于促进全国的经济体制改革。”

随着广东、福建两省特区建设的展开，许多地区也纷纷要求建设特区或采取一些特区的政策。对此，陈云坚决主张首先要搞现有特区的建设，这种试点更重要的是及时总结经验。

1981年12月，利用在北京召开各省、直辖市、自治区党委第一书记座谈会的机会，陈云明确提出：广东、福建两省的特区及各省的对外业务，现在还没有好好总结。特区现在第一位的任务是认真总结经验。

经陈云提议，中央责成广东和福建两省对试办特区以来的经验都做认真的总结。

1982年10月，广东省的初步总结报告上交到陈云的手中。

报告在总结了1979年7月试办深圳、珠海、汕头三个经济特区以来的经验后说："我国试办经济特区，在国外的反映是好的，广大港澳同胞、台湾同胞和华侨也寄予很大期望。人们把兴办特区看成是我国实行对外开放政策的标志之一。"

10月30日，陈云阅看了这份报告后，在上面做了19个字的批示：

特区要办，必须不断总结经验，力求使特区办好。

当天，陈云还看到了新华社编的一份《国内动态清样》，其中有一篇介绍广东省人民政府召开第三次打击走私工作会议情况的文章。文中提到："采取有力措施，对各地的现行走私和贩私活动，及时地给以打击。对现有的案件要进行排队，该追究刑事责任的要追究，不能'以罚代刑'。"陈云看后，当即将它批转国务院领导，他在批示中说：

要不断总结，因走私分子会用各种方法进行活动。此件上说的不能"以罚代刑"，很好，必须既有罚，又有刑。

不久，中共中央书记处召开会议，讨论了广东省委、省政府提交的《关于试办经济特区的初步总结》。陈云在听取有关书记处讨论情况的汇报后，还就他对《初步总结》的19个字批语的含义，打电话给国务院领导说：

上次批语中说，"必须不断总结经验"的意思是：走私分子、投机倒把分子以及各种经济犯罪分子会针对我们工作的不断改善而不断变换手法，因此不能满足于总结一两次经验，必须针对出现的新情况、新问题，不断拿出新办法。

陈云的这些意见，很快转达给了参加中央书记处和国务院常务会议的人，并印成了正式文件。

中国的经济特区建设，作为经济体制改革的一个重要的试验田，根据陈云“不能满足于总结一两次经验，必须针对出现的新情况、新问题，不断拿出新办法”的意见，经过不断地总结，在进一步探索中向前发展。正如邓小平视察特区后题词所说的：“深圳的发展和经验证明，我们建立经济特区的政策是正确的。”

在四个特区建设取得成功经验的基础上，到 1984 年春天，根据邓小平的提议，中央进一步决定扩大开放，将天津、上海、大连、秦皇岛、烟台、青岛、连云港、南通、宁波、温州、福州、广州、湛江和北海 14 个沿海港口城市辟为开放城市，在扩大地方权限和给予外商投资者若干优惠方面，实行一系列特殊政策和措施。这一决策，陈云完全赞成。

1984 年 3 月 26 日至 4 月 6 日，中共中央书记处和国务院在北京召开了部分沿海城市座谈会。会议根据邓小平关于办好经济特区和增加对外开放城市的意见，决定进一步对外开放，加快利用外资、引进先进技术的步伐，并把经济特区办得更快更好。会后形成了《沿海部分城市座谈会纪要》稿。

当负责此事的谷牧将纪要稿专程送到杭州请陈云提意见时，陈云不仅表示同意，还深刻地指出：

现在特区还没有“拳头”产品，深圳也没有。但深圳有新的管理办法，这也是“拳头”。这样管理，发展得很快呀！有关深圳的报道，每一篇我都看了。要它那里搞拳头产品有困难，它的拳头不是产品，而是管理办法。

6. 陈云同意对中国经济体制的 4 条新概括，并指导写成了《关于经济体制改革的决定》。《决定》试图在理论上突破马克思主义传统观念，邓小平评价它是新的政治经济学

1984 年，是中国经济体制改革的一个丰收年。不仅经济特区改革的试点

取得了成功的经验，而且中央不断地推出了一系列的改革举措，这些举措包括计划体制、价格体系、工业企业体制、商业体制、外贸体制、财税体制等等各个方面。在这种基础上，如何进一步总结经济体制改革的经验，更深入地探索经济体制改革的方向，并在改革的理论和实践上都有所突破，已经成为党内外的迫切要求。

到1984年8月底、9月初，国务院和有关部委为改革经济体制而进行的一系列调查研究工作，也大体有了一些眉目。

9月9日，国务院负责人致信胡耀邦、邓小平、李先念、陈云四人，汇报体制改革的具体进展情况，信中说：

（1）引进人才工作正在逐步开展。

（2）建筑建材业和食品饲料业的发展纲要，已有一些初步设想，拟通过编制“七五”规划，进一步研究并加以落实。

（3）在讨论提高企业素质问题的基础上，制定了进一步扩大企业自主权的十条规定，已于今年五月公布实施。

（4）利改税，去年已实行第一步，第二步也有了实施方案，待人大常委会审议批准后，即可在今年第四季度全面推行。

（5）计划工作改革（第一步），价格改革（今明两年），外贸体制改革，劳动工资改革已有初步设想；机关工资改革正在草拟具体方案。

（6）除了以上十个问题以外，在此期间，还讨论了建筑行业体制改革、机械行业体制改革和商品流通体制改革等问题，分别形成了一些文件，正在付诸实施。

下一步改革怎么走？这是摆在中央领导层面前的一个极为重要的问题。

信中提出了一些想法：

下一步，是要具体落实“扩权十条”和其他业已提出的各项改革措施。由于经济体制是一个统一的整体，看来，有以下三个原则问题需要进一步确定，以便在统一的方向下，使各项改革配起套来，互相协调，尽量做到同步进行。

国务院提请“进一步确定”的“三个原则问题”中，第一个就是“计划体制问题”。

信中继续说：

各项改革都牵涉到计划体制，这是经济体制的核心。关于这个问题，《关于建国以来党的若干历史问题的决议》已有原则规定，现在需要进一步加以具体化。

提出的第二个原则问题是“价格改革问题”。信中说：

这个问题，必须同计划体制改革配合起来考察。放，决不是撒手不管。价格是最重要的经济调节手段，比计划指标灵得多，这已为多年来的实践所反复证明。价格不合理，必然给人们以错误的信息，引导企业走上错误的方向，过去“一放就乱”的症结正在于此。今后要做到活而不乱，关键是要有合理的价格体系。

信中提出的第三个原则问题是“国家领导经济的职能问题”。由于计划体制的改革，价值规律的运用，要求国家在领导经济方面其职能产生相应的变化，因此信中还提出：“近期改革的主要内容应是政企分开。各级政府主管经济的部门，都要逐步简政放权，逐步减少对企业正常经济活动的干预，学会运用经济手段来进行宏观控制。”

信的最后说：

以上三个问题，都涉及方向、原则，对今后改革关系较大。现将一些看法报告如上，当否，请指示！

接到信后，陈云非常重视。他仔细思考了信中提出的问题。

9月13日，陈云提笔回信，一一做了回答。他说：

提出的三个问题，都是当前我国经济工作面临的重要问题，也是对这几年城市经济改革经验的总结，我完全同意。

针对“计划体制”的问题，陈云同意信中概括的四层意思，即：

（一）中国实行计划经济，不是市场经济。

（二）自发地盲目地通过市场进行调节的生产和交换，只限于小商品、三类农副产品和服务修理行业，它们在整个国民经济中起辅助作用。

（三）计划经济不等于指令性计划为主。指令性计划和指导性计划都是计划经济的具体形式。我国幅员辽阔，现代化手段不发达，交通不便，信息不灵，编制包罗万象的指令性计划，不仅不可能，而且有害。在当前和今后相当长的时期内，我们的方针应该是逐步缩小指令性计划，扩大指导性计划。

（四）指导性计划主要用经济手段调节，指令性计划也必须考虑经济规律特别是价值规律的作用。社会主义经济是以公有制为基础的有计划的商品经济。计划要通过价值规律来实现，要运用价值规律为计划服务。“计划第一，价值规律第二”这一表述并不确切，今后不宜继续沿用。应该如实地把两者统一起来，而不要把它们割裂开来或对立起来。

有关计划体制的这种概括，包括了中央集体智慧和社会上普遍认同的观点。

陈云在回信中对这一提法是满意的，他说：

关于计划体制的四层意思，合乎我国目前的实际情况。我国现在的经济规模比50年代大得多，也复杂得多了。因此，对50年代适用的一些做法，现在不能也不应该套用。即使在50年代，我们的经济工作也不是完全套用苏联的做法。如私营工商业的改造，我们采取的是分步骤进行，即从“加工订货”直至“定息”的做法；对资本家、小店主、小摊贩，采取的政策也不相同。而苏联和其他社会主义国家，当年并不是这样做的。

对其他方面的改革问题，陈云回信中也表明了自己的态度。如：对价格改革问题，他认为“现在确实是有利时机，应该稳步进行”；对政企分开问题，他认为“这样做很必要，一方面可以给企业活力；另一方面可以使国家领导部门从许多日常工作中摆脱出来，有时间议大事，加强宏观方面的指导和控制”；对城市改革问题，他提出“要积极探索，不断总结经验，务使改革健康发展”。

陈云做了最为详细和重要的答复，其他人表示同意。

有了“尚方宝剑”，再加上一段时间以来的实践经验、调查研究和全面试点工作做基础，在经济体制改革方面进行理论提升的时机已经成熟。

1984年10月，早就在起草中的《中共中央关于经济体制改革问题的决定》稿基本成型。这个稿子，在起草的过程中，分别吸收了中央有关部门和各省、自治区、直辖市党委集体讨论的意见，直接参加讨论的达4000人之多，在正式提交中央政治局之前，共修改了7稿。这其中，也包括了陈云等人的重要意见。

10月8日，陈云出席中共中央政治局扩大会议，讨论《中共中央关于经济体制改革问题的决定》的第7次修改稿。

会上，陈云发言，对《决定》稿做了充分肯定：“这个文件非常重要，是一个很好的文件，我完全拥护。”“对经济体制改革各个方面可能出现的问题，可以说有了比较周到的考虑。”

对改革的前景，陈云明确地表态说：

农村的改革已经取得了极大的成功，工商业方面的改革也已经有了几年时间的酝酿、试点和实践。只要我们坚持解放思想、实事求是的方针，按照这个文件的精神去办，再用几年时间，工商业方面的改革也一定会取得巨大的成功，我们国家的生产力一定会得到一次大解放。

改革中将会出现一些消极现象怎么办，陈云认为，“不必大惊小怪”，“只要我们头脑清醒，注意到这些现象，物质文明同精神文明一起抓，那么这些消极方面是可以加以限制的。”

当然，陈云也提醒大家，一定要看到改革是一个艰难复杂的过程，必须经过长期而曲折的探索，他继续说：

这次改革涉及范围很广，在进行过程中，一定还会出现一些我们现在难以预见的问题。因此，应当像对待农村改革那样，边实践，边总结经验，以便使改革不断完善。

《中共中央关于经济体制改革的决定》稿，将提交即将召开的中共十二届三中全会讨论通过，中央政治局扩大会议全体同意提交。会后，文件起草小组又根据各方面的意见再次做了修改。

十二届三中全会的前一天，陈云看到最后一遍送审稿。为慎重起见，他再次做了仔细的审改。

看到文件稿的第五部分——“建立合理的价格体系，充分重视经济杠杆的作用”，其中写了“工资和物价挂钩”的意思。陈云批注：

工资和物价挂钩这句话不要写上。农副产品价格是浮动的，有升有降；工业品随着经济效益的提高，有些也会降价；而工资一般说来，只能升不能降。因此，工资和物价不可能挂钩。文件上只要说明将采取切实办法保证人民实际收入不因价格改革而降低就行了，至于采取哪些办法，需要另外研究解决，这里不要写。

审改完后，陈云在文件稿上批示：“同意。”

起草小组当天按照陈云这条意见再次做了修改，改定稿是这样表述的：

在解决农副产品购销价格倒挂和调整消费品价格的时候，必须采取切实的措施，确保广大城乡居民的实际收入不因价格的调整而降低。同时，随着生产的发展和经济效益的提高，职工工资还要逐步提高。必须向群众广泛宣传，我们在生产发展和物资日益丰富的条件下，主动改革价格体系，解决各种比价不合理的问题，决不会引起物价的普遍轮番上涨。这种改革，是进一步发展生产的迫切需要，是符合广大消费者的根本利益的。一切企业都应该通过大力改善经营管理来提高经济效益，而决不应该把增加企业收入的希望寄托在涨价上。决不允许任何单位和任何人趁改革之机任意涨价，人为地制造涨价风，扰乱社会主义市场，损害国家和消费者的利益。

1984年10月20日，中国共产党第十二届中央委员会第三次全体会议在北京召开。会议的主要内容，是审议通过《中共中央关于经济体制改革的决定》。会议由胡耀邦、邓小平、赵紫阳、李先念和陈云共同主持。参加会议的有中央委员和候补中央委员321人，列席会议的有中央顾问委员会委员、中央纪律检查委员会委员以及地方、中央各有关方面的负责人297人。

由于事先做了充分的准备、酝酿，会前又举行了6天的预备会议，所以会议只开了一天，便全体通过了具有重要历史意义的《中共中央关于经济体制改革的决定》。

会上，熟谙经济体制改革的陈云提交了一份书面发言。这篇书面发言，为参加会议的人了解《决定》和中央决策，起到了重要作用。

陈云强调指出：

系统进行经济体制的改革，是当前我国经济工作面临的首要问题。

自党的十一届三中全会以来，我国农业方面的改革已经取得了极大的成功。工商业及财政、计划等方面的改革，也经过了几年的酝酿、试点和实践，取得了不少成效和经验。1981年我曾说过，这个改革的意义，不下于50年代对资本主义工商业的改造。为什么这样说？因为，对工商业的改造是要消灭剥削，正在进行的体制改革则是要打破"大锅饭"。平均主义"大锅饭"实质上也是不干活的人占有干活的人的劳动成果，打破这个"大锅饭"，将会大大调动广大工人、农民、知识分子和干部进行四化建设的积极性，使我国的生产力获得一次新的大解放。

为帮助人们理解文件中提到的计划体制改革问题，陈云在发言中指出：

这次全会审议的关于经济体制改革的决定中，对计划体制改革的基本点所作的四点概括，完全符合我国目前的实际情况。现在，我国的经济规模比五十年代大得多，也复杂得多。五十年代适用的一些做法，很多现在已不再适用。

对文件中有关价格体系改革、政企职责分开、两个文明一起抓等问题，陈云一一做了说明。

为让大家对改革的复杂性和艰巨性有思想准备，陈云提醒中央委员会全体同志：

这次体制改革涉及范围相当广，广大干部还不很熟悉，在进行中还会出现一些现在难以预见的问题。因此，必须边实践，边探索，边总结经验。如果用5年时间能够做好改革这件事，那就很好了。总之，我们要按照这个决定的精神去做，解放思想，实事求是，既要积极，又要稳妥。只要这样做了，这次改革就一定能够成功。

中共中央对十二届三中全会寄予了很大的希望，会议提出，希望如同十一届三中全会在实行拨乱反正，提出改革任务，推动农村改革方面起了伟大的历史作用那样，十二届三中全会在制定全面改革蓝图，加快改革步伐，推动以城市为重点的整个经济体制的改革方面，起到伟大的历史作用。

十二届三中全会通过这个《决定》，的确非同小可。它是在十一届三中全会以来城乡经济体制改革取得经验的基础上，顺应加快以城市为重点的整个经济体制改革步伐的要求而作出的。

《决定》试图在理论上突破马克思主义的传统观念。

《决定》是这样说的：

改革计划体制，首先要突破把计划经济同商品经济对立起来的传统观念，明确认识社会主义计划经济必须自觉依据和运用价值规律，是在公有制基础上的有计划的商品经济。商品经济的充分发展，是社会经济发展的不可逾越的阶段，是实现我国经济现代化的必要条件。只有充分发展商品经济，才能把经济真正搞活，促使各个企业提高效率，灵活经营，灵敏地适应复杂多变的社会需求，而这是单纯依靠行政手段和指令性计划所不能做到的。同时还应该看到，即使是社会主义的商品经济，它的广泛发展也会产生某种盲目性，必须有计划的指导、调节和行政的管理，这在社会主义条件下是能够做到的。因此，实行计划经济同运用价值规律、发展商品经济，不是互相排斥的，而是统一的，把它们对立起来是错误的。

《决定》进一步说明：

在商品经济和价值规律问题上，社会主义经济同资本主义经济的区别不在于商品经济是否存在和价值规律是否发挥作用，而在于所有制不同，在于剥削阶级是否存在，在于劳动人民是否当家做主，在于为什么样的生产目的服务，在于能否在全社会的规模上自觉地运用价值规律，还在于商品关系的范围不同。

《决定》对中国实行的社会主义计划体制，做了新的四点概括，认为中国实行的是计划经济，“即有计划的商品经济，而不是那种完全由市场调节的市场经济”，肯定了“完全由市场调节的生产和交换”在国民经济中“起辅助的但不可缺少的作用”，明确了“指令性计划和指导性计划都是计划经济的具体形式”，强调了经济杠杆和价值规律在指令性计划和指导性计划中的作用。

中共中央做出这个决定的目的非常明确，就是要“进一步解放思想，走自己的路，建立起具有中国特色的、充满生机和活力的社会主义经济体制，促进社会生产力的发展”。

邓小平对这个《决定》非常满意，尽管他表示自己“没有写一个字，没有改一个字”，但他却在多种场合做了很高的评价。

《决定》通过后的第三天，邓小平出席中央顾问委员会第三次全体会议。他在讲话中非常坦率地讲了自己对刚刚通过的这份文件的看法：

《关于经济体制改革的决定》，前天中央委员会通过这个决定的时候我讲了几句话，我说我的印象是写出了一个政治经济学的初稿，是马克思主义基本原理和中国社会主义实践相结合的政治经济学，我是这么个评价。这两天国内外对这个决定反映很强烈，都说是有历史意义的。

邓小平点明了这份文件在突破马克思主义方面的胆略：

这次经济体制改革的文件好，就是解释了什么是社会主义，有些是我们老祖宗没有说过的话，有些新话。我看讲清楚了。过去我们不可能写出这样的文件，没有前几年的实践不可能写出这样的文件。写出来，也很不容易通过，会被看作“异端”。我们用自己的实践回答了新情况下出现的一些新问题。

评价如此之高，是因为它也充分地体现了邓小平在经济体制改革方面的思想。对这份被党内称为“指导中国经济体制全面改革的纲领性文件”，邓小平甚至透露：

这个文件，我没有写一个字，没有改一个字，但确实很好。

这份新的“马克思主义基本原理和中国社会主义实践相结合的政治经济学”，是在陈云的直接指导下完成的，从他多次的亲手修改中，我们可以看出，这份经典的文件，饱含了陈云的心血。

《决定》通过后，经济学界给予了高度的评价。

著名经济学家吴敬琏称：社会主义有计划的商品经济也是一种市场经济。[①]

另一位经济学家刘国光则说：“十二届三中全会，在总结实践经验的基础上，第一次明确提出社会主义经济是公有制基础上的有计划的商品经济。这是在计划与市场问题上，社会主义经济理论的一次重大突破，它对此后我国以市场为取向的改革实践，起了积极的推动作用。”[②]

还有一位经济学家王梦奎是这样说的：“在我国，陈云同志是最早主张进行经济体制改革和发挥市场作用的党和国家领导人之一。”[③]

随着经济体制改革在理论上的突破性进展，中共十二届三中全会以后，中国进入以城市为重点的全面性的经济体制改革时期。中国的经济体制改革，也由此进入了“黄金时代”。

实践在继续前进，而陈云对经济体制的探索却丝毫没有停滞。他与邓小平等老一辈革命家和新一代领导人的系列探索、思考，为 20 世纪 90 年代建立适合中国国情的新的社会主义经济体制，提供了重要的理论依据。

---

① 吴敬琏等在《经济参考》上发表文章阐述了这一观点，另见 1988 年 7 月 15 日《人民日报》。

② 刘国光：《略论社会主义市场经济》，1992 年 10 月 26 日《人民日报》。

③ 王梦奎：《学习陈云同志新时期经济论著四题》，载《陈云与新中国经济建设》，第 376 页。

卷六

步入人生的第 80 个年头，仍担任中央政治局常委的陈云，积极支持年轻的中央领导人的工作，他手书：“桐花万里丹山路，雏凤清于老凤声”

1985 年 6 月 13 日，是一个普通的星期四。但对于陈云来说，却是一个特殊的日子。

按中国农历推算，陈云 80 周岁的生日，正好是公元 1985 年的 6 月 13 日。多少年来，陈云从不主张给自己过生日，但是到了 80 岁，毕竟在人生道路上是一个重要的里程碑。生日来临之前，夫人于若木和陈云身边的工作人员有一个动议，约一些老同志与陈云一起吃顿便饭，也算是为他简单地庆祝一下。陈云知道这个动议后，坚决不同意这样兴师动众。最后经过大家劝说，他也作了一点妥协，同意与家属和身边工作人员照张合影像，留个纪念。

6 月 13 日这天，接近中午，正当陈云家里在张罗照合影的时候，突然来了一批贵客：胡耀邦、胡启立、杨尚昆、李鹏、乔石、姚依林、薄一波……这些中央领导同志不请自到。来的人知道陈云不主张过生日，但人生 80 大寿，毕竟是一个重要的日子，据说大家刚开完中央书记处会议，专门搞了个“突然袭击”，来为陈云祝寿。

陈云感谢大家的好意，他同时表示：“大家都很忙，不必这样兴师动众！”

人都来了，也不能不接待。大家共祝陈云身体健康，延年益寿。场面热闹了一阵子！

没想到，这天来到陈云家的人还一拨接着一拨。有一些曾在陈云领导下工作过的经济部门的同志，有曾经在陈云身边工作过的部分同志……这些人也都是不请自到，都来为陈云祝贺 80 大寿。陈云家中一阵阵热闹。而他本人也不得不一批一批地接待。

人来得多，道贺也多。但来的人都十分了解陈云的秉性和简朴的风格，大都是空手而来。唯独聂荣臻元帅的女儿聂力代表父亲给陈云带了点礼物，送了一个祝寿的生日蛋糕，并在一张大红纸上写道：

八十寿辰收到聂帅的生日蛋糕

祝陈云同志八十寿辰　聂荣臻敬贺

对这次生日，陈云身边的工作人员多少年后还记忆犹新，他们感叹地说：“没有想到，这天竟成为陈云晚年最热闹的一个生日。”

陈云一一与来的人和家人合影留念，不断感谢大家的好意。到了晚上，他感到有些疲乏了，睡觉前感慨地对身边工作人员说：“过个生日太忙了！大家都专门来看我，劳神又浪费时间呀，以后再不要这样过生日了。”

1. 自 1979 年那次重症手术后，陈云身体的这辆“木炭汽车”，一步一摇地完成着“两年计划”。他不断大声呼吁：“交班”的问题刻不容缓；要成千上万地提拔培养中青年干部

老人进入 80 岁上下，人们称之为人生的耄耋之年。这时候的陈云，更感自己身体状况不如以前。由于身体素质本来就不是很好，自 20 世纪四五十年代开始，陈云就经常生病，感冒发烧更是常有的事。很多年前，陈云就常说自己的身体是“木炭汽车”，是脆弱的平衡。70 多岁以后，他对自己能活到长寿年纪非常自豪，曾自我安慰说：“能活到今天就可以了，这么多年过来了，

老汉还是这个样，够本了。”

自1979年10月成功地做了重症手术后，陈云就为自己的身体运转制订了一个滚动式的“两年计划”，大体内容是：

> 不企求再多么长寿，但有信心能够再活两年，并在这两年中争取为党、为国家、为人民多做一些工作；
>
> 两年之后，再从自己的实际情况出发，制定一个新的“两年计划”，继续为党、国家和人民工作……

到80岁的时候，陈云已经顺利地完成了三个“两年计划”。6年中，他乐观地为党做了大量的工作。但是，党的领导干部新老交替的问题，陈云多年来一直在思考。

制订第一个“两年计划”以后，陈云越发感到进一步实现干部队伍尤其是党的最高领导层年轻化问题的紧迫性。老干部向年轻干部“交班”，尽快实现新老交替，使党的事业更加兴旺发达、生气勃勃、后继有人，这个问题刻不容缓。

1981年3月，在给担任全国政协副主席的老同志陆定一的一封回信中，陈云讲到国家的一些大政方针，曾这样说过：

> 老干部是重要的，但如果现在不提拔40岁左右的青年干部在各种级别的岗位上参加工作，让他们在工作中取得经验，则接班问题就成大问题。现在部长一级、省委第一书记一级都是60开外了。如不在这一两年中提拔一批青年干部，则将是极大危险。
>
> 这批青年干部，第一批应该有一二千人。以后陆续再提。但现在阻力很大，即使先进后出，也进不去。我正为此而呼吁。

尽管“阻力很大”，但为让中青年干部能尽快走上领导岗位，陈云不仅“为此而呼吁”，而且不断地采取特殊的措施。陈云认为，要实现“接班”，所需要的干部就不是一二千的问题，而是成千上万的问题。

1981年5月下旬，陈云将自己在杭州休养期间特意写作的《要成千上万地提拔中青年干部》一文，分别送给胡耀邦和邓小平。这篇文章分析了我们党和国家的干部情况，认为：目前在党政军第一线工作的领导干部，多数是60岁以上的干部，其中不少还是70岁以上的干部，“这些干部身负重任，都在日夜操劳。这种状况显然已经不能适应我国近十亿人口大国的繁重的领导工作。他们已经不能持久地工作，并且常常带病工作，时常因病住进医院。因积劳成疾而死亡的人越来越多，开追悼会的消息几乎每天都有。”“中央书记处的同志们也都是60岁以上的人了，他们的日常工作非常繁忙，日夜操劳。这样下去，书记处的现状断然难以为继。”

文章指出了党内在干部问题上面临的两种选择，以极重的语气这样说：

目前在我们面前放着两种办法由我们选择：

一种选择，继续不警惕党内干部青黄不接的情况，不采取果断措施，任其继续拖下去。那么，事情发展下去，在没有准备好中青年干部的情况下，必然是让60岁以上的老干部因工作劳累很快地在短时期内陆续病倒、病死，而被迫地不得不仓促提拔一些不很适当的中青年干部来担任领导工作。这是我们不应选择的办法，这样对党的事业很不利。

另一种选择，从现在起，就成千上万地提拔培养中青年干部，让德才兼备的中青年干部在各级领导岗位上锻炼。老干部对他们实行传帮带，使大量的中青年干部成为我们各级党政工作强大的后备力量，随时可以从中挑选领导干部。这是对我们最有利的办法，应该努力去做。

陈云还分析了一些老干部对这个问题的认识：

应该说，要提拔中青年干部，使我们党的事业后继有人，这是老干部的心愿。但是，同时又应该说，在许多老干部中，对干部的青黄不接的状态，没有清醒的紧迫感，总觉得中青年干部有这样那样的缺点，没有经验，感到不放心。这种不放心的部分原因，是由于“文化大革命”中提拔过一些“头上长角、身上长刺”的青年人。当时提拔这样的青年人到高级领导岗位的实践已经证明，这是党的一个痛苦的教训。

陈云在文章中清楚地说明：现在我们所要提拔的中青年干部，绝对不是要提拔那种“头上长角、身上长刺”的青年干部，我们要提拔的是德才兼备的中青年干部。而且我们党内也有大量德才兼备的中青年干部，问题是我们没有去提拔，去培养。

陈云批评了那些认为“中青年干部缺乏经验”，“嘴上无毛，办事不牢”的观点，明确提出：“把优秀的中青年干部放到实际工作的负责岗位上去，让他们挑担子，只要有三年五载，至多10年的锻炼，他们是一定能够锻炼成才的。”

陈云在文章中还提出了几条切实可行的措施，如：组织部门要专门设一个管理中青年干部的机构。要有管理中青年干部的机构；还应该有专门管理科技干部的机构；老干部离休、退休的工作必须做好，要使人心安定；等等。

陈云的这篇文章，后来印发了参加中共中央政治局扩大会议的各同志和参加中共十一届六中全会的所有代表。

邓小平和胡耀邦等人看后，拍手称快，一致赞同。邓小平还在上面批了这么一句话：“老干部方面的问题还没有处理得好。”

一个月以前，邓小平就曾对有关负责同志说过：“找些年轻人慢慢带出来。这是个长远的战略问题，是关键性问题。省委的各部门、省政府的厅局可以先找些年轻同志当二把手、三把手，省委常委会也要增加四五十岁的年轻干部，不能搞论资排辈。”邓小平还指出：“我们全党对这个问题在认识上还没有统一。这个问题比较大，如果在三年内不能逐步解决，再过五年，我们的干部队伍就要发生很大的危机。因此，对待这项工作不能光讲，要见诸行动，最好搞个规划，有意识地去做。”

5月26日，中组部召开电话会议，传达了中央领导人关于抓紧选拔培养年轻干部问题的意见。

为做好培养选拔年轻干部的工作，老干部方面的问题也是必须处理好的。

6月8日，陈云特地召集中共中央组织部和解放军总政治部这两个分管党和军队干部工作的部门负责人开会，专门座谈老干部离退休问题。会后，由陈云主持起草了《关于老干部离休、退休问题座谈纪要》。纪要指出：

“干部必须实行离休、退休制度，这是根本办法。当顾问或成立顾问委员会，只能解决少数人的问题，多数人只能离休、退休。

“实行离休、退休办法，必须退好。

“这是一件十分重要而且必须做的大事。必须把离休、退休的工作办好，决不能使老干部人心不安，必须做到人心安定，因为这关系到几十万应该离休、退休干部的问题，而且关系到每一个干部将来必须面对的现实。

“必须有计划地进行这项工作，而且要把这项工作做好。这项工作必须坚决实行。”

纪要对离休、退休老干部的政治、物质待遇问题也做了明确的说明，并规定中央和各省、直辖市、自治区可以酌情成立干部休养所，或干部娱乐场所。还提出：“所有离休、退休干部，只是在工作上退居二三线，不能在思想上退休。老干部必须胸怀大志，在力所能及的范围内对中青年干部实行传帮带，做某些社会工作。党必须制定干部离休、退休的条例。”

同一天，陈云还就成立青年干部局问题，向中央组织部的负责同志提出了自己的一些想法，他要求各级组织部门：“首先要花 3 个月至 5 个月的时间把‘庙’建好。”

不久，中央组织部发出了《关于建立青年干部管理机构的通知》，并传达了陈云的意见。

7 月 2 日至 4 日，中共中央政治局将刚参加完十一届六中全会的各省、自治区、直辖市党委书记留在北京，开了三天的座谈会，专门讨论陈云撰写的《提拔培养中青年干部是当务之急》和陈云主持起草的《关于老干部离休、退休问题座谈会纪要》。

1981 年 7 月，陈云同许世友交谈

就“成千上万地提拔中青年干部”这个主题，陈云在头一天的会议上再次发表讲话。他首先提醒，必须正视现在“干部青黄不接的情况很严重”和“差不多每天都有老干部死亡的报告”。

为了彻底解决这一问题，陈云果断地提出：

必须成千上万地提拔中青年干部。要成千上万，几千，一万，两万。这次在杭州我跟胡耀邦同志讲过，至少一万个。

为什么要成千上万？一条理由，二十几个省区市，加上中央各部委，提一两百个人够用吗？不够用。成千上万，这是工作的需要。再一条理由，只有成千上万地提拔经过选择的好的中青年干部，才能使我们的干部交接班稳定地进行。还有一条理由，只有成千上万，才能使兴风作浪的分子搞不起大乱子。成千上万的好干部坐镇在那里，只有几个人在那里捣乱，搞不了大乱子。

他举了电力工业部提拔李鹏等例子，表明自己对社会上的“争论”的看法：

提拔中青年干部的问题，会有争论，会有怀疑。为什么说了那么久，提不上来？总有原因嘛。我看，提 50 岁左右的人，现在可能争论少一些。我只说“可能争论少一些”，并不是说没有争论。我看了国务院部长的名单，电力工业部的部长叫李鹏，在延安是个小孩子，李硕勋的儿子，后来到苏联学习，是学电的，回来以后在小丰满工作，我参观小丰满的时候还看见过一次。中央组织部第一次提出来的名单里头不是李鹏，到第二次，名单变了，是李鹏。这件事情刘澜波同志是力争的，说一定要提李鹏。为什么呢？他年纪轻，而且搞电是内行。刘澜波同志还跟我打了招呼，要我注意一下。就像这样的人，52 岁，专门学电的，解放以后在电力部门工作了二十几年，还有争论！所以，我说，提 50 岁左右的人可能争论少些，但不是没有争论，会有争论。

提 40 岁左右的人，争论、怀疑会很多，说“太嫩”了。所谓“太嫩”，就是资格不老。现在我们提了 40 岁左右当部长的，还只有郝建秀一个。她是 50 年代的劳动模范，今年 45 岁，专门进学校学了一下。但是，可惜，这样的干部还只提了一个。所以，你们看，提40岁左右的人争论是会很多的。

他告诉与会领导干部们，不能总顾及这类的争论。不仅如此，还要更进一步。他解释了文件中的一处特别之处，就是要写上提更年轻的干部，40岁以下的人。

为说服人们，他又举了在《参考要闻》上看到的美国政府的例子，说人家美国卡特政府一个什么办公室的主任，只有32岁；里根政府也是一个什么办公室主任，才40岁。陈云不屑地说："外国人一定比我们聪明，我们中国人一定笨一点吗？并不是这样。"

但陈云强调："闹派性的骨干分子，打砸抢的分子，一个也不能提到领导岗位上来。"

邓小平的意见与陈云一致。7月2日上午，邓小平也在省、直辖市、自治区书记座谈会上讲话。邓小平坦率地告诉大家：

我和陈云同志交过心的，老实说，就我们自己来说，现在叫我们退，我们实在是心里非常愉快的。我们两个人的主要任务是要解决选拔中青年干部这个问题。我希望在座的同志，凡是超过60岁的同志，都把这个问题当作第一位的任务来解决。

邓小平还说：

选拔培养中青年干部这个问题，是个战略问题，是决定我们命运的问题。现在，解决这个问题已经是十分迫切了，再过三五年，如果我们不解决这个问题，要来一次灾难。

六中全会之后，又专门把在座的诸位留下来开两天会，讨论陈云同志关于提拔培养中青年干部和老干部离休退休这两条建议，就是因为这个问题十分迫切，十分重要。

按陈云和邓小平的想法，他们早就想愉快地退出党的领导岗位，但正是由于他们两个人还有一项"要解决选拔中青年干部"，搞好党的领导层的交接班工作的这项主要任务，因此到1982年中共十二大的时候，邓小平和陈云暂时没有退下来。

1982年9月6日，陈云在中共十二大上讲话，又一次大声呼吁：

应该清醒地看到，由于种种原因，我们党的干部队伍相当长时间以来就存在程度不同的老化问题，存在青黄不接的问题。这个问题现在不解决，或者解决得不好，共产主义事业在中国就有可能出现曲折。每一个同志，尤其是每一个老同志，都应该认识到这个问题的严重性和迫切性。

他提出："解决好干部队伍的交接班问题，是摆在全党面前的一个重要任务。""要解决干部队伍交接班的问题，就要提拔中青年干部进入各级领导班子。"

要提拔中青年干部，老干部怎么办？陈云分两方面讲：

其一，老干部退出第一线，革命没有到头，还要支持中青年干部的工作，担负起对中青年干部传帮带的任务。

其二，既然是干部队伍青黄不接，老同志就不可能一下子都从领导班子中退出。根据实际情况的需要，有些老同志暂时还要留在第一线。但是，对于这些同志来说，主要的精力也不应该再用来处理日常的繁重工作，而应该用来搞好传帮带，在重大问题上出出主意，把把关。

会上，陈云再次强调除了在"文化大革命"期间跟随林彪、江青一伙造反起家的人、帮派思想严重的人、打砸抢分子这"三种人"，以及反对十一届三中全会以后党中央路线的人、在经济领域内和其他方面严重违法乱纪的人一个也不能提拔以外，对那些优秀的中青年干部，"必须成千上万地提拔，而不能只提拔几十个、几百个"。

中共十二大以后，陈云虽然仍担任中纪委书记，但他年近80，用他在十二大上的话来说，主要的精力不再用来处理日常的繁重工作，而是用来搞好"传、帮、带"，并在党和国家的重大问题上为年轻的中央领导人出出主意，把把关。

2. 时年80，陈云为年轻领导人手书李商隐的诗，并补写"后来居上第三梯队"，表达心境。他自己则奉行："少做就是多做，多做就是少做。"

到了80岁的时候，陈云已经过着相对"悠闲"的生活。为锻炼身体和陶冶性情，他开始站立着、手腕悬空练习毛笔字。据他的身边工作人员介绍，只要身体情况允许，他始终都坚持练习，一直练到90岁，可以说是十年如一日。

在他最早题写的几幅字中，我们可以看出他的心境。有这样一幅字：

桐花万里丹山路　雏凤清于老凤声

这是为年轻的领导人题的。

两句诗，出自唐代诗人李商隐。陈云是想借古人的名言，隐喻党的事业后继有人。他相信年轻一代的领导人会干得更好。因此他特意在条幅上补写了这样一句：

后来居上第三梯队。

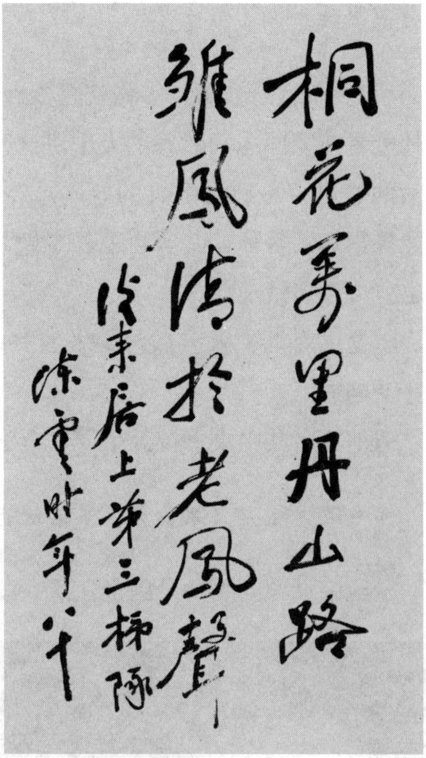

陈云八十岁时的手书

题词的末了，还有这样几个寓意很深的落款：

陈云时年八十

为让“雏凤”尽快“清于老凤声”，让新的领导干部尽快“后来居上”，这一时期的陈云发挥了两方面的作用，一是对年轻干部进行传帮带；一是以自己的亲身体会要求老干部“少做就是多做”。

他早就在政治局会议上这样说过：

我们老干部在执行党的传帮带的工作时，应该清醒地认识到，自己已经年老体弱。因此，必须服老，不服老是不行的。为了给党多做一些贡献，就得让自己多活几年，而要多活几年，有些工作必须少做。不自量力地多做，实行的结果，必定是很快去见马克思。就这一点来说，少做就是多做，多做就是少做。[①]

“少做就是多做，多做就是少做”是陈云在80岁前后讲得最多的话之一，他经常在老同志和熟悉的人中讲这个道理。他曾对身边工作人员说：“我这句话的意思，是针对中央的老同志在工作中要注意身体来说的。多做了工作，如果累坏了身体，其实也就是少做了工作，少做了工作，而保障了身体健康，也就可以多做工作。”

这一时期，就多做与少做的关系，陈云还用毛笔写了不少条幅，赠送一些老同志。

他给中共中央书记处书记、全国人大常委会副委员长陈丕显写的条幅是：

多做少活，少做多活，多活就能多做。

给中央顾问委员会副主任薄一波写的条幅是：

1983年8月，陈云会见参加夏令营的少先队员

多做就是少做，少做就能多做。

陈云这种“多做”与“少做”的辩证法，很快就广为传播。

当陈云80岁的时候，邓小平81岁。他俩在党的干部队伍年轻化方面可以说起到了最重要的推动和表率作用。

80岁以后的陈云，尽管身体状况比以前又有所下降，但他保持着一种健康的心态。

① 1982年7月30日，陈云在中央政治局扩大会议上的讲话。见《陈云文集》，中央文献出版社2005年版，第510页。

邓小平到北戴河休养，下海游泳；陈云则是定期到南方休养，并以自己特有的方式加强身体锻炼。

每天坚持散步，就是陈云锻炼身体的主要方式。晚年提起散步，他曾骄傲地对陪同散步的身边工作人员说过："1962 年在杭州，我每天上午在苏堤走 2800 米，从苏堤北头开始，走到花港观鱼坐车回去，这是 2800 米。下午也走 2800 米，晚上走 2000 米，这样一天就走 15 里。"

80 岁以后散步，陈云只能量力而行了。一开始，他坚持每天散步三次，上午走 40 分钟，下午走 30 分钟，晚上减少为 20 分钟。一年以后，根据身体情况，散步时间又减少为每天上、下午各走 20 分钟，晚上走 10 分钟。随着年龄的增加，他的散步时间也逐渐递减，但却一直坚持着，直到最后住进医院。

年龄的增加和身体状况的下降，并没有减少陈云对党的事业的投入和关注。陈云的夫人于若木后来在回忆中是这样感受陈云的：

> 他经常写的一个条幅是："个人名利淡如水，党的利益重如山。"他是这样要求别人的，自己也是这样去做的，可以说几十年如一日，身体力行。

80 岁前后的陈云，仍关注着党的经济工作、国家的经济建设。

自 1984 年下半年特别是第四季度以来，由于银行对信贷基金和消费基金管理不严，货币发行量超出了正常需要的范围，主要表现在信贷增长过猛和工资奖金增长过快。1984 年银行的各项贷款总额比上年增加 28.9%，其中 12 月一个月的增长额就占全年增加额的 48.4%。1984 年全国职工工资总额比上年增长 9%，其中第四季度增长 38%。一些金融单位不顾大局，为了增大信贷基数，竞相放贷；一些企业和行政事业单位从本单位利益出发，为了增加工资基数，乱提工资，滥发奖金和补贴，致使银行信贷和消费基金急剧增长。再加上乱涨价等不正之风的影响，致使部分商品价格上涨。

为解决上述"前进中的问题"，扭转不利局面，中共中央政治局常委和中央书记处于 1985 年 2 月 9 日至 14 日在北京召开"全国省长、自治区主席和直辖市市长会议"。会议讨论了当前经济形势和 1984 年第四季度出现的问题，研究部署了解决问题的办法和进行价格改革、工资改革等问题。

国家有难，陈云也心急如焚。全国省长（自治区主席、直辖市市长）会

1983 年 10 月，陈云同邓小平交谈

议期间，陈云多次询问会议的详细情况，并仔细阅看会议简报。会议结束后，他接见了前来参加会议的上海市市长汪道涵等人，就当前的经济形势和采取的措施等问题进行交谈。

2月18日，也就是1985年农历春节的前两天，陈云出席中共中央政治局扩大会议，进一步听取姚依林关于全国省长会议情况的汇报。在政治局扩大会议上，陈云就他了解的情况和想法发表了重要讲话。

陈云的讲话，一如往日的风格，实事求是，直截了当。他首先称赞："这次省长会议开得是好的，使地方的同志了解了全局。"

他着重讲了四个方面的问题：钞票发行权问题、外汇储备问题、宣传工作的管理问题、如何看待"计划经济为主，市场调节为辅"的问题。

针对经济生活中已经比较混乱的现象，陈云果断提出："我主张有些东西要搞得死一点，叫先死后活，置之死地而后生。这是中国的一句老话，合乎辩证法，死是为了活。"

为解决当前"钞票发行失控"的状况，陈云还提出了收回钞票发行权的意见："一年发多少钞票，要有人把关，而且必须由总理或者主持经济工作的副总理把关。50年代我把关，发行计划由我向中央常委报告，如第四季度估计要用多少钞票，请中央批准发行权。执行结果，如果多了就不用；如果少了，需要追加发行，还要再请中央批准。总之，银行发多少钞票要有人把关，不能由银行行长决定。"

讲到外汇储备问题，陈云批评了过去那种认为我国有100多亿美元外汇、几百吨黄金"就觉得手烫得不得了啦"的看法。早在1984年7、8月间，就有人提出"外汇多啦，没有地方用"的忧虑，当时陈云就对中共中央政治局常委、国家主席李先念表明了自己的看法："中国的外汇有比没有好，多比少好。"

在这次政治局扩大会议的讲话中，陈云再次指出："我们应该储备多少外汇、多少黄金？这一点，过去我们许多同志并不是很清醒的。"

他明确提出："我认为，我们有100亿、150亿、200亿美元外汇，不算多。我们是个大国，储备一二百亿美元外汇，有风吹草动的时候可以应付。从长远来看，现在我们的外汇不是多了，而是紧了。"

陈云还讲了沙特阿拉伯的例子，说沙特在美国存款有 3500 亿美元，按现在的利率计算，利息一年就是350亿美元，他说："我们如果有150亿美元外汇，利息一年就有 15 亿美元。现在还没有哪一个资本主义国家，肯痛痛快快一年借给我们 15 亿美元。"

对如何增加我国的外汇储备，陈云也提出了办法："现在要组织好出口货源，一定要抓紧。原则是国内销售让出口。国内销售要压缩一部分，保证出口换汇。总之，一方面要有点外汇控制；另一方面要组织好计划规定的 270 亿美元的出口货源。要紧紧抓住这两个方面，否则搞不好的话，计划就要翻船。"

会上，陈云还强调要由中宣部主动统管党的宣传工作，主要是管好报纸、电台、电视台，避免宣传上的混乱现象。

全国省长会议和中央政治局扩大会议后，中央采取的一系列扭转经济形势的措施得到了较好的体现，在实际工作中迅速见到明显的效果。春节以后全国货币回笼情况和财政收入情况有了明显的好转。

3. 有"无工不富"的声音逐渐大过"无农不稳"的声音，陈云提醒："'无粮则乱'，这件事不能小看。"他还主张："七五"期间不要再搞高指标，"欲速则不达"

80 岁以后仍担任着中央政治局常委的陈云，着重关注的是如何保证经济建设沿着健康、平稳的轨道发展。除了继续为领导干部新老交替奔走呼吁外，他还发挥自己在领导经济工作方面的特长，把一定的精力放在思考和解决一些重大经济问题上。

1985 年 9 月 16 日，陈云与胡耀邦、邓小平、赵紫阳、李先念一同主持召开了十二届四中全会。这次会议，除了通过《中共中央关于制定国民经济和社会发展第七个五年计划的建议（草案）》外，还进一步实行了中央领导机构成员的新老交替。中央同意一批老同志退出中央三个委员会的请求：叶剑英、邓颖超、徐向前、聂荣臻、乌兰夫、王震等 64 人请求不再担任中央委员会委员和候补委员；李井泉、萧劲光、何长工、李达等 36 人请求不再担任中央顾问委员会委员；黄克诚等 31 位老同志请求不再担任中央纪律检查委员会委员。老同志们高度的政治觉悟和实际行动，为中央领导集体的进一步年轻化，创造了条件。

十二届四中全会以后，紧接着用五天的时间召开了中国共产党全国代表大会。陈云在这次会议的闭幕会上就进一步实现中央领导机构成员新老交替和“七五”计划指导方针等发表了自己的意见。

陈云赞同中央委员会提出的新老交替的意见，他补充说：成千上万地提拔中青年干部，充实各级领导班子，这是近几年来，我们党反复强调的一项重要工作；干部队伍保持梯队的结构，可以使党的事业后继有人、代代相传。

会上，陈云特别强调了经济建设的一些指导方针，提醒人们要注意粮食问题。他说：

“对于粮食生产，我们还是要抓紧抓好。

“现在有些农民对种粮食不感兴趣，这个问题要注意。最近，国务院批转的吕东同志《关于当前经济工作中几个问题的报告》中讲，农民做工、经商收入多，种粮收入少，就是养猪、种菜，也看不上眼。因为‘无工不富’。发展乡镇企业是必要的。问题是‘无工不富’的声音大大超过了‘无农不稳’。

“十亿人口吃饭穿衣，是我国一大经济问题，也是一大政治问题。‘无粮则乱’，这件事不能小看就是了。”

1985 年 10 月，陈云参观北京三元立交桥

对 1986—1990 年间第七个五年计划的工作方针，陈云讲得比较多。针对一些人再次流露急于求成的建设情绪，他果断加以制止：

“七五”期间工业和农业发展的速度，分别为 6% 和 7%。

这个速度比较适宜，执行中可能超过，但主观上不必再提更高指标。

陈云在会上提到了邓小平一个多月前的一次谈话，他说：“小平同志 8 月 2 日接见外宾，谈到我国工业发展速度太快时说，‘听起来可喜，但有不健康的因素’。我赞成他的意见。”

陈云讲到的邓小平的这个意见，在这次以后不久，邓小平再次于 11 月 11 日会见美国国务卿基辛格时说起。邓小平对基辛格谈到，中国把计划经济与市场经济有机地结合在一起，是人类社会的一次重大的试验。他们之间有这样一段有趣的对话：

邓小平：“去年底，我们的步子快了一些，速度太高，影响到其他方面的平衡，经过今年大半年的调整，效果比预期的要好，使我们更有信心实现改革的计划，但是这是一个新事物，难免要出点差错，不要紧。”

基辛格说：“像这样大规模的改革是任何人都没有尝试过的，世界上还没有别的国家试行过把计划经济和市场经济结合起来。”

邓小平：“不说是伟大的试验，但确实是个重大的试验。”

基辛格：“这是一个有历史意义的事件，因为你们的尝试是一个全新的试验。”

邓小平：“有希望。”

基辛格：“如果你们成功了，就将从哲学上同时向计划经济国家和市场经济国家提出问题。”

……

这方面的思想，陈云与邓小平是完全一致的。就在党的全国代表大会上，陈云还强调：“说到底，还是要有计划按比例地稳步前进，这样做，才是最快的速度。否则，造成种种紧张和失控，难免出现反复，结果反而会慢，‘欲速则不达’。”

他进一步阐述了有计划、按比例的思想，指出：“社会主义经济，还是要有计划按比例。”“计划是宏观控制的主要依据。搞好宏观控制，才有利于搞活微观，做到活而不乱。”

中共十二届四中全会和党的全国代表大会后，中共中央加快了领导层新老交替的步伐，并采取少有的动作，在1985年9月一个月里，连续召开了第二次中央全会。9月24日，中共十二届五中全会由陈云和胡耀邦、邓小平、赵紫阳、李先念主持在北京召开。全会对中央政治局和中央书记处成员进行了局部调整。调整后，中央政治局常务委员为：胡耀邦、邓小平、赵紫阳、李先念、陈云；中央政治局委员为：万里、习仲勋、方毅、田纪云、乔石、李鹏、杨尚昆、杨得志、吴学谦、余秋里、胡乔木、胡启立、姚依林、倪志福、彭真；中央书记处成员：总书记胡耀邦，书记胡启立、万里、余秋里、乔石、田纪云、李鹏、陈丕显、邓力群、郝建秀、王兆国；……全会还批准了中央顾问委员会五次全会增选的中顾委常务委员和副主任人选，批准了中央纪律检查委员会六次全会增选的中纪委常务委员和第二书记、常务书记、书记人选。

中央领导层的年轻结构和梯次搭配，逐渐趋于合理。对此，陈云是比较满意的。

4. 80岁的陈云得到喜讯：他当年拍板继续上马的宝钢建设工程投产试运行成功！在北京早已坐不住了，他决定亲自到宝钢现场去看看。他关注的事情，张弛结合、冷热适中

1985年9月，80岁的陈云人逢喜事精神爽。正在这个时期，由他当年拍板继续上马、改革开放后我国利用外资建设的最大项目——上海宝钢建设工程——不断传来喜讯。

就在十二届四中全会和五中全会召开期间，上海宝山钢铁总厂一号高炉点火投产，经过24小时的冶炼，炼出了合格的第一炉铁，并可以达到日产近万吨铁的水平，充分显示出现代化大高炉的优越性；紧接着宝钢炼钢厂又炼出了第一炉合格钢，钢的日产量也可达到近万吨。

宝钢在投产试运行的一个月中，出铁13万吨，出钢7万多吨。11月下旬，中共中央、国务院电贺宝钢一期工程投产。称“宝山钢铁总厂一期工程建成投产，是我国社会主义现代化建设取得的又一重大成就。这对提高我国钢铁工业的生产技术水平和管理水平，对促进国民经济的发展，加快我国社会主义现代化建设，具有重要的意义。”

宝钢一期工程的建成投产，也是陈云在领导经济建设方面最值得骄傲的一件事。在他进入 80 周岁的时候，能够看到国内钢铁工业取得这样大的成就，心里非常高兴。

得知宝钢一期工程建成投产非常成功的喜讯，陈云在北京有些坐不住了，他想亲自到宝钢现场去看看。

12 月 6 日上午，当年共同力主宝钢在国民经济调整中上马的李先念来看望他，他们共同谈起宝钢的成就，都很兴奋。陈云还对李先念谈起自己想去宝钢实地看看的想法。但已是冬天，李先念在临别时劝他说："你要去宝钢，就等天暖和了再去。"

经李先念这么一劝，陈云只好耐心地等上几个月。

待到来年的春暖花开季节，陈云开始了他的南方之行。

3、4 月间，他先到南京、杭州等地休养。五一国际劳动节以后，陈云由杭州来到上海。

一到上海，上海市各方面的领导和得到消息的老朋友都来看望，有上海市委书记芮杏文、市长江泽民，有上海市的老领导陈国栋、汪道涵、胡立教。陈云在与他们谈话时，都问起宝钢的情况。见陈云这样关心宝钢，有关方面立即给他准备一些宝钢的资料，并给他调来了反映宝钢建设投产情况的电影纪录片。

视察宝钢的时间，安排在5月18日。这个时候的上海，正

1985 年 9 月，陈云在中共全国代表会议上讲话

是春暖花开向夏日炎炎转换的季节。

去宝钢的前两天，陈云看了大量有关宝钢的材料。5 月 16 日整个下午，他还将电影纪录片《宝钢》从头到尾看了一遍。

5 月 17 日，应宝钢方面的要求，他欣然写了几幅字。

为宝山钢铁总厂的题词是：

埋头实干，从严要求，精益求精，不断创新。

为宝钢长江引水工程水库题名："宝山湖。"

为冶金部副部长兼宝钢工程总指挥黎明题写了一首名诗：

月落乌啼霜满天，江枫渔火对愁眠。
姑苏城外寒山寺，夜半钟声到客船。

这是唐代诗人张继的七绝《枫桥夜泊》。这首千古绝唱，勾画了当年苏州城外情景交融、声情并茂的意境。当年的寒山寺的确是在苏州"城外"，但进入 20 世纪 80 年代，随着改革开放的脚步，苏州建设日新月异，新区的发展将寒山寺包围到了苏州"城内"。苏州的变化是快的。上海的变化更是如此，宝钢的建设，也可以说是苏州河流域升起了一颗闪亮的星。陈云题写这首诗，寓意深刻。

5 月 18 日上午，陈云在中共上海市委书记芮杏文、市顾问委员会主任陈国栋等人陪同下，前往宝钢视察。

得知陈云要来，宝钢的上上下下都很高兴，陈云有关"埋头实干，从严要求，精益求精，不断创新"这句为宝钢的题词，早已传遍了宝钢。宝钢人早就盼着一直关心支持宝钢的老一辈革命家陈云来视察了。

50 分钟后，陈云乘车进入宝钢厂区。按接待路线，先安排陈云到宝钢宾馆会议室听取汇报。

冶金部副部长、宝钢工程指挥部总指挥黎明向陈云汇报了一期工程建设取得的主要成果。听着听着，陈云脸上露出满意的笑容。

听完成就的汇报，陈云关切地问："宝钢建设目前还有什么问题没有？"黎明一一对面临的问题做了详细的回答。其中谈到工业污染的问题。陈云详细地询问了工业污水处理的情况。他对陪同的芮杏文交代："要处理好工业发展与环境保护的关系。随着工业进一步发展，尤其是乡镇企业的发展，要注意环境保护，一定不要使黄浦江水系受到污染。"

汇报完毕，陈云走出宾馆会议室，与黎明、芮杏文、陈国栋等人同乘中型轿车前往宝钢炼钢厂。一边走，一边听黎明等人介绍厂区的建设情况。

来到炼钢厂，接待人员给他和其他几位领导同志一人发了一个安全帽，他们高兴地戴上了。一行人来到炼钢炉前，正赶上出钢。只见火红的钢水奔流而出，钢花飞舞，一派沸腾……陈云的脸被照得通红，他拿起专用墨色镜片，兴致勃勃地仔细观看出钢，旁边的人还不时地为他介绍一些出钢的情况。一直等这炉钢出完后，陈云才依依不舍地离开高炉，走出炼钢厂。随后又驱车前往为宝钢运送原料的码头。

这个原料码头紧靠长江主航道，距崇明岛 14 公里，全长 1.8 公里。车子一直开到了码头尽头，黎明将码头的情况向陈云做了详细的介绍。引起陈云注意的是，整个码头全部采取电动传送带运送原料。车子缓缓绕着码头折回。

之后，陈云视察了宝钢的炼焦厂和初轧厂等处。看到传送带上通红的大钢板从面前经过，一阵阵热浪涌来，陈云感慨地说："夏天钢厂的工人们是很辛苦的！"

不知不觉中，时间已近中午，就要离开宝钢了，陈云走下中型轿车，满意地与陪同的上海市委和宝钢的负责人握手道别。走上自己来时乘坐的红旗轿车，他还不停地向送别的人招手。

参观完宝钢，陈云感触颇深，这里已经完全不是他当年为决断宝钢继续上马时来调研的情景了，发生了天翻地覆的变化。

宝钢的沸腾景象，就好似当天的天气，热度在不断升温。陈云离开宝钢的时候，正值中午，骄阳似火，最高温度 30 摄氏度，风力也达到 4、5 级。陈云和全车的人是在汗流浃背中回到住处的。

一去一回，驱车 100 公里左右，尽管辛苦，陈云的心情却非常愉快。对宝钢将来发展成为国际上一流大型钢铁企业，他充满了信心。

陈云视察宝钢以及在上海的情况，当时外界并不知道。直到他 5 月 25 日返回北京后，第二天新华社才发表了他视察宝钢的消息。先不发消息，是他

1985 年 7 月，陈云拜访徐向前

自己交代过的。在上海期间，他最大的活动就是视察宝钢。视察中间，他对陪同视察的上海市委书记芮杏文说过："这次活动先不要登报和广播。"后来有人问为什么当时不发消息，他是这样解释的："上海的老朋友太多，家乡的人太多，都不敢登报，回来了才登报。否则都要来，你不见也不好，都见也受不了。只是叫了几个见见。"

80 岁前后的陈云，为了让新上来的年轻的中央领导人放开手脚干，他有意地很少在公共场合露面，以利一面休养，一面思考和关注一些重大的问题。

除了一些不得不报道的消息外，人们已经很少在报纸和广播中看到或听到有关陈云的消息。

对 80 岁的陈云，人们知道的公开消息还有这样一些：

- 陈云极为关注中小学教育——1986 年 2 月 9 日，陈云专门向北京市中小学和幼教老师祝贺新春，提出："办好中、小学教育是关系到提高中华民族素质的一项根本大计。中、小学校和幼教老师肩负的责任是艰巨的，从事的职业是崇高的，应该受到人们的尊敬。"他还说："现在的中、小学生是我们实现社会主义现代化这个宏伟事业的接班人。他们具有什么样的世界观，将来能否担负起历史的重任，同中、小学教育有着密切的关系。就是说，全国中、小学校和幼教老师们今后的工作如何，在一定程度上，将决定二十一世纪中国的面貌。"

- 陈云非常关心航天事业的发展——1986 年 2 月 21 日晚，中国实用通信广播卫星成功地进行了定点试播，转播电视广播的图像音质优于租用的国际通信卫星。陈云特意为实用通信卫星定点试播题词:“自力更生,集中力量,发展我国航天事业。”

……

对80岁的陈云,人们不太知道的内部消息就更多了:

对国家高科技发展项目的投入,陈云非常热心——1986年9、10月间,他与邓小平等人共同批准了酝酿已久的国家高技术研究发展计划(即“八六三”计划),尽管要投入巨资,但他们一致同意“立即组织实施”。

对基建项目过热的投资项目,陈云却不那么热心——1986年1月,陈云针对全国计划会议中又出现热心于超过国力、不顾实际地进行基本建设投资的情况,做出这样的批示:“不要太热心了!要多搞是爱国,但是,实事求是地搞才是真爱国。同志们,头脑清醒些。”

……

80岁的陈云,就是这样一位张弛结合、冷热适中的老人!

卷七

中共十三大前后，陈云与邓小平、李先念商议：彻底退出中央领导岗位。“全退”的愿望没有实现，他们只好采取“半退”形式

1986年9月，中共中央召开的第十二次中央委员会第六次全体会议通过了两个决议，一个是《关于社会主义精神文明建设指导方针的决议》，另一个是《关于召开党的第十三次全国代表大会的决议》。后一个决议决定：中国共产党第十三次全国代表大会，将于1987年10月在北京召开。这就告知世人，中共要用一年左右的时间，来着手筹备第十三次全国代表大会。

消息一公布，党内党外就知道，十三大的各种筹备工作，已经开始了。在主持十二届六中全会的政治局常委中，除胡耀邦、赵紫阳还比较年轻外，邓小平、李先念和陈云三位老人，都已是耄耋之年，陈云和邓小平都已年过80，李先念也接近80岁。岁月不饶人，党的领导集体必须尽快实现新老交替，作为党内老资格的革命家，他们要尽早地从领导岗位上退下来，这些问题，始终萦绕在他们三人脑海里……

1986年10月，陈云同邓小平、李先念在一起

1. 1986年的秋天，几位共同战斗了几十年的老战友相继去世，让陈云等人承受着极大的心理打击，他约邓小平、李先念到家里做了一次长谈。之后，陈云在公众面前“消失”

十二届六中全会开完不久，陈云和邓小平、李先念等人陆续经受着失去战友的痛苦。几位与他们共同战斗了几十年的老战友相继离开人世，让他们感慨万千：先是一代名将韩先楚，接着是两位元帅刘伯承和叶剑英。韩先楚74岁，刘伯承94岁，叶剑英也跨入了90岁。从七十几到九十几，无论身体好坏，他们都走完了人生的这一步。然而，这三位在党、国家和军队有着崇高威望的领导人的去世，却带给仍在党中央领导岗位上工作的陈云等老一辈领导人极大的心理打击。

10月11日下午，陈云和李先念到北京八宝山革命公墓礼堂，一同参加了韩先楚遗体告别仪式。他俩在韩先楚逝世后，还分别向韩先楚的家属致函表示慰问。陈云在致函中说：“韩先楚同志早年参加革命，戎马一生，身经百战，战功卓著，为我党我军建设鞠躬尽瘁，贡献了自己的一生。他不愧为我党的久经考验的忠诚共产主义战士。先楚同志的早逝，我深为悲痛。党和人民永远不会忘记他！”李先念在致函中说：“韩先楚同志去世，使我深为悲痛！先楚同志确是我党久经考验的忠诚战士，是我军英勇善战的将领，为人坦率、耿直，正气凛然。值得我们学习。”他们都表达了一个真实的心态：“深为悲痛！”

对韩先楚的悲痛还没有完全过去，又一重大打击接踵而至：刘伯承去世！

10月16日，陈云和李先念又到人民大会堂参加了由邓小平亲自主持的“刘伯承同志追悼会”。刘伯承是中国人民解放军的缔造者之一、伟大的无产阶级革命家、军事家、马克思主义军事理论家，是当年“刘邓”大军中与邓小平不可分割的“黄金搭档”，也是陈云和李先念在革命队伍中的一位好兄长。刘伯承的去世，邓、陈、李三人又处在“深深的悲痛”中。

然而，悲痛就像无情的鞭子，进一步抽打着这些坚强的老人，更让他们悲痛的是：久经考验的共产主义忠诚战士，伟大的无产阶级革命家、政治家、军事家，中国人民解放军的另一位缔造者叶剑英，也在当月离他们而去了。

不久前叶剑英还与他们一同主持中央核心领导层的工作，一同开创改革开放的新局面……

带着悲痛的心情，10 月 29 日，陈云、李先念等人再次到人民大会堂，出席了由邓小平主持的“叶剑英同志追悼会”。

从刘伯承、叶剑英的追悼会出来，陈云和邓小平、李先念都拖着沉重的脚步，身心异常疲惫……他们相约，隔一天到陈云家中，有要事深谈。

10 月 31 日上午，邓小平和李先念按约相继来到陈云家中，进行了一次长时间的重要谈话。

此时，邓小平 82 岁，李先念 78 岁，陈云则居中，81 岁。三位老人单独相会，这是很难得的事，身边工作人员赶紧为他们拍了几张照片。

还没有等身边的人忙活完，陈云将工作人员都支出了办公室。这次谈话，意义非同寻常，谈话内容，后来陈云公开讲，是商量他们退下来的问题。

谈话是秘密的，除了他们三人外，他人无法知晓，连身边的工作人员也不知道内情。

年底，由于在反对资产阶级自由化问题上态度不坚决等原因，发生了大范围的学潮。与此相关联，1987 年 1 月，中共中央政治局常委会发生重大人事变化，胡耀邦辞去总书记职务，赵紫阳代理中共中央总书记。

自 10 月份公开出席叶剑英等人的追悼会后，陈云一直未公开露面。往年党和国家领导人都要在元旦、春节期间有所活动，新闻媒体也会有所报道。而 1987 年元旦、春节这两大重要节日，陈云也未露面……

这就引起了外界的种种猜测，尤其是境外舆论，纷纷预测中共领导层将在十三大时作何种变化，猜测在强调反对资产阶级自由化后中国共产党采取何种政策处理与西方资本主义的关系。

就在这个时候，一本很有影响力的经济类杂志《国际金融研究》，在 1987 年第 1 期刊登了两篇文章：

一篇是全文发表 1973 年 6 月 7 日《陈云同志在听取银行工作汇报时的谈话》，讲的是“文化大革命”期间，陈云找当时的中国人民银行行长陈希愈和副行长乔培新等人，了解国际金融和货币问题。陈云请他们着手收集美、日、英、西德、法各国的货币、黄金、工业、经济危机、贸易、对外赤字等方面的情况。即使当时在谈资本主义色变的形势下，陈云仍表达了这样一些意见：我们的对外贸易要由过去的75%面向苏联和东欧国家、25%对资本主义国家，改变为75%对资本主义国家、25%对苏联和东欧国家；我们要建立金融研究机构，很好地研究资本主义，研究包括像尼克松国情咨文那样的东西；不研究资本主义，我们就要吃亏，不研究资本主义，就不要想在世界市场中占领我们应占的地位；和资本主义打交道是大势已定，我们做工作不要被那些老东西束缚住，规章制度要变动一下。

另一篇是《国际金融研究》杂志特约评论员写的一篇文章，题目取的就是陈云当时的原话：《要很好地研究资本主义》。文章在新的形势下，全面解读了陈云的1973年6月7日谈话中的思想，文中说：

在1987年的新春到来之际，《国际金融研究》杂志首次全文公开发表陈云同志1973年6月7日在听取银行工作汇报时的谈话。这是陈云同志关于国际经济贸易、国际货币金融问题的一次重要谈话，也是反映陈云同志经济思想的重要文献。尽管谈话是在14年前的“文革”期间，但在今天，在建设有中国特色的社会主义道路的时刻，仍然具有重要的意义。

正是在1973年，以美元为中心的国际货币体系，在运行了28年之后，最终瓦解了。也是在1973年，黄金，这个作为世界各国货币的共同价值尺度，在经历了几百年历史后，终于同货币脱钩，出现了所谓的“黄金非货币化”。陈云同志洞察了世界经济中出现的重大变化，以及可能对我国产生的影响，及时地发表了这次重要的谈话。他明确地告诫我们：“不研究资本主义，我们就要吃亏。不研究资本主义，就不要想在世界市场中占领我们应占的地位。”

正如陈云同志估计的那样，在此之后的十几年时间中，世界经济不断地发生着巨大的变化：货币汇价、利率和石油价格的波动，工业化国家的滞胀与发展中国家的债务危机，世界经济格局的演变，全球经济一体化的发展等等。这一系列的变化，就像一次次的浪潮冲击着全球的经济活动，进而波及着世界各个国家，当然也包括我们中国。

近八年来，我国为了实现四化目标，坚定地采取了改革、开放和搞活的政策。经济的发展使我们迫切地需要与国外交换商品、劳务，吸收国外的资金，引进先进的技术，这也就必然使世界经济运动的冲击波越来越多地影响到我国经济的运行。特别是近三年来，西方国家货币汇价和利率的变动，国际市场初级产品和原材料价格的波动，国际资本市场资金的供求和流向，以及美国、日本等主要资本主义国家贸易政策的变化等因素，已经在很大程度上直接影响到我国经济的发展。当然，这里包括了有利和不利两个方面的影响因素。从今后的发展趋势看，中国经济与世界经济建立在平等互利基础之上的交往和结合只会越来越密切。

因此，很好地研究资本主义，已经远远不能仅是停留在学术和理论界的探讨，它将越来越成为我们现实经济工作中一个不可缺少的重要组成部分。

文章还说：

这是陈云同志早在14年前，也就是在“四人帮”横行的时候提出的鲜明观点和对外开放、利用外资的思想。在那些禁锢的年代里，利用外资问题是个严格的禁区，一提及就要被扣上“洋奴哲学”的大帽子。但陈云同志不仅明确地肯定利用外资是好事，而且还鼓励大家努力冲破开展利用外资工作遇到的阻力。

……

1987年，是我国社会主义现代化建设沿着既定的目标继续向前迈进的一年。我们希望广大从事对外经济工作的同志，能够认真学习陈云同志的谈话，更加扎扎实实地去开展工作，去开拓新的局面。

《国际金融研究》的这两篇文章，在2月14日的《人民日报》上全文转载，引起了人们的关注。明白的人看出了点门道，这个时候发表陈云的这篇东西，表明的是这样一个信息：中国共产党并不会因为反对资产阶级自由化而改变进一步改革开放的政策。

陈云的言论通过媒体报道了，但陈云本人并未出席任何公开的活动，不在媒体前露面。由于陈云在公众面前的“消失”，引起外界开始对他健康状况的猜测，甚至某些港台报纸报道说，陈云已经“半身不遂”、“重病在身……”

2. 陈云在公众面前“消失”，外界开始对他的健康状况和邓小平的去留纷纷猜测：“半身不遂”、“重病在身”、“十三大时退职”……陈云出来“植树辟谣”

1987 年 3 月中旬，久不出门的陈云从北京悄然来到杭州休养。他也知道了一些外界对自己有关“重病在身”的种种猜测。甚至有人将这些猜测与中共十三大的人事变动联系在了一起。

看来，露不露面，还真的被外界看成了一个非常敏感的政治问题。

进入 4 月，按国家的规定，4 月的第一个星期天为植树节。为此，中共中央领导人安排了一个统一的、公开的活动——参加全民义务植树活动。

中央领导人的植树活动先从在杭州的陈云开始。

植树节应该是 4 月 5 日星期日，但陈云赶在了 4 月 4 日星期六这天。

4 月 4 日的杭州，迎来了入春以来少有的一个晴天，风和日丽，最高温度

1987 年 4 月，陈云在杭州同群众在一起

20 摄氏度。上午 10 时左右，陈云从住地乘车出发，前往位于杭州西郊被列为西湖新十景之一的云栖。在通往云栖的山间小路两旁，修篁青翠，山花烂漫。陈云等人先到云栖茶室稍事休息，并与中共浙江省委副书记陈法文、省委常委兼杭州市委书记厉德馨、浙江省副省长许行贯、浙江省军区司令员黎清等人交谈了一会儿。随后，陈云一行又乘车下山去与干部群众一起植树。

车到山路的一个急转弯处，陈云见到两棵熟悉的千年古树。他看了一眼挂在树上的铁牌子，仍写着这样几个字："树龄 1000 年。"陈云笑了，风趣地说："这树年龄不长啊，前几年我来的时候就写的 1000 年，现在还是 1000 年。"

旁边人说："至少也应该是一千零几年了吧。"

陈云又说："我老家有棵大树，比这还大，据说是三国时刘备的孙夫人栽的。植树造林，造福后人呀。随着社会进步，我们更应该多植树、多绿化，这样才能有一个更好的生存环境。"

1987 年 4 月 4 日，陈云在杭州参加植树

不一会儿，他们来到了"云栖竹径"碑亭旁。这里还是有些凉意的，但兴致勃勃的陈云却脱了大衣和帽子。有人关切地说："天凉，可以戴上帽子。"

陈云这次来，除了参加植树，还有一层辟谣的意思。所以他说："戴帽子照相看不清楚。"

陈云一行来到一片事先选好的空地上，见参加植树的浙江省和杭州市的干部群众已经排开了阵式。陈云选了一个挖好的树坑，坑内放着一棵待种的香樟树，约有胳膊粗细。他拿起一把方头铁锹，左手前握，右手在后用力铲土，一铲一铲地把边上的土送进香樟树的树坑里。在这一系列连贯的动作中，陈云都很用力气，旁边的人不敢相信这位体质本不强壮的 82 岁老人，竟然能做如此重的体力活。现场的记者们赶紧拿起照相机，拍下了这珍贵的镜头，并记下了现场的情景。在大家的共同努力下，一会儿树便种好了。

结束劳动，陈云与陪同的人愉快地交谈了一会儿，然后微笑着与大家挥手告别。

就在陈云公开露面植树的第二天即星期日，在京的邓小平、彭真等领导人也同首都百余万军民一起参加了义务植树活动。

陈云在杭州和邓小平等中央领导人在北京的这两次植树活动的消息，在 4 月 5 日植树节的晚上同时由中央电视台和中央人民广播电台在黄金时间的新闻中播发，4 月 6 日全国各大报纸都刊登了这两则植树的消息，还配发了照片。

几天以后，薄一波到杭州看望陈云，两人一见面就谈起了前几天植树活

1987 年 4 月，陈云同浙江省领导干部在一起

动的事。薄一波兴奋地说："我在电视里看你种树使劲还挺大哩！"

陈云自豪地笑着说："台湾报纸说我'半身不遂'，香港报纸说我是'重病在身，卧床不起'。老汉走路还可以嘛，还可以种树嘛。"

薄一波明白了陈云的用意，称赞说："植树辟谣，谣言不攻自破呀。"

3. 十三大即将召开，陈云提议：中央领导层都来学习哲学，脑袋会更加灵光。他自己出钱给他们买了一些哲学读物，并叮嘱大家学习

离十三大召开的日子越来越近。5 月 17 日，陈云由杭州返回北京。回京以后，他将自己的主要精力放在两个方面，一是参与十三大的一系列重大决策，一是抓紧找一些中央一线领导人谈话。

这两件大事做起来，让 82 岁的陈云时感劳累。尤其是找人谈话，他谈的都是一些大问题，事先都要做充分的准备，还要写出谈话提纲。

6 月上旬，由于持续谈话，有的谈话时间还很长，他感觉身体不舒服。6 月 8 日，陈云感觉心脏难受，主动提出请医生来测心电图，并对值班护士长坦率地说："胸闷，有点疼。看来会客每星期只能一次。昨天谈了两个多小时，累了。"好在心电图做完后并无大碍。

1987 年 5 月，陈云在杭州

心脏还撑得住的陈云，加紧考虑一个问题：党的十三大即将召开，全党和新的党中央领导集体面临着新的形势和新的任务，如何应对，这就迫切需要学会运用马列主义、毛泽东思想的立场、观点、方法分析和解决问题，尤其是中央政治局、书记处、国务院的领导同志，更应该都来学习哲学。

陈云始终坚信这样一点："学了哲学，脑袋会更加灵光。"

由杭州回北京后，陈云与一些领导人就学习哲学的问题交换了意见。

7 月 17 日上午，陈云与中央负责同志交谈。他的谈话，是从新老交替这个角度切入的，照录如下：

我今天主要谈谈你们现在身负重任和要学习哲学这两个问题。

我们国家，在目前第一位的领导人是小平同志。但他今年的岁数，照中国老的算法，已经 84 岁了。过不了多少年，党和国家的全部领导重担都要落在你们一代身上。

为什么我把你们的担子看得这么重？因为，我们国家有现在这样的局面，来之不易。它是千千万万革命先烈、全党同志和全国各族人民流血牺牲、艰苦奋斗换来的。这是一条。还有一条，就是我们国家是 10 亿人口的社会主义大国，无论是今天还是将来，在世界上都处于举足轻重的地位。

要把我们的党和国家领导好，最要紧的，是要使领导干部的思想方法搞对头，这就要学习马克思主义哲学。

接着，陈云从延安时期谈起，讲了自己的亲身体会：

在延安，我当中央组织部长的时候，毛主席先后三次当面同我谈过，要学哲学，还派教员来帮助我们学习。那时，中央组织部成立了一个学习小组，一共六个人，有我、李富春、陶铸（当时任王稼祥的政治秘书）、王鹤寿、陈正人、王德，还有几位旁听的“后排议员”。学习小组不要很多人，大体上都要处在同一理论水平。学习方法是，规定每周看几十页书，然后讨论一次，研究学习中遇到的问题，各种意见都可以争论。

我们从 1938 年开始学习，坚持了 5 年。先学哲学，再学《共产党宣言》，然后再学哲学和政治经济学等。那时我们读的书，除马克思、恩格斯、列宁、斯大林的有关著作外，还有毛主席的《中国革命战争的战略问题》《实践论》《矛盾论》《论持久战》等，也读点别人的著作。毛主席《论持久战》这篇文章，给我的印象特别深。台儿庄一战，一部分人被胜利冲昏了头脑。毛主席冷静地分析了当时的各种情况，就亡国论、速胜论还是持久战这个问题，先在小范围讲了一次。讲后我对他说，是不是可以在大一点范围给干部讲讲，他同

陈云同毛泽东、林伯渠在一起

意了。后来毛主席自己动手把讲稿整理出来，印发给大家。《论持久战》一文的公开发表，震动了解放区，也震动了国民党统治区。

在延安，毛主席起草的文件、电报，我都看过，最后得出一个结论，就是要实事求是。这里的关键是要把“实事”看全面。我过去说过，难者在弄清情况，不在决定政策。因此，要善于听取不同意见。对于一件事，我有了一个意见之后，可以先放一放，再考虑考虑，听听有没有不同意见。如果有不同意见，就要认真听取，展开讨论，吸收正确的，驳倒错误的，使自己的意见更加完整。驳倒错误意见的过程，也是使自己的意见更加完整的过程。如果没有不同意见，自己也要假设一个对立面，让大家来批驳。有钱难买反对自己意见的人。有了反对意见，可以引起自己思考问题。常常是，有不同意见的人，他不讲出来。能够听到不同声音决不是坏事。这和同中央保持一致并不矛盾，国务院财贸办的时候，有一回财政部副部长王学明主张通过提高工农产品比价，从农民那里多拿点钱，用于扩大基本建设。为这件事，大家辩论了三天，最后王学明放弃了自己的意见。相互辩论，也是一种比较，可以看出哪种意见是对的，哪种意见是不对的，然后取得一致看法。

总之，我个人的体会是：学习哲学，可以使人开窍。学好哲学，终身受用。

陈云在谈话中引用了毛泽东 1938 年在中共六届六中全会上的一段话："在担负主要领导责任的观点上说，如果我们党有 100 个至 200 个系统地而不是零碎地、实际地而不是空洞地学会了马克思列宁主义的同志，就会大大地提高我们党的战斗力量，并加速我们战胜日本帝国主义的工作。"并由此提出：

现在我们在新的形势下，全党仍然面临着学会运用马列主义、毛泽东思想的立场、观点、方法分析和解决问题这项最迫切的任务。

为此，他提出：

希望能够组织政治局、书记处、国务院的同志都来学习哲学，并把这个学习看成是工作的一部分，也是自己的一项重要责任。

通过学习，解决领导人的思想方法和工作方法，提高领导能力和执政能力，这是陈云在十三大前后着重思考并着力解决的问题。

陈云还想方设法督促年轻的中央领导人抓紧时间学习。

这期间，陈云自己花钱，专门派身边工作人员到北京各大书店去寻找两本哲学读本，一本是艾思奇主编的《辩证唯物主义历史唯物主义》，一本是韩树英主编的《马克思主义哲学原理》。由于陈云要的书量很大，书店缺货。后来还是直接到出版这两本书的人民出版社发行科，将书买到。

按陈云的交代："书买来后交给我，首先要送给一些领导同志。"身边工作人员按中央领导人和有关部门负责人的数量，买了许多套。

陈云将这些书一一送给了有关的中央领导人，并作了交代。送完书后，陈云还亲自给一些领导人打电话问读书的情况。

给姚依林送书时，陈云还送去了一幅自己写的字："实践是检验真理的唯一标准。"

9 月 4 日晚，陈云给姚依林打电话问："送你的哲学书和字收到了没有？"

姚依林感谢陈云的一番好意。他们在电话里谈起了学习和练字的事。

陈云又说："练字是很好的，我 80 岁开始练，原来一天写 40 分钟，后来写 30 分钟，最近写得少一点。有时让我题字，必须写一下子，我都是站着写的。"

陈云听姚依林说自己最近正在学习哲学，正在读他送来的书，高兴地说：

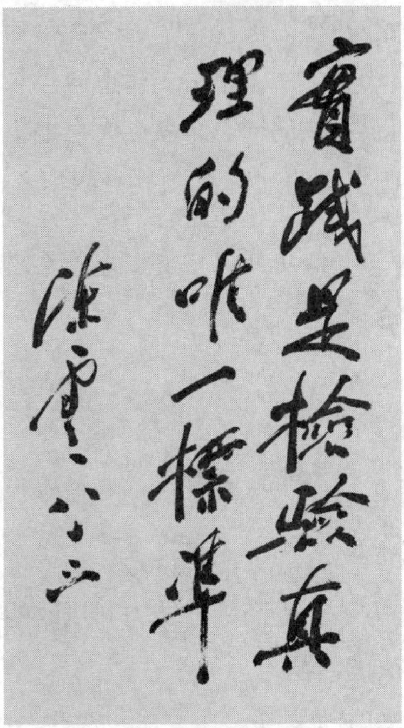

"好嘛，还要读书啊！"

当晚与姚依林通完电话后，心情很好的陈云又对身边的工作人员说："你还年轻，要多学点东西。哲学一定要学，学好哲学，终身受用，对你一辈子都有好处。"

工作人员告诉他："我买了一本《通俗哲学》，正在读。"

陈云进一步鼓励他说："好呀，慢慢读，哲学要学会学通不容易。学习的时候要做笔记，把遇到的问题记下来，可以找几个人讨论讨论。我刚才给姚依林讲，让他也要学哲学。"

陈云给中央领导人送书尤其是亲自督促新进入中央领导集体的人学习哲学这件事，在这些领导人脑海中留下了很深的印象。十三大后进入中央政治局的宋平后来在回忆陈云时这样说过：

几十年来，特别在历史发展的重要关头，陈云同志总是用自己的切身体会，教育党的领导干部学习哲学，用辩证唯物主义的方法论来研究新情况，解决新问题。他认为，要把我们的党和国家领导好，最要紧的，是要使领导干部的思想方法搞对头。他建议党的高级干部带头学哲学，把它看成是工作的一部分，也是自己的一项重要责任。……这对于我们党在国际形势错综复杂和国内任务繁重艰巨的情况下，处理好各种矛盾和问题，提高领导水平，是大有裨益的。

1987 年初，中央调我到中央组织部工作，陈云同志特意送我两本哲学书，叮嘱我好好学习哲学。[①]

到了 1987 年的 7、8 月间，由于连续找人谈话和思考十三大前后党和国

---

① 宋平：《缅怀陈云同志》，载 1995 年 5 月 23 日《人民日报》。

家的一些重大问题，陈云感觉自己身体已经很疲倦了。多日中午没有睡觉或睡不着觉，到了晚上，睡眠也很不好。

得知陈云身体欠佳，一些老朋友纷纷问候。8 月 7 日上午，李先念专程来陈云住处看望。谈话中，李先念开玩笑地问陈云："你估计自己还能活几年？"陈云照样以唯物主义的态度面对这个问题，并根据自己前些年为身体制订的"两年计划"回答："我想两年应该没问题，但要保证不摔跤，不在外面吃东西，回自己家吃。"

9 月 6 日，陈云到邓小平家参加中央决策层会议，商议十三大前要进行的一些重大事项。散会后，杨尚昆关切地问陈云："陈云同志身体还好吧？"

陈云轻松地说："死不了，还可以再活两年，要保证不摔跤。"

杨尚昆鼓励说："还可以活 10 年。"

陈云没有 10 年的打算，回答："两年就行了。"

一旁的李先念也为他鼓劲："要做个'五年计划'嘛。"

陈云还是坚持自己实事求是的估计："不，只做'两年计划'，我这是滚动式的计划。这样更实际点。"他边说边用双手做了个交替向前滚动的动作。

9 月 29 日，薄一波来陈云办公室商谈工作，临别时薄一波也叮嘱陈云："要多保重身体。"

陈云笑道："还是按我的计划来，只做'两年计划'。50 年代我的身体就是'木炭汽车'，我的身体是脆弱的平衡，能活到现在就不容易了。"

薄一波佩服地说："柳宗元有句话，叫'精壮暴死，久病延年'。这句话是很有道理的，你的身体就属于'久病延年'呀。"

4. 党内不同意陈云和邓小平、李先念三人关于"十三大时一起退下来"的请求，三位老人只好"半退"。十三大报告，凝聚了全党的智慧和陈云等人的心血

中国共产党第十三次全国代表大会，经过一年的紧张筹备，到 1987 年 9 月底 10 月初，已经进入最后阶段，各筹备小组的工作大体准备就绪。10 月 9 日，陈云出席中共中央政治局扩大会议，听取从事安排小组召集人薄一波对十三大人事安排情况作说明。

人事安排，是一个比较敏感的问题，尤其是最高领导层的安排。邓小平、陈云、李先念三人早就商议过，他们在十三大时彻底退下来，不再担任中央领导职务，为实现中央领导集体的新老交替做出表率。但中央政治局和党内其他有关人员一致反对，大家一致的意见，只同意他们“半退”，仍然担任一定的职务。

10月19日，由陈云担任第一书记的中共中央纪律检查委员会在北京召开了十三大之前的最后一次中纪委全体会议。会上讨论并通过了《中央纪律检查委员会向党的第十三次全国代表大会的工作报告》，一致同意将这个报告提请党的第十三次全国代表大会审议。

这次会议以后，陈云将不再担任中纪委第一书记，退下来。对陈云要退下来，中纪委的同事也想不通。为了让大家理解自己的想法，陈云在会上做了说明，他还公布去年10月与邓小平、李先念那次秘密谈话的核心内容：

去年10月，小平同志、先念同志和我共同商定，十三大时一起退下来。这是党的事业的需要。

无论是中共中央委员会的同事还是中央纪律检查委员会的成员们，都不同意“三老”全退，不接受他们“十三大时一起退下来”的请求。愿望没有完全实现，三位老人只好采取“半退”的方式，先在十三大时退出中央第一线领导岗位。

10月20日，陈云与赵紫阳、邓小平、李先念、胡耀邦共同主持中共十二届七中全会，这是第十二届中央委员会的最后一次全体会议，也是陈云最后一次参与主持中共中央全体委员会议。会议通过了中共中央向十三大提交的政治报告和《中国共产党党章部分条文修正案》等文件，还原则同意了《政治体制改革总体设想》；会议确认1月16日中央政治局扩大会议关于接受胡耀邦辞去中央委员会总书记的请求和推选赵紫阳代理中央委员会总书记的决定；决定党的第十三次全国代表大会于4天以后在北京召开。

1987年10月25日上午，中国共产党第十三次全国代表大会在北京人民大会堂隆重开幕。来自全国各条战线、各个地区、各个民族的1953名代表，“带着4600多万党员和10亿人民在党的十一届三中全会以来路线、方针的指引下所取得的改革、开放的胜利成果，带着新的期望，参加这一历史性的盛会”。（《人民日报》语）陈云以大会主席团常务委员会成员身分，带着愉快的心情，走上了主席台……

10月25日至11月1日的这一周，在中国国家政治生活中，在中国共产党的历史上，都是极为重要的一周。

中共十三大的中心任务是加快和深化改革，说到这个中心任务，大会的报告是这样强调的：“改革是振兴中国的唯一出路，是人心所向，大势所趋，不可逆转。”

大会的主题报告，是中共中央政治局集体讨论通过后，委托赵紫阳做的，题目为《沿着有中国特色的社会主义道路前进》。

从题目就可以看出中共中央的意图：中国共产党十一届三中全会以来确定的改革开放的方针不会变，中国所走的社会主义道路不会变，中国走的是一条“有中国特色的社会主义道路”。

这个报告，是全党智慧的结晶，经过了上上下下多次的反复讨论和修改，也凝聚了邓小平、陈云、李先念等老一辈革命家的心血。

十三大确立中国共产党关于社会主义初级阶段的理论。报告说：“以经济建设为中心，坚持两个基本点，这就是我们的主要经验，这就是党在社会主义初级阶段的基本路线的主要内容。”

十三大报告在讲到经济发展战略和实现第二步战略部署时说：“必须坚定不移地贯彻执行注重效益、提高质量、协调发展、稳定增长的战略。”

这个报告强调必须着重解决好三个重要问题：一是把发展科学技术和教育事业放在首要位置，使经济建设转到依靠科技进步和提高劳动者素质的轨道上来。二是保持社会总需求和总供给基本平衡，合理调整和改造产业结构。三是进一步扩大对外开放的广度和深度，不断发展对外经济技术交流与合作。

在讲到“经济体制改革”问题时，重申了陈云等人的基本思想：“党的十二届三中全会通过的《中共中央关于经济体制改革的决定》明确指出，社会主义经济是公有制基础上的有计划的商品经济。这是我们党对社会主义经济做出的科学概括，是对马克思主义的重大发展，是我国经济体制改革的基本理论依据。社会主义有计划商品经济的体制，应该是计划与市场内在统一

坚持每天练字

的体制。”

十三大报告还阐述了新的经济运行机制、政治体制改革的方向等问题。

为这个报告的起草、修改和定稿，陈云和邓小平、李先念等老一辈革命家费了很多的心血。后来，当代表中共中央做这个报告的赵紫阳犯了政治错误时，有人对这个报告也提出一些不同意见，对此，陈云和邓小平、李先念都主张：这个报告，不是哪一个人的，它代表了中央的集体智慧。邓小平还多次明确表示："十三大政治报告是经过党的代表大会通过的，一个字都不能动。这个我征求了先念、陈云同志的意见，他们赞成。"

在中共十三大，要顺利地完成承前启后、继往开来的任务。会议除了通过有关政治报告的决议、关于党章部分条文修正案的决议以外，还通过了关于中央顾问委员会工作报告的决议、关于中央纪律检查委员会工作报告的决议。这两个委员会，将与中共中央委员会一道，进行重新选举。中央顾问委员会主任邓小平和中央纪律检查委员会第一书记陈云，分别要卸任。

当十三大结束时，乔石继陈云之后，担任中央纪律检查委员会第一书记。卸下中共中央政治局委员、常委和中央纪律检查委员会第一书记重担的陈云，与邓小平、李先念一起，退出了中央工作的第一线。由于还不能"全退"，陈云只能服从中央委员会的决定，参加中央顾问委员会的工作。11 月 1 日，十三大选举产生了由 200 人组成的第二届中央顾问委员会，陈云当选为委员。

11 月 2 日上午，陈云出席了新一届中央顾问委员会第一次全体会议。由于在党内的资深经历，更由于其德高望众，陈云继邓小平之后，当选为第二届中央顾问委员会主任。

当天下午，已退出中央委员会的陈云，列席了中共十三届一中全会。会议选举产生了新的中央领导集体。赵紫阳、李鹏、乔石、胡启立、姚依林当选中央政治局常务委员会委员，赵紫阳当选中央委员会总书记。全会决定邓小平任中央军事委员会主席；批准陈云为中央顾问委员会主任，乔石为中央纪律检查委员会书记。

中共中央最高领导层，顺利地实现了新老交替。

5. 十三大社论引用了陈云常常书写的几句古诗，赞颂邓小平、陈云等老一辈革命家在“交班”方面的表率作用。对新领导人上任后来访，陈云透露：“我都让他们学哲学。”

中共十三大结束以后，《人民日报》于 11 月 3 日发表了一篇重要社论，题目为《意义重大的一步》，人们从这篇社论中，既读出了一些诗情画意，又品味出它的政治意义。

社论引用了四句诗，意味深长。

先引用的两句是：

新竹高于旧竹枝，全凭老干相扶持。

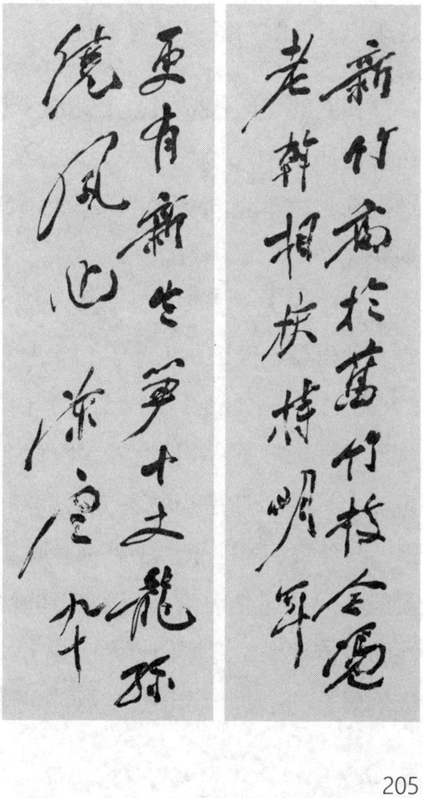

这两句诗出自清代书画家郑板桥（郑燮）的一首七绝。原诗中紧接着的两句是：“明年更有新生笋，十丈龙孙绕凤池。”它表达的是事物新老交替的发展规律和诗人对新生力量的坚定信心。

社论后引用的两句是：

桐花万里丹山路，雏凤清于老凤声。

这两句诗出自唐代诗人李商隐，说的是桐花盛开的时候，小凤凰唱出了比老凤凰更为清亮和动听的歌声，它也表达了后来居上、后继有人的信念。

社论引用郑板桥和李商隐的这几句

诗，恰恰是陈云晚年特别喜好的和经常书写的。在80岁那年写李商隐的“桐花万里丹山路，雏凤清于老凤声”诗句时，陈云就特意在条幅上补写了“后来居上第三梯队”几个赠言。他常借古人名言，隐喻党的事业后继有人；他相信年轻一代的领导人会干得更好。

上述郑板桥和李商隐的四句诗，陈云多次书写并赠送给中央和地方的一些重要领导人和老同志。

《人民日报》的社论引用陈云常写的这几句诗，高度赞扬了邓小平、陈云、李先念等老一辈无产阶级革命家在实现党的中央领导集体新老交替方面的宽大胸襟。

“新竹高于旧竹枝，全凭老干相扶持”，广大年轻干部对退下来的老同志充满感激与敬仰之情。“桐花万里丹山路，雏凤清于老凤声”，广大老同志对挑起重担的年轻干部寄予殷切的期望。我们相信，新的一届比较年轻的中央领导机构一定不会辜负老一辈无产阶级革命家的重托，一定不会辜负全党和全国各族人民的厚望，我们的社会主义现代化事业一定能沿着老一辈无产阶级革命家开拓的航道胜利前进。

在党的全国代表大会上完成了执政党领导集体新老交替的任务几个月后，在第七届全国人民代表大会上，又完成了国家领导人的新老交替。按照邓小平、陈云、李先念等老一辈革命家原先的设想，他们“交班”的任务已经基本完成。

自十三大“半退”下来后，陈云的身体状况又有些下降。但他依然保持着一种乐观、健康的心态。每天坚持散散步，有时还做做操。

就在十三大结束后没几天，由于不断开会，连日劳累，陈云再次感觉身体不太好。11月16日上午，医疗部门特意为陈云组织了专家会诊。来给陈云集体会诊的，都是当时各方面鼎鼎有名的大专家，有陈敏章、吴阶平、吴蔚然、顾英奇、陶桓乐、钱贻简、张惠芬、王新德、张瑶珍、王敏清等。会诊后，新的大问题还是没有，只是人到晚年所带来的老年性毛病不少。对这类老年性的身体毛病，专家们也拿不出什么更好的办法。他们建议陈云：要增加一些维生素类的东西，如增加午饭吃胡萝卜的量。

但陈云的特点，是讲究实事求是和达到综合平衡，对是否还要增加吃胡萝卜，他有自己的看法。他觉得目前的量就可以了。

过了几天，厨师按照专家们提的建议，在午饭里增加了胡萝卜的量。吃饭时，陈云问："厨师是不是按医生的意思做的？"得知是。陈云说："告诉厨师，还恢复原来的量。他们（医生）说让我多吃点，他们都不懂哲学，他们不懂这东西吃多了就吃厌了，吃厌了就一点也不能吃了。还是这样少吃点，天天吃好。多吃就是少吃，少吃就是多吃。"他还举例说："过去吃鸡蛋吃厌了，10 年没吃。5 岁那年，姥姥带我到乡下一个亲戚家去。从镇里来的，乡里人都很看重，给做鸡蛋吃，蛋黄不熟，是溏心的。我吃了以后就吐，以后一吃就吐，看到就吐，甚至想到就吐。后来到了上海才又开始吃鸡蛋。"

为这件事，陈云还专门问秘书，给卫生部和北京医院的负责人陈敏章、吴蔚然等人送去两本哲学书的事办了没有，要让他们好好学习一下哲学。

陈云所想叮嘱的，还不仅仅是医务部门的负责人。中央领导集体实现新老交替后，新进入中央领导集体的领导人更面临着学好哲学、加强马克思主

1987 年 5 月，陈云与老伴于若木摄于杭州

义方法论修养、培养和提高思想方法和工作方法的问题。

十三大后退出中央第一线工作岗位后，陈云在工作上非常支持新的中央集体自主开展工作，同时在思想方法上，他及时与新的中央领导人交换意见。

12 月 18 日，陈云约新当选的中央政治局常委胡启立到家里谈话。由如何看待新中国成立以来党和国家的经济政策，谈到思想方法问题；由思想方法问题，谈到必须学习哲学。陈云强调，应该从历史唯物主义的观点来认识党和国家经济政策的发展历程，如果不讲唯物辩证法，不弄通哲学，就会犯错误。

陈云指出，对经济发展状况进行分析评价时，既要看到发展速度，又要看到经济效益；在做统计分析时，更要注意统计方法。总的一条，要做到客观全面和实事求是。他向胡启立专门介绍自己长期坚持的思想方法："不唯上，不唯书，只唯实。通过交换、比较、反复的方法，使自己的认识全面一些。"

他们还谈到了当前经济工作面临的主要问题和解决的办法。陈云认为，必须看到当前经济工作的复杂性，比如特区建设中的问题、货币发行问题，这些事情都不那么简单。

在谈话中，陈云以自己的亲身体会对胡启立提出：

要学哲学，学了哲学，脑袋会更加灵光……

通过学习，我的体会是：学好哲学，终身受用……

总起来说，管一切东西的，就是哲学。

陈云还为胡启立准备了一套艾思奇编著的《大众哲学》和《辩证唯物主义历史唯物主义》，他将这两本哲学读物再次送给胡启立，并建议他："先通读一遍。搞个小组议议，人不堪多。真正讨论问题，四五个人最好。"

胡启立感谢陈云的提醒，他表示：

"陈老讲得很中肯，对我的教育也很深。特别是您讲的要从历史唯物主义的观点来看问题，要学哲学，将使我终身受益。"

与胡启立谈话后不久，北京医院的名誉院长吴蔚然来看望陈云。在谈过近日的身体情况后，陈云再次当面叮嘱吴蔚然："吴院长，我送你的哲学书，你要读呀。"

吴蔚然说："我一定好好学习，不学好就对不起党，对不起首长的关怀。

首长送给我的两本书，我读了半本了。”

陈云进一步提出：“要几个人一块读，讨论讨论，这样好。”

陈云还向他谈起自己的学习体会，边说边伸出 5 个手指：“早在延安的时候，我连续学了 5 年。那时毛主席叫我们都要学哲学，我们有一个辅导员。我是中央组织部长，我们有 6 个人在一起学习，我一个、王鹤寿一个、王德一个，还有李富春、陶铸、陈正人。毛主席说过，我们共产党内能有 100 多人到 200 人真正学通了哲学，那么我们能够打败帝国主义。毛主席的一个无可比拟的功绩，是从遵义会议到抗日战争胜利，为我们党培养了一代人。”

陈云还向吴蔚然透露：“到我这里来过的年轻干部，我都让他们学哲学。李鹏、乔石、胡启立、姚依林也在学。这要当作工作，要算在工作时间内。”

中央一级和部委一级的许多领导人，甚至包括一些地方的领导，对陈云提倡学习哲学的事都有共同的经历和体会，正像宋平后来所说的：每到历史发展的重要关头，陈云总是用自己的切身体会，教育党的领导干部学习哲学，用辩证唯物主义的方法为人民研究新情况，解决新问题。

“半退”后的陈云，身体状况也在不断退化，但他为什么还总在为党的领导人的思想方法问题操心？

晚年陈云经常书写的一幅条幅，道出了其中的原委：

“个人名利淡如水，党的利益重如山。”

卷八

继邓小平之后，陈云担任第二届中顾委主任，五年中，作为中顾委的领头人，他很少出头露面，却顺利地完成了中顾委的历史使命

1987年11月2日，中共中央向国内外公布了经中共十三大选举产生的中央顾问委员会成员名单，共200人。人们注意到，这届中顾委名单中，已经没有了上一届的主任邓小平；人们也注意到，同一天公布的新一届中央纪律检查委员会名单中，已经没有了上一届的书记陈云。

1. 陈云退居二线，成为中顾委主任的最佳人选。除管好中顾委的大政方针和在发展战略上为中央当好参谋外，中顾委的日常工作，他放手让薄一波和宋任穷去主持

1987年11月3日，中共中央在向国内外公布头一天在中共十三届一中全会上选举产生的中央领导机构名单，其中，列出了一份经中央批准的中央顾问委员会领导成员名单。新的中顾委领导层人员是：

主　任：陈　云

副主任：薄一波、宋任穷

常务委员会委员：（按姓氏笔画为序）王平、王首道、伍修权、刘澜涛、江华、李一氓、李德生、杨得志、萧克、余秋里、宋任穷、宋时轮、张劲夫、张爱萍、陆定一、陈云、陈丕显、陈锡联、胡乔木、段君毅、耿飚、姬鹏飞、黄华、黄镇、康世恩、程子华、薄一波

这些人，包括中顾委的其他成员，都是久经考验的党、国家和军队的重要领导人，是对党和国家做出过卓越贡献的德高望重的老同志。他们都是陆陆续续从党、国家和军队的重要岗位上退下来的。陈云作为他们的"班长"，是当之无愧的。中共中央政治局和中央委员会认为，继邓小平之后，陈云是担任中央顾问委员会主任的最佳人选。

这是继1982年中共十二大选举产生的中共中央顾问委员会后，选举产生

的第二届中央顾问委员会。

中顾委是个什么样的机构?

十二大通过的党章是这样规定的:党的中央顾问委员会是中央委员会的政治上的助手和参谋。中央顾问委员会在中央委员会领导下进行工作，对党的方针、政策的制定和执行提出建议，接受咨询;协助中央委员会调查处理某些重要问题;在党内外宣传党的重大方针、政策;承担中央委员会委托的其他任务。

对这个机构的领导成员，十二大的党章还规定:中央顾问委员会委员必须具有 40 年以上的党龄，对党有过较大贡献，有较丰富的领导工作经验，在党内外有较高声望。中央顾问委员会的常务委员会和主任、副主任，由中央顾问委员会全体会议选举，并报中央委员会批准。中央顾问委员会主任必须从中央政治局常务委员会委员中产生。

十三大选举产生的第二届中央顾问委员会，与第一届中顾委有一个重要的不同，“中央顾问委员会主任必须从中央政治局常务委员会委员中产生”这句话，已经从十三大修改的党章中删去。新党章的这一变化，就是告诉世人，现在的中顾委主任，已经退出了中央领导的第一线，不需要再从中央政治局常务委员会委员中产生。

关于中顾委的性质和它存在多长时间，邓小平在 1982 年第一届中顾委第一次全体会议的讲话中说得很清楚:

> 中央顾问委员会是个新东西，是根据中国共产党的实际情况建立的，是解决党的中央领导机构新老交替的一种组织形式。目的是使中央委员会年轻化，同时让一些老同志在退出第一线之后继续发挥一定的作用。
>
> 从某种意义上说，顾问委员会是一种过渡性质的组织形式。我们的国家也好，党也好，最根本的应该是建立退休制度。十一届三中全会以后不久，我们就讲要废除党和国家领导职务实际上存在的终身制。如果花两个五年的时间，通过这种过渡的形式，稳妥地顺当地解决好这个问题，把退休制度逐步建立起来，那就是很大的胜利。这对于我们国家以后的发展，是办了一件很好的事情。所以，可以设想，再经过 10 年，最多不要超过 10 年，取消这

个顾问委员会。10年、两届还是需要的，一届恐怕不好，太急促了。顾问委员会今天刚成立，就宣布准备将来取消，这就明确了这个组织的过渡性。我们尊重生活和历史的辩证法。

从1982年到1987年，邓小平带领的第一届中顾委，顺利地完成了它第一个五年的历史使命。

而从1987年中共十三大到1992年中共十四大的这五年，是陈云由“半退”完成彻底“全退”的五年，是陈云按照中央的要求，带领中央顾问委员会继续完成新老交替和传帮带的五年，也是陈云顺利地完成中顾委历史使命的五年，同时还是陈云晚年政治生涯中最后在党内担任职务的五年。

在陈云担任中顾委主任的这五年中，人们很少看见他出头露面，因为他不想过多地干预中央一线领导人的工作；这五年中，与改革开放以来的其他时期一样，人们在党和国家的重大历史关头总会想起他，因为他在党内外仍然具有崇高的威望。

毕竟是“半退”了，担任中顾委主任后，陈云更加注意遵循“少做就是多做，多做就是少做”的工作原则，除了一些重大事项需要他“拍板”以外，对中央顾问委员会的日常工作，他都放手让薄一波和宋任穷两位副主任去主持。

尽管“少做”，但陈云仍以极大的精力关注着党和国家一系列重大问题。

十三大结束后，国务院负责同志通过调查研究发现，沿海地区改革开放和经济建设的形势很好，尤其是外商投资大量增加，引进外资、出口创汇出现了越来越好的势头。为此，他提出，我国沿海地区的经济发展，正面临着一个有利的机遇，如能采取正确的发展战略，利用优势发展劳动密集型产业和外向型经济，抓住机遇，有领导、有计划、有步骤地走向国际市场，今后一个时期沿海地区的经济发展水平有可能大大提高一步；并将这些考虑整理成《沿海地区经济发展战略问题》的稿子，于1月21日分送邓小平、陈云和中央其他几个领导人，先在小范围内征求意见。

这份稿中提出：

沿海地区的经济发展，要避免和内地争原料、争市场，一定要努力做到

“两头在外”，向外向型经济转化。

所谓“两头在外”，就是把生产经营过程的两头（原材料和销售市场）放到国际市场上去。随着沿海地区加工工业对原材料需求的增加和内地经济的日益发展，如果还按照原来的路子只靠国内的原材料，沿海和内地争原料的矛盾势必越来越尖锐，这是行不通的。因此要提倡和鼓励沿海地区到国际市场上去进口原材料，加工增值之后，再把产品销往国际市场，大进大出。

陈云和邓小平接到这份稿子的时候，已接近1988年的春节。他们非常重视，很快仔细地阅看。

发展外向型经济、促进沿海地区的发展，是符合邓小平、陈云等人的思路的，也是十一届三中全会以来中央有关改革开放战略的一个重要的组成部分。因此，邓小平看完《沿海地区经济发展战略问题》的稿子后，干脆批示：“完全赞成。特别是放胆地干，加速步伐，千万不要贻误时机。”

陈云看完以后，也表示赞同。他也果断地做了这样的批示：“两头在外好。”

1月29日，陈云还专门就沿海地区经济发展战略等问题听取了国务院负责同志的汇报。

中共中央认为，在沿海地区发展“两头在外”的外向型经济，既可以抓住机遇，到国际市场上去显身手，又可以减少与内地的矛盾。中共中央由此确定了中国沿海地区的发展战略。之所以称之为战略，是因为它不仅关乎沿海地区的发展。中央还提出：发展“两头在外”是实施沿海地区经济发展战略的关键，也是是否能带动、支持中西部经济振兴的关键。

中央关于沿海地区经济发展的战略确定以后，便迎来了1988年的春节。而自担任中顾委主任后，陈云第一次在新闻媒体上公开露面，也是在这个春节期间。

1988年2月15日，是中国传统的农历腊月二十八日。这天上午，中共中央政治局常委、国务院代总理李鹏和中共中央政治局常委、书记处书记胡启立，专程来到陈云的住所，代表中共中央和国务院向陈云祝贺春节。

这是陈云“半退”以后，头一次接受中央第一线领导人以“组织”的名义公开地前来拜年。

看到新一届的中央领导人朝气蓬勃，陈云非常高兴。他在客厅里迎接大家，与李鹏、胡启立等人谈笑风生。

李鹏、胡启立祝陈云春节快乐，健康长寿。陈云笑容满面地说："你们身负重任，祝你们工作顺利，节日愉快。"

大家坐定后，李鹏向陈云汇报了党中央和国务院最近的工作情况，他说："这一段党中央、国务院主要讨论了当前的经济形势，确定今年的工作方针是稳定经济、深化改革，以改革总揽全局。当前比较突出的问题是物价问题，要靠改革和发展生产来解决好这一问题。"

陈云深知前进中有困难，中央领导集体的担子不轻，他用力拍拍双肩，以凝重的语气对李鹏和胡启立说："我们是一个 10 亿人口的大国，革命成果来之不易，你们重任在肩。"

谈话中，李鹏提到了最近党中央确定中国沿海地区经济发展战略。

陈云毫不犹豫说："走国际大循环发展战略的路子，我拥护。"

胡启立接着说，已经向大家传达了陈云同志关于这一发展战略的意见：

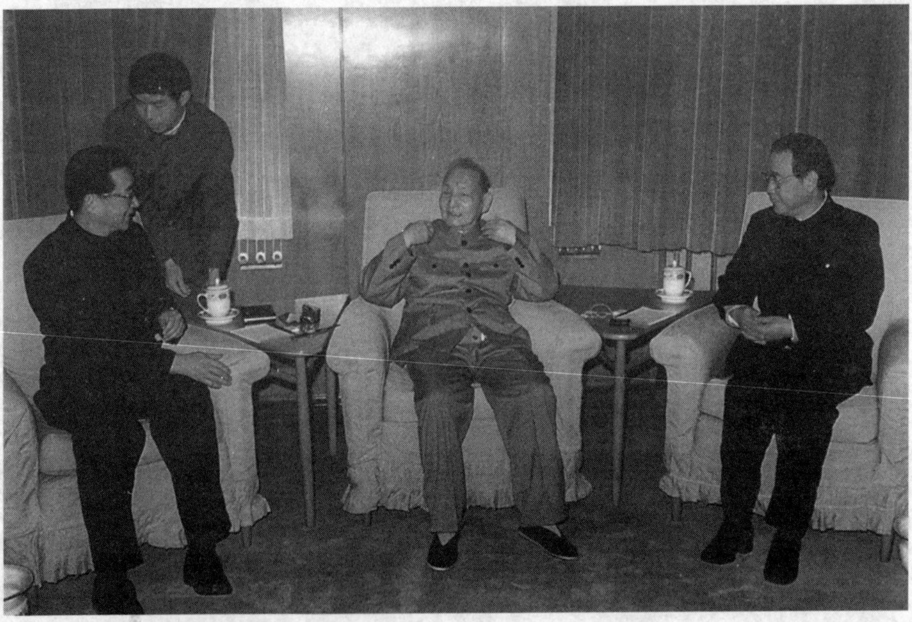

1988 年 2 月 15 日，陈云同李鹏、胡启立交谈

“两头在外好。”

陈云提醒说：“要贯彻好这一战略，也有一定的难度。”

李鹏表示：“我们都是新兵，希望陈云同志经常给我们指点、帮助，提出批评和意见。”

胡启立也说：“我们深感责任重大，不敢稍懈。小平同志、陈云同志等老一辈革命家身体健康，是全党、全国各族人民的共同心愿。”

对新一代中央领导集体，陈云充满信心，他说：“你们年轻，有希望。工作可以搞得好，应该搞得好。”

第二天，新华社和《人民日报》等新闻媒体对这次拜年活动进行了比较详细的报道。全中国和全世界也从中看出了新任中顾委主任陈云的改革开放意识以及他对新的中央领导集体工作的大力支持。

春节过后，陈云便跨入了自己的84虚岁年。按中国民间迷信说法，“七十三、八十四，阎王不请自己去”。把这两个年龄说成是人生的两个关口，如果能够顺利地度过这两个年头，就能活到100岁。陈云知道这种说法，但他从来不信这个。对年龄和生死问题的态度，陈云始终是乐观的和辩证唯物主义的。他曾抄录过文天祥的名句：“人生自古谁无死，留取丹心照汗青。”

就在刚进入84虚岁的时候，他开玩笑地对身边工作人员说：

有些老年人忌讳说自己年龄是73或84了，认为说这个数不吉利，往往是73岁时还说72，84岁时还说83。老汉不在乎，我是唯物主义者，人还能不死？死与不死不在于人为的说吉利不吉利，这是个自然规律。

他对自己活到这个年龄，还是很满足。他还拿别人做比较说：

我大姐享年90岁，超过了圣贤。老汉今年也84，这一关还有大半年呢，能过得去吗？毛主席享年83岁、周总理享年78岁，我84岁了，他们都比我身体好得多，我的身体比他们差远了。50年代我就说自己的身体是“木炭汽车”。能活到今天就可以了，这么多年过来了，老汉还是这个样，够本了，毛主席才活到我现在的年纪呀。

已经长寿的陈云“半退”以后更超脱。中顾委的日常工作，有薄一波和宋任穷主持，陈云可以大大地解脱出来。

2. 有人批评“摸着石头过河”的理论，陈云不以为然；但对经济体制改革中价格、工资等改革能否顺利闯“关”，陈云和中顾委不无担心。为避免社会动荡，陈云直接找中央一线负责人，谈了八点意见

1988 年 3 月中旬，陈云再次到杭州休养。晚年的陈云比较适应杭州的气候，南方的湿润对治疗陈云的气管炎和皮肤瘙痒都有好处。他在这里既可以调养身体，也可以深切感受到我国东部沿海地区改革开放的气息。

这次在杭州，陈云待了 2 个月。休养期间，他对沿海经济发达地区的农业问题思考得较多。

休养快结束时，浙江省和杭州市的有关领导说要集体来看望他。陈云答应了。

5 月 12 日上午，中共浙江省委书记薛驹、浙江省省长沈祖伦、中顾委委员铁瑛、中共杭州市委书记吴仁源等人来到陈云的住所。对他们的到来，陈云感到很高兴。对浙江的发展，陈云还是很满意的。

1988 年 5 月，陈云在杭州

陈云的一番话，使浙江的领导人深受震动。

陈云对他们谈到了自己一段时间以来对中国粮食问题的忧虑。陈云的话，意味深长。他说：

我们这些人在世时，粮食过不了关。我国人口多，土地少，要达到 1 万亿斤粮食，每年需要增加 160 亿斤，

不容易。中国的粮食，10 年之中估计是平平丰，平平灾，平平平。过去讲以丰补歉，但 1984 年一丰收，就觉得粮食过关了。1985 年我敲了敲警钟“无粮不稳”。下一代人如果在科学上没有突破，粮食也很难过关。这个问题是关键。

领导 9 亿多人口的中国，首先要解决的是人的吃饭问题，没有粮食吃，一切都谈不上。要解决这样一个大国的吃饭问题，就必须具备全面、整体和辩证的观点。由此，陈云又进一步提起了领导干部学习哲学的问题，他说：

我想劝你们一件事：领导同志要学点马克思主义哲学。不要怕人家说马克思主义哲学过时了，没有过时，永远不会过时。无论工作如何忙，也要抽点时间学习。学习时不要急急忙忙联系实际，接触实际多了，自然而然会联系起来。学马克思主义哲学，是思想上的基本建设。

讲到领导方法和工作方法，陈云提出：

领导干部身负重任，要善于听不同意见，不同意见里面有合理的部分。做工作，不能只想快。慢一点，稳一点，少走弯路，走弯路的损失比慢一点的损失多。

陈云认为，要想不走弯路，就必须谨慎地探索，要“摸着石头过河”。针对社会上有舆论批评“摸着石头过河”的提法，讲了自己的看法：

有人批评说“摸着石头过河”不对，但没有讲出道理来。“九溪十八涧”，总要摸着石头过，总要下河去试一试。“摸着石头过河”，这话没有错。

5 月，陈云从杭州回到北京。他又先后找李鹏、田纪云、李先念等谈了自己的一些想法。

就在中央确定沿海经济发展战略的同时，对经济体制改革的探索，又迈出了新的步子。这些问题，不仅中央领导层关心，群众更关心。作为熟谙经济工作的老一代领导人，陈云深知，中央顾问委员会的老同志们对此也非常关心。为使老同志们进一步了解改革开放和经济发展的实际情况，陈云回京后，中顾委组织了部分在京委员到天津静海县大邱庄等搞得比较好的点参观考察。根据陈云的意见，中顾委常委会还于7月6日召开第五次（扩大）会议，讨论当前经济、政治等方面存在的问题。

从1988年6月起，为进一步探索经济体制改革的路子，新的中央领导集体决定从群众最为关心的物价和工资角度入手，探索改革的新方案。中央责成专门机构组织有关部门反复研究了今后5年，特别是1989年的价格、工资改革和配套措施问题。在这个基础上，拟定有关改革的初步方案。

这些动作，也引起了国际社会的关注。7月2日，日本6家新闻机构的负责人在人民大会堂联合采访了中国国务院总理李鹏，探询中国的工资、物价改革的有关信息。李鹏透露：中国工资、物价改革将配套进行，中国国务院已成立物价委员会，正在制定中长期改革方案，同时还要重点制定1989年的改革方案。李鹏说："中国目前的物价改革，是经济体制改革的一个重要组成部分。改革的目标是从过去高度集中的计划经济管理体制转到社会主义有计划的商品经济体制，让价值规律发挥更大的作用。因此，如果价格不理顺，社会主义商品经济就很难形成，价值规律就很难发挥作用。"李鹏谈到了改革的风险："我们现行的不合理的价格与价格体系，是多年形成的历史产物，进行改革难度很大，也是有风险的。"面对风险，李鹏谈了对待价格改革的态度："一是决心要大，二是方案要稳妥，每一种改革的出台时机选择要恰当，也就是说，要考虑到人民、企业、社会等方面的承受能力。没有人民的支持，物价改革是很难进行下去的。"为表示中共中央和国务院对此事的慎重，李鹏还强调："在重大价格改革方案与措施出台前，我们将采取各种方式与人民群众协商对话，以得到人民群众的理解和支持。""工资改革将与价格改革配套进行，其目的是使人民的实际收入平均水平不因为价格改革而下降。"

到了7、8月间，价格、工资改革的初步方案基本拟出，主要内容包括：价格、工资改革的必要性；改革需要遵循的主要原则；1989年至1993年改革的轮廓设想；1989年改革的初步方案；改革中可能遇到的主要风险和基本对策；必须采取的配套改革措施。中央为此分别召开了一系列会议，对初步方案进行讨论、修改。这个初步方案也报送了中央顾问委员会进行讨论、修改。

陈云等人看后，对改革的基本精神是同意的。他认为，还要充分估计到改革的复杂性和艰巨性，尤其要注意商品经济条件下会出现的各种难以预料的问题。

7 月 6 日，中顾委常委会召开第五次扩大会议。在谈到物价和工资改革问题时，有的人提出：解决物价和工资的问题，要考虑企业的承受能力。还有的人提出：目前的物价问题需要增加透明度，对改革为什么必要和不可避免、改革与不改的利弊得失、改革的目的和国家的基本方针等问题，应该向群众进行广泛的宣传解释。这样才能使群众在思想上认识得比较充分，在生活上比较容易承受，在行动上积极配合。

《关于价格、工资改革的初步方案》在 8 月 15 日至 17 日召开的中共中央政治局第十次全体会议上获得原则通过。中央政治局会议认为，价格改革的总方向是：少数重要商品和劳务价格由国家管理，绝大多数商品价格放开，由市场调节，以转换价格形成机制，逐步实现“国家调控市场，市场引导企业”的要求。根据各方面的条件和现实的可能，今后 5 年左右的时间，价格改革的目标是初步理顺价格关系，即解决对经济发展和市场发育有严重影响、突出不合理的价格问题。工资改革总的要求是：在价格改革过程中，通过提高和调整工资、适当增加补贴，保证大多数职工实际生活水平不降低，并能随着生产的发展而有所改善，同时进一步贯彻按劳分配原则，解决工资分配中一些突出不合理的问题。

这次政治局会议还强调：价格、工资改革是整个经济体制改革的关键；价格、工资改革的成功要依靠整个经济体制改革的深入。

正在这个时候，市场上出现了零售物价总体水平涨幅急剧跃升的情况，全国范围内的抢购风和挤兑风开始刮起来。

尽管北戴河会议也看到，企业内部改革还不够完善，通货膨胀和基本建设规模仍居高不下，社会集团购买力和奢侈、浪费之风依然很难遏制，清理和整顿政企不分、官商不分的公司以及治理经济环境和经济秩序难度很大。但是，会议对克服这些困难的难度还是估计得不足，最要紧的是对在改革过程中如何发挥中央权威这一问题考虑得不够。

价格、工资改革方案在党内外征求意见时，许多人提出：某些部分需要进一步充实、完善。特别是要充分顾及治理经济环境、整顿经济秩序、继续深化改革，尤其是压缩基本建设规模和社会集团购买力，控制消费基金的增长和控制通货膨胀等方面的困难。

为治理经济环境和整顿经济秩序，中央也想了许多办法，如9月24日国务院发出了《关于清理固定资产投资在建项目、压缩投资规模、调整投资结构的通知》。

在提出一些意见后，中顾委基本同意中央的改革方案。9月26日至30日，中顾委委员列席了中共十三届三中全会，主要讨论和审议关于价格、工资改革的方案。

十三届三中全会确定，把明后两年改革和建设的重点突出地放到治理经济环境和整顿经济秩序上来。会议认为，我国总的经济形势是好的，但存在的困难和问题也不少，突出的是物价上涨幅度过大。为了创造理顺价格的条件，为了经济建设持续、稳步、健康地发展，必须在坚持改革开放总方向的前提下，认真治理经济环境和整顿经济秩序。治理经济环境，主要是压缩社会总需求，抑制通货膨胀；整顿经济秩序，就是要整顿目前经济生活中特别是流通领域中出现的各种混乱现象。会议强调，不理顺价格就谈不上真正确立新经济体制的基础，但深化改革又不仅仅是一个价格改革问题，而是多方面的综合改革。

十三届三中全会后，中央顾问委员会也于9月30日召开了第三次全体会议，支持中央的工作，赞同《关于价格、工资改革的初步方案》。

对经济体制改革过程中出现的问题和困难，陈云和邓小平等退下来的老同志不是没有担心，他们将价格、工资改革能否顺利进行，称之为闯“关”。在7月6日召开的中顾委常委扩大会议上，薄一波就曾提到这一点。薄一波在讲到邓小平等老同志的态度时说：“他对现在过物价、工资‘关’，是这样估计的：大体上我们能够过得去；但是在这里边可能会出些乱子，希望不出大的乱子。所以他说决心要大，要迎着风浪前进，但步子要稳妥，工作要小心。”

怎样才能闯过这一关，中顾委强调：要发扬党的政治优势、加强党的领导来克服困难，在历史的关键时刻，我们党克服困难，争取胜利，靠的都是这一条。现在，我们要治理经济环境，整顿经济秩序，闯过物价、工资改革这一关，也要靠这一条。

中顾委常委会议在讨论关于物价、工资改革的方案时，也提出了一些建议，其中第一条建议就是："对当前社会上出现的抢购风要引起高度重视，并采取有力措施加以控制，不能任其发展，否则有可能发生大的社会动乱。"

改革需要深入，但出现的被动局面也必须及时加以控制。为避免"可能发生大的社会动乱"，陈云于10月8日与赵紫阳做了一次深谈。

陈云先从市场经济的问题谈起。他首先表明自己赞成"学习西方市场经济的办法"和鼓励对市场经济进行"摸索"的态度。

对中央领导集体面临的困难，陈云充分理解，他提倡在探索中总结经验：

在我们这样一个社会主义国家里，学习西方市场经济的办法，看来困难不少。你们正在摸索，摸索过程中碰到一些问题是难免的，还可以继续摸索，并随时总结经验。

既要探索改革，又要处理好经济社会发展的一系列关系，怎么办？陈云就"当前经济工作的几个问题"，谈了"八点意见"。

第一点意见，针对农业和粮食问题。陈云再次表达了自己对粮食问题的担忧。无粮则乱，是他一贯坚持的观点。他说：

"粮食问题始终是一个大问题。十亿人民要吃饭，农民种地卖粮给国家，天经地义。

"现在相当大一批农民搞乡镇企业，买粮食吃，不能小看。

"对乡镇企业要做些调查研究，哪些是有用的，哪些是不行的，以便积极引导，使其健康发展。"

陈云提醒，如果相当多的农民都去搞乡镇企业，粮食生产就会受到冲击。必须在解决好粮食问题的基础上，健康地发展乡镇企业。

第二点意见，针对农业和工业发展中的一些不良倾向。陈云指出，目前农业生产和工业生产中相当普遍地存在着的一种掠夺式使用资源的倾向。

对农业的问题，陈云指出："种田必须养地。"但是，"化肥用得越多（超过一定数量），土地就越瘦，今后必须大力提倡施用农家肥。要研究现在农民不重视农家肥的原因，提出有效的解决办法。”

对工交企业的问题，他提醒道：“企业实行承包责任制，有积极的一面，也要看到消极的一面，比如不少企业为了完成承包数，硬拼设备，带病运转。近年来安全事故增多，恐怕与此有关。企业一定要维护好设备，特别是关键设备，四个九不行，必须做到万无一失。”“承包工交企业的，必须确保设备完好率。”

第三点意见，说的是中央权威的重要性。陈云强调：中央必须有政治权威和经济权威。他说：

中央的政治权威，要有中央的经济权威做基础。没有中央的经济权威，中央的政治权威是不巩固的。

在经济活动中，中央应该集中必须集中的权力。

搞活经济是对的，但权力太分散就乱了，搞活也难。

陈云还批评了一些地方各行其是的现象，他举例说：“现在非生产性建设、特别是楼堂馆所建设搞得太多了，连黑龙江也跑到北戴河去盖楼堂馆所，真是怪事。”

第四点意见，针对财政平衡的问题。陈云提出：

从全局看，在几大平衡中，最基本的，是财政平衡。要扭转当前混乱的经济局面，首先要靠财政平衡，特别是中央财政平衡。现在票子发得太多。票子发行的权力要高度集中，我看还是要“一支笔”。

第五点意见，针对经济探索中的经验教训。陈云指出，必须辩证地对待过去经济探索中采取的一些办法，以便在改革实践中克服其缺陷，汲取其合理成分。他举例说明：“在历史上起过作用的办法，现在不应该全部照搬，但也不能一概否定。”

他进一步指出说：

当然，目前国内外情况同过去比，发生了很大变化。过去我们在经济工作中，也不是说没有缺点错误。

我在 1979 年 3 月说过，60 年来，无论苏联或中国的计划工作制度中出现的主要缺点：只有“有计划按比例”这一条，没有在社会主义制度下还必须有“市场调节”这一条。所以，我们需要改革。但在改革中，不能丢掉有计划按比例发展经济这一条，否则整个国民经济就会乱套。

第六点意见，针对人民生活水平和国家实力的关系。根据国家的发展状况，陈云提出：“提高人民生活水平，要掌握一定的幅度，不能过高、过快。”他主张：“好事要做，又要量力而行。”为此，他重申了“一要吃饭，二要建设”的原则。

第七点意见，针对金融问题。陈云提出，要采取一些措施，保证市场和人民生活的正常秩序，如对储蓄和国库券采取保值的办法是必要的。“如果不从根本上采取稳定市场物价措施，提款抢购风潮还会再起。”至于对外债的办法，他认为：“外债可以借，但要尽量少借。借外债，要用得好，还得起。”

第八点意见，说的是如何渡过目前的财政经济困难。陈云提出，最核心的一条，是要加强党的领导。他说：

目前财政经济遇到一些困难，在克服这些困难的过程中，必须加强和依靠党的领导，特别是党中央的核心领导作用。

在党的领导人中，晚年陈云是轻易不发表意见的，尤其是担任中顾委主任以后，陈云更是轻易不说话。这次与中央一线领导人谈的这“八点意见”，是他经过调查研究和反复思考的结果。他的意见切中要害，引起中央领导层的高度重视。

陈云与中央一线领导人的谈话，很快被整理成谈话稿，在中央政治局常委范围内传阅。十天以后，中央办公厅除印发中央政治局常委外，再印发给中央军委主席、中顾委主任、全国政协主席及参加常委会议各位同志传阅。随后，陈云的意见在更大的范围内传达。

11 月 21 日，中央顾问委员会举行常委会议，专门传达了陈云的谈话记录。在讨论中，中顾委常委一致赞同陈云的意见。他们认为，目前经济生活中出现的一系列问题，的确要引起高度的重视，搞不好就会出现社会不稳定，甚至会发生大的社会动荡。

3. 一场政治风波悄然而至，陈云从杭州返回北京，抱病参与处理动乱问题。他亲自主持召开中顾委常委会议，毫不犹豫地提出：老同志要坚决拥护以邓小平为核心的党中央

晚年的陈云，由于身体的抵抗能力下降，已不太适应北京的秋冬季节。秋天以后，北京干燥的气候让他的皮肤发痒，睡不好觉，也容易感冒。因此他与中央一线领导人谈完话后，再次到杭州休养，这一住就是半年多。

1989 年的春节，陈云是在水光潋滟、风景如画的西子湖畔度过的。他参加杭州市各界群众春节联欢会的情况，新华社还做了报道。正当陈云在杭州休养期间，一场政治风波却悄然而至。

由于国际、国内复杂的政治、经济等诸多方面的原因，以及中央领导层中在一些重大问题的认识和处理上出现分歧，陈云和中顾委等老同志担心的“闯关”问题，最终还是没有解决，一场“大的社会动乱”于 1989 年春夏之际发生了。

1989 年的春天，是一个不平静的春天。3 月上旬，在境外分裂主义集团的策划下，西藏少数分裂主义分子在拉萨街头烧汽车、砸商店、向民警开枪射击，制造了西藏三十年来罕见的一场骚乱。拉萨的骚乱，严重扰乱了社会治安，给拉萨人民的生命财产造成了重大损失。为了保障人民群众的生命安全和维护正常的社会秩序，经中共中央和国务院批准，西藏自治区政府下令对极少数肇事者绳之以法，国务院决定于 3 月 8 日开始在拉萨实施戒严。

拉萨的骚乱刚刚平息下来，首都北京的政治气候却开始升温，它的后面也有复杂的政治背景。

4 月中旬以后，借胡耀邦去世和广大人民群众对胡耀邦的悼念之机，少数别有用心的人制造谣言，蛊惑人心，利用大小字报诬蔑、谩骂、攻击党和国家领导人，鼓动反对共产党的领导和社会主义制度。他们不仅干扰了正常的悼念活动，而且其行动已经越出了法律允许的范围。在北京、西安、长沙等地，

连续发生围聚新华门，冲击中南海，严重打、砸、抢、烧的事件。极少数人还煽动万余名学生聚集天安门广场，几乎造成冲击人民大会堂的严重事件；接着，又煽动北京六万高校学生罢课……学潮逐步升级，动乱不断扩大。

到了 4 月下旬，由于出现了一场有组织、有计划的反党、反社会主义的政治斗争，中共中央于 4 月 24 日晚召开政治局常委碰头会，决定成立中央制止动乱小组，尽快平息动乱。并决定由《人民日报》发表社论向全党全国人民指出这场斗争的性质。赵紫阳因在朝鲜民主主义人民共和国访问，没有参加这次会议。4 月 25 日，邓小平在住地同李鹏、杨尚昆谈话，完全赞成和支持中央政治局常委碰头会的决定，并指出：这不是一般的学潮，是一场动乱。就是要旗帜鲜明，措施得力，反对和制止这一场动乱。4 月 26 日，《人民日报》发表了题为《必须旗帜鲜明地反对动乱》的社论。对中央的决定，赵紫阳是有不同看法的。

5 月 4 日，刚刚出访回国的赵紫阳在会见出席亚洲开发银行理事会第 22 届年会的亚行成员代表团团长及亚行高级官员时，发表了一篇同中央反对动乱的立场和方针不同的谈话，并公开暴露了中央的内部分歧。随后，动乱的局面进一步转向激化。

对胡耀邦去世以后北京局势的发展，在杭州的陈云和在北京的中央顾问委员会委员们一直处于高度关注之中。4 月 26 日，中央顾问委员会召开在京委员会议，由中央政治局常委乔石传达了 4 月 25 日邓小平的重要谈话，并听取国家教委和中共北京市委负责人通报近来各高校的情况和动态。赵紫阳对亚行理事会的讲话公开后，事态进一步恶化。陈云再也无心在杭州休养。5 月 7 日，他由杭州返回北京。

5 月 16 日晚，中共中央政治局常委召开紧急会议，多数人认为：当前形势十分严峻，对动乱决不能退让。赵紫阳坚持退让，与多数常委的意见形成鲜明对比。第二天，中共中央政治局常委再次召开会议，多数人反对赵紫阳主张退让的意见。会议决定对北京部分地区实行戒严。在这种关键时刻，赵紫阳要求辞职，受到严厉批评。

16、17 日中央常委会的决定和近期动乱的情况，李鹏于 17 日及时地向中顾委在京委员会议做了通报。邓小平、陈云、李先念、王震等老同志坚决支持多数常委的意见，拥护中央的决定。

根据中央政治局常委会议的决定，19 日晚，中共中央、国务院召开首都党政军干部大会，赵紫阳拒绝出席大会。李鹏代表中共中央政治局常委会讲话，指出：当前首都形势相当严峻，无政府状态越来越严重，法制和纪律遭到破坏。北京的事态还在发展，而且已经波及了全国许多城市。在不少地方，游行示威的人越来越多。在有的地方，也发生了多次冲击当地党政领导机关的事件，发生了打、砸、抢、烧等严重违法破坏活动，甚至铁路干线上的火车也遭到拦截，使交通被迫中断。种种情况表明，如再不迅速扭转局面，稳定局势，就会导致全国范围的大动乱。李鹏代表中共中央和国务院，号召全党全军全国各族人民，和衷共济，团结一致，立即行动起来，在各自的岗位上为制止动乱和稳定局势做出贡献。国家主席、中央军委副主席杨尚昆也在会上讲话，并宣布：为改变在许多方面已经出现的无政府状态，维护首都社会治安，恢复正常秩序，从外地调部分人民解放军部队进驻北京。

5 月 20 日，李鹏签署国务院命令，决定自 20 日 10 时起在北京部分地区实行戒严。当天，陈云前往邓小平家中，与邓小平、李先念、彭真、杨尚昆、王震、李鹏、乔石、姚依林、宋平等开会，商议制止动乱的有关事宜。

陈云从杭州回到北京后，始终抱病参与处理动乱问题的一系列工作。在

1989 年 5 月 26 日，陈云主持中共中央顾问委员会常务委员会会议并发表重要讲话

这期间，为统一老同志之间的认识，使大家在紧要关头团结在以邓小平为核心的中央领导集体周围，与党中央保持一致，陈云不顾 84 岁高龄，连续找一些老同志和部队老将军谈话，并就坚决反对动乱的问题与中顾委常委们交换意见。

5 月 26 日上午，陈云来到中顾委第一会议室，亲自主持召开了中央顾问委员会第十一次常委会议。这是陈云担任中顾委主任以来，首次亲自主持常委会。以前的中顾委会议，他一般都让薄一波、宋任穷主持。在国家发生动乱、党的领导面临挑战的关键时刻，陈云再次走到了政治前台，出席会议的中顾委常委们非常振奋。

中顾委这次常委会上，传达了中共中央、国务院关于反对动乱、维护社会安定的一系列重要指示精神。陈云做了重要讲话。话虽不长，但却句句都极有分量：

关于反对动乱问题，我讲两点意见：

第一，现在是关键时刻，不能后退。如果后退，两千万革命先烈用人头换来的社会主义的中华人民共和国，就会变成资本主义的共和国。

第二，我们作为老同志，现在就是要坚决拥护以邓小平同志为核心的中国共产党，坚决拥护李鹏同志代表中央政治局常委会在首都党政军干部大会上的讲话。同时，要主动地多做干部和群众的工作。

薄一波在会上说："在这关键的时刻，陈云同志亲自出席并主持今天的中顾委常委会议，大家都很高兴。陈云同志刚才的重要讲话，我完全赞成。"

刘澜涛在发言中说："在这样一个关键时刻，陈云同志讲话本身就具有极重大的意义。我想，我们党的历史会写上这一笔。"

与会的中顾委常委一致认为，陈云的讲话言简意赅、非常重要，并表示：完全同意陈云的讲话，坚决拥护以邓小平为核心的党的领导，坚决拥护李鹏和杨尚昆在首都党政军干部大会上的讲话，坚决拥护党中央和国务院为制止动乱、稳定局势做出的正确决策和采取的果断措施。

中顾委常委还指出，这场动乱的出现，绝不是偶然的。其中一个重要的原因，就是相当一段时期以来，放松了马克思主义的思想教育，削弱了党的思想政治工作。事实再一次告诉我们，要维护社会的安定团结，要保证社会主义现代化建设和社会主义改革事业的顺利进行，必须坚定地坚持四项基本原则。

第二天，全国各大媒体都报道了这次会议的消息。以中顾委为首的老同志们对中央的支持，为中共中央采取果断措施制止处理动乱问题提供了坚强的后盾。

动乱的组织者和策划者们却错误地估计了形势，他们利用学生的爱国热情，置政府和戒严部队采取的克制态度于不顾，继续占据天安门广场，组织各种非法活动，最终发展成为反革命暴乱。6月4日，党和政府采取果断措施，迅速平息了这场风波。

风波过后，人们对以陈云为首的中央顾问委员会和党内老同志发挥的重要作用做了高度评价。中顾委副主任宋任穷认为："在这场斗争中，小平、陈云、先念等老一辈无产阶级革命家，坚决支持中央常委多数同志的工作，起到了重要的作用。"一年以后，宋任穷又说："陈云同志是我们党的老一辈无产阶级革命家。当去年这场政治风波严重威胁我们党和国家命运的关键时刻，他抱病亲自主持召开中顾委第十一次常委会议，尖锐地指出'这是一场关系到我党生死存亡的严重政治斗争，要坚决保卫以两千多万人头换来的中华人民共和国，坚决支持以邓小平同志为核心的中国共产党'，号召全党坚决支持中央政治局常委多数同志的正确决策，这对当时制止动乱、平息北京发生的反革命暴乱，起了极其重要的作用。陈云同志同其他老一辈无产阶级革命家一起在这场政治风波中起到了中流砥柱的作用。"

处理动乱问题，在党内老同志中，邓小平的作用是第一位的。但邓小平在讲到这种作用时，多次提到陈云等其他老同志："在这次动乱中，赵紫阳暴露出来，明显地站在动乱一边。好在有我和一些老同志在，处理不难。"[①] 邓小平还说过："迅速解决动乱，取得安定环境，这个决心我们下对了。不然，总在示威，每个角落天天在闹，死的人不知会有多少，十年发展的成果就不见了，

---

① 邓小平在会见李政道夫妇时的谈话，1989年9月16日。见《陈云传》，中央文献出版社2005年版，第1803页。

局面没有人能收拾。我们能收拾这个局面的，我是其中一个，还有一批老的革命家。”①

但是，在风波过后的党员重新登记问题上，陈云则采取了实事求是、处理从宽的态度。他在1990年5月25日致中顾委副主任薄一波、宋任穷并其他中顾委常委的信中，提出对在动乱期间犯错误的同志“应该允许他们登记”。他是这样说的：

在党员登记工作中，暂缓登记可以有，但是要把政治问题同经济问题、作风问题分开。在政治问题上，处理要格外慎重，只要检讨了（无论是口头的还是书面的，都表示本人现在对错误的认识程度），这就是记录在案了，不要扭住不放。扭住不放，不是我们党的好作风。在这方面，我们党是有很深刻的历史教训的。

1989年的这场风波，是建国以来没有发生过的非常复杂的政治事件，也是我们党内在特定历史条件下的一场特殊的政治斗争。当时中央常委有两种不同的声音，加上中央有些报纸进行了错误的宣传，使得中央和地方的不少领导同志都不了解真实情况。所以我主张，对于这场政治斗争，应该采取正确的党内斗争方针来处理。就是说，应该从全局的观点，即从党的最高利益、长远利益为出发点来处理。对犯有错误的同志的审查，应该是实事求是的。当然，对于那些触犯法律的，应当依法惩办。②

他再三强调：“中国现在是11亿人口的社会主义大国，动乱不得。”

陈云的这封信，还被转到了江泽民和其他中央常委手中，大家一致同意陈云提出的意见。中顾委常委还一致认为：陈云同志站得高、看得远，所谈意见深刻体现了党的“团结——批评——团结”的正确方针，体现了实事求是地慎重处理党内政治问题的优良传统。对团结一切可以团结的力量，化消极因素为积极因素，维护大局的稳定，也具有重要的指导意义。

---

① 邓小平会见长江实业集团主席李嘉诚时的谈话，1990年1月18日。见《陈云传》，中央文献出版社2005年版，第1803页。

② 《陈云传》，第1805页。

4. 十三届四中全会选出以江泽民为核心的第三代中央领导集体。邓小平与陈云、李先念商定：改革开放的方针不变，十三大的政治报告一个字不动。陈云再次提倡学习哲学

政治风波过去以后，怎么办？一些重大问题再次摆在人们的面前：下一步中国将走什么样的路？改革开放的方向会不会变？中国的领导体制会不会有变化，新老交替的局面会不会打破？一场大的风波过后，如何统一人们的思想尤其是领导层的思想？随着中共十三届四中全会的召开和历史的发展，这些问题，一一得到明确的回答。

1989 年 6 月 23 日至 24 日，中共中央在北京召开了具有重要意义的第十三届中央委员会第四次全体会议。

全会高度评价了以邓小平为代表的老一辈无产阶级革命家在这场斗争中发挥的重大作用（其中也包括陈云发挥的重要作用），高度评价了在平息暴乱中解放军、武警和公安干警的巨大贡献。全会通过了《关于赵紫阳同志在反党反社会主义的动乱中所犯错误的报告》，指出他在关系党和国家生死存亡的关键时刻犯了支持动乱和分裂党的错误。会议一方面肯定了赵紫阳在担任党和国家重要领导职务期间在改革开放和经济工作方面做了一些有益的工作；另一方面也指出了他在指导思想和实际工作中存在的明显失误，特别是他主持中央工作以来，消极对待坚持四项基本原则、反对资产阶级自由化的方针，严重忽视党的建设、精神文明建设和思想政治工作，给党的事业造成了严重损失。

十三届四中全会决定撤销赵紫阳的中央委员会总书记、政治局常委、政治局委员、中央委员、中共中央军委副主席的职务。全会对中央领导机构的成员进行了调整，选举江泽民为中央委员会总书记；增选宋平、李瑞环为政治局常委；政治局常委会由江泽民、李鹏、乔石、姚依林、宋平、李瑞环组成；增补李瑞环、丁关根为书记处书记；免去胡启立、芮杏文、阎明复在政治局和书记处担任的职务。

十三届四中全会在公报中向国内外传递了一个重要的信息："全会强调，要继续坚决执行党的十一届三中全会以来的路线、方针和政策，继续坚决执

行党的十三大确定的‘一个中心、两个基本点’的基本路线。四项基本原则是立国之本，必须毫不动摇、始终一贯地加以坚持；改革开放是强国之路，必须坚定不移、一如既往地贯彻执行，绝不回到闭关锁国的老路上去。”

这就是说，以经济建设为中心，以改革开放推动国家强盛中国特色社会主义的道路绝不会变。

就在十三届四中全会选出以江泽民为核心的第三代中央领导集体的时候，邓小平、陈云、李先念等老一辈革命家在中央领导集体新老交替方面又迈出了极为重要的一步。

正因为如此，邓小平、陈云、李先念等老一辈革命家并没有列席十三届四中全会。中顾委的其他委员们列席了这次会议。

十三届四中全会闭幕的当天，陈云委托宋任穷主持召开了中顾委第四次全体会议。会议赞同和支持中共十三届四中全会的各项决定，表示要全力支持中央新的领导集体的工作。

对新选出的中央领导人的“形象”，邓小平和陈云等人一致认为：这个领导集体应该给世人以改革开放的形象。还在处理动乱问题期间，陈云等人在邓小平家里开会，邓小平提议由江泽民担任中共中央总书记，陈云表示同意。为什么要选江泽民作为第三代领导集体的核心？陈云赞同邓小平的说法：“新的中央领导机构要使人民感到面貌一新，感到是一个实行改革的有希望的领导班子。”①

新的领导人上来以后，中共十三大确定的方针政策变不变呢？十三大的政治报告是由赵紫阳代表中央作的，怎么对待这个问题。邓小平与陈云、李先念商议后，同一些中央领导人谈了话，把他与陈云等人的意见告诉新的领导集体：“改革开放政策不变，几十年不变，一直要讲到底。国际国内都很关心这个问题。贯彻十一届三中全会以来的路线、方针、政策，连语言都不变。十三大政治报告是经过党的代表大会通过的，一个字都不能动。这个我征求了先念、陈云同志的意见，他们赞成。”② 他还强调过：十三大报告不是赵紫阳

① 邓小平同两位中央负责同志的谈话，1989 年 5 月 31 日。《邓小平文选》第 296 页。

② 邓小平同两位中央负责同志的谈话，1989 年 5 月 31 日。《邓小平文选》第 296 页。

一个人的，一个中心两个基本点，是十一届三中全会以来一直讲的，不要随便触及这些改革开放政策。

十三届四中全会后，对如何继续贯彻执行十一届三中全会以来的路线、方针、政策的问题，陈云也多次与新的集体成员多次交换意见。为树立新的领导集体的权威，陈云做了许多的工作。尤其是看到一些地方出现了各自为政、政令不通的现象，陈云提出了严厉的批评。他在各种场合强调：必须树立中央和国务院的权威。

陈云与邓小平的想法是，路线和组织问题都妥善解决后，要尽快树立起新的中央领导集体的权威，然后尽快完成“全退”的心愿。陈云多次与邓小平交换这样的意见。

1989年9月4日上午，邓小平再次与江泽民、李鹏、乔石、姚依林、宋平、李瑞环、杨尚昆、万里谈话，主要的议题是谈退休问题。邓小平在谈话中提到：

> 陈云同志讲，各路诸侯太多，议而不决，决而不行，各自为政。这个批评是正确的。中央的话不听，国务院的话不听，这不行。特别是有困难的时候，没有中央、国务院这个权威，不可能解决问题。有了这个权威，困难时也能做大事。不能否定权威，该集中的要集中，否则至少要耽误时间。

邓小平在彻底退休之前，表达了自己与陈云共同的担忧：越是在困难时期，越要建立中央权威，以便办大事。这是邓小平在“全退”之前所要特意交代的一个意思。

随后，邓小平开始谈自己几年来“全退”的决心。他说：

> 我过去多次讲，可能我最后的作用是带头建立退休制度。我已经慢慢练习如何过退休生活，工作了几十年，完全脱离总有个过程。下次党代表大会不搞顾问委员会了，还是搞退休制度。我退休的时间是不是就确定在五中全会。

邓小平在谈话中，也表达了陈云“全退”的意见。中顾委成立的时候，邓小平说其存在的时间将是两届至三届，即10~15年。经过7年的运作，邓小平和陈云都认为，中顾委已经完成了她的历史使命，他们俩人也必须制订出结束中顾委的时间表。这样他们也就彻底地完成了自己的历史任务，也就可以“全退”了。

老一辈领导人要“全退”下来，新的中央领导集体又刚刚组成，社会上和党内会有些担忧，怎么看？邓小平表示：

中国的社会主义是变不了的。中国肯定要沿着自己选择的社会主义道路走到底。谁也压不垮我们。只要中国不垮，世界上就有五分之一的人口在坚持社会主义。我们对社会主义的前途充满信心。

此时邓小平已是85岁的老人，陈云也已84岁。新的中央集体经过慎重考虑，最终同意了邓小平、陈云关于彻底退出中央领导岗位的请求。邓小平全退的问题好办，根据他的请求，他所担任的中央军委主席职务，在两个月后召开的中共十三届五中全会上就能解决。而陈云的职务，是与中央顾问委员会的存废联系在一起的，只能与中央顾问委员会的撤销一同解决。而这届中顾委的任期，要等到三年以后召开党的第十四次全国代表大会才能结束，所以陈云的全退时间，定在了1992年。

这样，陈云还要在中顾委主任的任职上再干上三年，受党的委托，在这期间，还要在政治上为党的中央委员会发挥“助手和参谋”的作用，还要“在中央委员会领导下进行工作，对党的方针、政策的制定和执行提出建议”。

当前，最应该向中央提出的建议，是要警惕西方敌对势力对中国的“和平演变”。这是思想理论工作的当务之急。

9月8日，陈云专门约新当选并分管宣传工作的中央政治局常委李瑞环谈话，谈的核心问题，是要重新用马列主义的观点来认识当代资本主义。

陈云首先从列宁在《帝国主义是资本主义的最高阶段》一文中关于帝国主义的五个基本特征的论断讲起。列宁指出的这五个特征是：

（一）生产和资本的集中发展到这样高的程度，以致造成了在经济生活中起决定作用的垄断组织；

（二）银行资本和工业资本已经融合起来，在这个“金融资本”的基础上形成了金融寡头；

（三）与商品输出不同的资本输出有了特别重要的意义；

（四）瓜分世界的资本家国际垄断同盟已经形成；

（五）最大资本主义列强已把世界上的领土分割完毕。

列宁指出，在帝国主义阶段，世界已经分割完了，在重新分割的时候，就不得不把手伸向任何一块土地。因此，帝国主义的一个重要特点，是几个大国都想争夺霸权，即争夺领土。

陈云认为，资本主义在其最高阶段必然产生互相争夺和疯狂扩张的本性，就是由上述五个基本特征决定的。所以陈云提出，应该重视列宁的论断。他说：

“列宁论帝国主义的五大特点和侵略别国、互相争霸的本质，是不是过时了？我看，没有过时。

“列宁写这篇著作的时候，帝国主义国家为瓜分殖民地而进行的第一次世界大战还没有结束。战争并没有解决帝国主义国家之间的基本矛盾，却引起了无产阶级的革命。”

陈云从分析苏联十月社会主义革命胜利以来的中外历史进程入手，得出这样的结论：

从历史事实看，帝国主义的侵略、渗透，过去主要是“武”的，后来“文”、“武”并用，现在“文”的（包括政治的、经济的和文化的）突出起来，特别是对社会主义国家搞所谓的“和平演变”。那种认为列宁的帝国主义论已经过时的观点，是完全错误的，非常有害的。

如何正确看待马列主义关于帝国主义的一些著名论断，如何正确认识资本主义的本质，以便看清当前一些西方国家对中国进行“和平演变”的企图，陈云认为，这既是“一个理论问题，也是一个现实问题”。如果不从理论上加深认识，实际工作中就会出问题。所以他最后特别强调：“这个问题，到了大呼特呼的时候了。”

作为中顾委主任，陈云提出，中顾委在这方面为全党做表率，首先要从中顾委常委做起，只有中顾委的领导班子做好以后，才能进一步带动新老干部和全党同志提高马克思主义理论水平。

要想在理论上有所提高，必须加强学习，尤其是学习哲学。

1989 年 9 月 16 日，陈云给中顾委两位副主任薄一波、宋任穷并中顾委全体常委写了一封信，信中说：

我最近考虑一个问题，就是应该组织中顾委常委和在京委员学习和研究马克思主义哲学。其目的有二：一是我们这些老同志有丰富经验，但需要进一步提高理论水平；二是带动新干部乃至全党同志都来学习哲学。关于学哲学问题，我已经讲过多次。

他随信送去了 1987 年分别与赵紫阳和胡启立有关学习哲学的谈话记录，还有 8 天前与李瑞环的谈话记录，让薄一波、宋任穷等人印发给中顾委的所有常委参阅。

陈云关于组织中顾委老同志学习和研究马克思主义哲学的意见，迅速在中顾委中引起响应。9 月 27 日，中顾委常委会召开第十四次会议，商议贯彻落实一事。会上，中顾委常委一致认为："陈云同志提出要组织高级干部（包括中顾委老同志）学习马克思主义哲学，掌握科学的世界观和方法论，确实是当前摆在全党面前的一项非常紧迫的任务。这不仅对提高全党的马克思主义水平十分必要，而且对我们统一思想，更好地领导全国人民进行社会主义现代化建设也有着深远的意义。因此，应把它作为加强党的思想、理论建设的一件大事来抓。"

中顾委常委会议制订了常委会学习马克思主义哲学的方案，还就整个中顾委系统的学习，提出了要求，对学习内容、学习重点和学习方法等做了规定，还列出了学习书目（在这些书目中，既有马克思、恩格斯、列宁的有关著作，也有毛泽东、邓小平和陈云的有关著作）。会后，不仅印发了《关于中顾委委员学习哲学的安排》，还印发了陈云分别与赵紫阳、胡启立和李瑞环的谈话记录稿。

这次由陈云提倡的理论学习活动，持续了很长一段时间，收到了很好的效果，对新的中央领导集体和高级领导干部以及中顾委老同志加深思想理论修养，有着重要的影响。

1989年10月1日晚，陈云同江泽民、李鹏、西哈努克等在天安门城楼上

1989年的金秋季节，当全国各族人民欢欢喜喜地度过了中华人民共和国40周年大庆以后，陈云的老战友，老一辈无产阶级革命家、军事家、政治家邓小平退休前的全部准备工作顺利完成。11月6日至9日，中共中央在北京召开了十三届五中全会，中顾委的委员列席了这次中央全会。就在这次会上，邓小平从中央领导岗位上彻底退下来的意愿，得到了满足，经会前做工作，会上一致通过了《中共十三届五中全会关于同意邓小平辞去中共中央军委主席职务的决定》。邓小平终于卸下了他在中共中央领导集体中的最后一个职务。接替邓小平担任中央军委主席的，是中共中央总书记江泽民。

参加这次中央全会的中央委员、候补委员以及中顾委委员得知，陈云完全退休的问题，也在不久的将来得到解决，邓小平和陈云等人的意愿，还是建立老同志的退休制度，中顾委只是一种过渡形式。

5. 1990 年春节，陈云最后一次在杭州度过，他给李泽民赠送了 15 个字："不唯上、不唯书、只唯实，交换、比较、反复。"还讲解了其中的唯物辩证法

1990 年，当 20 世纪 90 年代来临的时候，陈云也进入人生的第 85 个年头，但按中国传统说法和陈云自己的计算习惯，他已跨进虚岁 86 了。他为自己制订的身体"两年计划"，也顺利地完成了五轮。毕竟到了这个岁数，身体的毛病一天比一天严重。

从 1 月上旬开始，正在杭州休养的陈云，明显感觉体力不如以前。中旬，他又有点感冒症状，胃口也不好。一天晚睡前，他又一次对身边工作人员开玩笑说："'王小二过年，一年不如一年。'这又要过年了。心脏的问题、走路的问题，迟早有一天要出来的，今年不出来明年出来，明年不出来后年出来。这是自然规律，是谁也抗拒不了的。"躺在床上，他大声地自我安慰说："不管那些，睡觉第一。"

1 月 16 日上午，上海华东医院的医学专家周孝达教授来杭州给陈云检查身体时，陈云笑着对周教授开玩笑说："我是视死如归呀，共产党人时刻都准备掉脑袋的。过去在白区工作的同志有四句话：'严刑拷打，家常便饭；砍头枪毙，告老还乡。'死怕什么，人总有一死嘛。"

这次，是陈云晚年最后一次来杭州休养。1 月 24 日，接近农历春节，在杭州的中顾委委员铁瑛、李丰平和浙江省顾问委员会的负责人，与中共浙江省委书记李泽民及浙江省、杭州市、驻杭部队等方面的负责人一道，来看望陈云。

也可能是估计到自己以后很难来杭州休养了，也可能是想对地方领导同志留下点什么。陈云拿出事先题写的一个条幅，特意赠送给李泽民，李泽民一数，正好 15 个字："不唯上、不唯书、只唯实，交换、比较、反复。"陈云对李泽民说："这 15 个字我是不轻易送人的。"

李泽民代表大家领了陈云的一片心意，说："陈云同志的这 15 个字，不光是送给我的，也是送给我们省委全体常委的。这是陈云同志对我们的期望。"

为了让大家更明白自己的意思，陈云详细地对这 15 个字作了解释：

“在延安的时候，我曾经仔细研究过毛主席起草的文件、电报。当我全部读了毛主席起草的文件、电报之后，感到里面贯穿着一个基本指导思想，就是实事求是。那么，怎样才能做到实事求是？当时我的体会就是十五个字：不唯上、不唯书、只唯实，交换、比较、反复。

“不唯上，并不是上面的话不要听。不唯书，也不是说文件、书都不要读。只唯实，就是只有从实际出发，实事求是地研究处理问题，这是最靠得住的。交换，就是互相交换意见，比方说看这个茶杯，你看这边有把没有花，他看那边有花没有把，两人各看到一面，都是片面的，如果互相交换一下意见，那么，对茶杯这个事物我们就会得到一个全面的符合实际的了解。过去我们犯过不少错误，究其原因，最重要的一点，就是看问题有片面性，把片面的实际当成了全面的实际。作为一个领导干部，经常注意同别人交换意见，尤其是多倾听反面的意见，只有好处，没有坏处。比较，就是上下、左右进行比较。抗日战争时期，毛主席《论持久战》就是采用这种方法。他把敌我之间互相矛盾着的强弱、大小、进步、退步、多助、寡助等几个基本特点，作了比较研究，批驳了‘抗战必亡’的亡国论和台儿庄一战胜利后滋长起来的速胜论。毛主席说，亡国论和速胜论看问题的方法都是主观的和片面的，抗日战争只能是持久战。历史的发展证明了这个结论是完全正确的。由此可见，所有正确的结论，都是经过比较的。反复，就是决定问题不要太匆忙，要留一个反复考虑的时间。这也是毛主席的办法。他决定问题时，往往先放一放，比如放一个礼拜、两个礼拜，再反复考虑一下，听一听不同的意见。如果没有不同的意见，也要假设一个对立面。吸收正确的，驳倒错误的，使自己的意见更加完整。并且在实践过程中，还要继续修正。因为人们对事物的认识，往往不是一次就能完成的。这里所说的反复，不是反复无常、朝令夕改的意思。”

综合上面的所有解释，陈云最后高度概括说：“这15个字，前9个字是唯物论，后6个字是辩证法，总起来就是唯物辩证法。”

后来，李泽民将自己对陈云这15个字的学习体会，写成了一篇长篇理论文章，题目就叫《改善工作方法，提高领导水平——学习陈云同志“不唯上、不唯书、只唯实，交换、比较、反复”的思想》。李泽民在文章中说：“把这些论述付诸于实践，用马克思主义哲学观点指导我们的工作是一项长期的任务。陈云同志说：学习哲学，可以使人开窍。学好哲学，终身受用。这是至理名言。世界观的改造，认识能力的改造，不是一朝一夕之功，三年五载之举，学习哲学也就应当长期坚持下去。在新的形势下，全党仍然面临着学会运用马列主义、毛泽东思想的立场、观点、方法分析和解决问题这项最迫切的任务。我们一定要增强学习哲学的责任感和使命感，不断地用科学的世界观和方法论武装自己的头脑，并且用它来指导我们的实践，改善工作方法，提高领导水平，以适应日益繁重的工作任务的需要。”①

1990 年 4 月 28 日，陈云结束在杭州休养，回到北京。回京不久，他接到著名水利专家、清华大学教授、中国科学院学部委员张光斗写来的一封信，随信还寄来了张光斗与另一位科学家、中国水利水电科学研究院水资源研究所所长陈志恺合写的《我国水资源的问题及其解决途径》一文。张光斗在信中说：“水利是农业的命脉，水利也是人民生活和工业的命脉。我国水资源紧缺，华北、西北、东北都缺水，农业时遇干旱，北京、天津、太原、大同、青岛、大连等几十个城市缺水，工农业争水现象已很突出，形成水源危机。南方水量较多，但城市和工业也缺水，农业也遇干旱。此外，水源污染也十分严重，必须抓紧水源建设，水源建设主要由国家和地方投资，低偿或无偿供水，目前既难于筹集资金进行水源建设，促进节约用水，也不利于水源工程的管理。”解决水资源缺乏的问题，是一个具有根本性的战略问题。接到信后，陈云立即将信和文章于 6 月 6 日批转江泽民、李鹏和国家科委主任宋健，他说：

张光斗、陈志恺同志就我国水资源问题进行了认真研究之后，提出了很重要的意见。水的问题始终是一个大问题。要从战略高度来认识水的问题的严重性。各级领导部门，尤其是经济、科技领导部门，应该把计划用水、节约用水、治理污水和开发新水源放在不次于粮食、能源的重要位置上，并列入长远规划、五年计划和年度计划加以实施，以逐步扭转目前水资源危机的严重状况。

---

① 见 1991 年 1 月 18 日《人民日报》。

陈云还给张光斗复了信，称赞他和陈志恺就我国水资源问题所进行的研究和提出的很重要的意见。

对水资源问题的战略认识，中央新的领导集体与陈云的考虑是一致的，江泽民看完陈云的批示和送来的材料后，很快批示国务委员兼国家计委主任邹家华："在考虑'八五'计划时得认真研究一下水的问题。人无远虑，必有近忧。是应该未雨绸缪。"

由水的问题出发，陈云还想到了经济生活中其他一系列带有战略性的问题，为此，他在将张光斗的信和文章批给江泽民等人的当天，又约江泽民长谈了一次。谈话的内容包括：国家财政补贴政策是保持社会安定的一项基本国策，不可能从根本上取消；中央制定了好的方针、政策后，关键要抓落实；开会和接见不要太多，要有时间专门考虑一些战略问题。

陈云在谈话中尤其强调考虑战略性问题的重要性，他说：

要拿出一定时间"踱方步"，考虑战略性的问题。过去旧商人中，有一种头戴瓜皮帽、手拿水烟袋的人，他们是专门考虑战略问题的。我国已经同135个国家建立了外交关系，同263个政党有交往。一年只有365天，如果对来访者都要安排你们去会见，恐怕谁也受不了。现在的会议很多，如果每会必到，恐怕也办不成大事。你们现在的工作，比我们那个时候要难做。而且，有许多紧急事情要处理。

末了，陈云特意关切地交代江泽民：

"你们都是60开外的人了，还是一句老话，开会不要开死人。"

为中央考虑一些重大的战略性问题并提出建议，这是陈云担任中顾委主任期间做的一项重要工作。用他的话来说，半退下来以后的他，大部分时间都在"踱方步"。

6. 进入20世纪90年代，陈云开始转到改革开放前沿的上海休养。邓小平发表南方谈话时，陈云正在上海，他完全赞成。有人问他对开发、开放浦东的态度，他更表示赞成

进入20世纪90年代，上海浦东的开发成为中央经济发展的一个重点。

陈云在上海同江泽民交谈

1990年9月份，陈云决定改变在杭州休养的习惯，于国庆节后到上海去踱踱方步。

但这时候的陈云，已过85周岁生日，已经明显出现心衰迹象，稍微活动后便心率加快。医疗专家建议他："目前宜静不宜动。最好不要离开北京。"

没想到陈云去上海的决心很大，他悄悄告诉身边的人说："毛主席说，医生的话只能听50%。"还坚持说："一定要去上海。北京冬天干燥，在北京过冬，身上发痒，睡不好觉，容易感冒，事情会更多。别的都要以去上海为前提。"

大家拗不过他，只好建议他来去上海上下飞机时必须坐轮椅，以节省体力。

在这之前，陈云从未坐过轮椅，他对自己的身体还是很有信心，总认为不需要坐轮椅，还说："坐上去就下不来了。"但经过试验和大家劝说，他最终还是同意了坐轮椅去。

国庆节以后，陈云于10月7日起程，由北京飞赴上海休养。

到上海后，陈云对这块熟悉的土地又有了新的感受。作为改革开放前沿地区，上海制定了加快浦东发展的跨世纪开发工程总体规划，并分三步实施：第一步，“八五”期间为开发起步阶段；第二步，“九五”期间为重点开发阶段；第三步，2000年后的二三十年或更长一些时间，为全面建设阶段。并提出了加快浦东新区建设的一系列优惠政策和措施。

陈云对上海的开放、开发非常支持。到上海以后，他除了亲眼目睹和亲身感受上海的变化以外，还多次与上海市的领导同志交换意见，与朱镕基、吴邦国、黄菊、陈至立、倪鸿福、陈国栋、胡立教、汪道涵等人多次交谈。他还将专门书写好的“不唯上、不唯书、只唯实，交换、比较、反复”的条幅，分送给朱镕基、吴邦国、黄菊。这一次，他在上海住了7个月多一点，直到1991年5月中旬才回到北京。

1991年国庆节以后，陈云再次去上海休养。这次到上海，陈云又住了7个多月。

1992年春节前后，陈云在上海休养期间，邓小平于1月18日至21日视察了武昌、深圳、珠海和上海等地，发表了重要的南方谈话。

邓小平南方谈话中一些重要思想，很快在中国大地以至国际上引起极大的震动，比如：

“要坚持党的十一届三中全会以来的路线、方针、政策，关键是坚持‘一个中心、两个基本点’。不坚持社会主义，不改革开放，不发展经济，不改善人民生活，只能是死路一条。基本路线要管一百年，动摇不得。只有坚持这条路线，人民才会相信你，拥护你。

“革命是解放生产力，改革也是解放生产力。

“改革开放胆子要大一些，敢于试验，不能像小脚女人一样。看准了的，就大胆地试，大胆地闯。

“改革开放迈不开步子，不敢闯，说来说去就是怕资本主义的东西多了，走了资本主义道路。要害是姓‘资’还是姓‘社’的问题。判断的标准，应该主要看是否有利于发展社会主义社会的生产力，是否有利于增强社会主义国家的综合国力，是否有利于提高人民的生活水平。

“计划多一点还是市场多一点，不是社会主义与资本主义的本质区别。计划经济不等于社会主义，资本主义也有计划；市场经济不等于资本主义，社会主义也有市场。计划和市场都是经济手段。社会主义的本质，是解放生产力，发展生产力，消灭剥削，消除两极分化，最终达到共同富裕。

“右可以葬送社会主义，‘左’也可以葬送社会主义。中国要警惕右，但主要是防止‘左’。

“抓住时机，发展自己，关键是发展经济。

“我国的经济发展，总要力争隔几年上一个台阶。

“要坚持两手抓，一手抓改革开放，一手抓打击各种犯罪活动。这两只手都要硬。”

……

在南方谈话中，邓小平以 88 岁老人的深邃眼光和丰富智慧，回答了中国改革和发展中困扰和束缚人们思想的许多重大认识问题。

邓小平南方谈话的思想，有的是在上海视察时阐发的。邓小平 1 月 31 日

陈云同上海党政领导同志在一起。左起：陈国栋、陈云、吴邦国、黄菊

来到上海，他也是在上海过的春节，2月20日离开的。邓小平南方谈话的一些情况，2月3日陪同邓小平视察的国家主席杨尚昆和上海市委书记吴邦国来看望陈云时，谈到了一些。当月，陈云从中央发出的有关邓小平视察南方期间谈话要点的文件中，全面了解了邓小平的谈话内容。陈云对此非常赞同。

3月9日、10日两天，中共中央政治局在北京召开全体会议，学习邓小平视察武昌、深圳、珠海、上海等地的谈话，讨论中国改革和发展的若干重大问题。会议完全赞同邓小平视察南方的重要谈话，认为谈话不仅对当前的改革和建设，对开好党的十四大，具有十分重要的指导作用，而且对整个社会主义现代化建设事业具有重大而深远的意义。

中央政治局会议后，陈云委托薄一波立即主持召开了中央顾问委员会第二十三次常委会议，专门研究和部署如何学好邓小平南巡重要谈话。会议提出，中顾委的老同志一定要遵照党中央通知的精神，联系实际，认真学习、全面领会邓小平南方谈话的精神实质，进一步解放思想，提高认识，并就如何贯彻邓小平南方谈话精神出点主意，提点建议。会议一致通过了中顾委常委会《关于认真学习邓小平同志重要谈话的通知》。

邓小平的南方谈话，为即将召开的中共十四大做了思想上、理论上的准备。以邓小平南方谈话为契机，中国特色社会主义建设，也进入了深化改革和加快发展的一个重要历史时期。

令陈云高兴的是，上海的建设和浦东的开发、开放步伐，借着邓小平南方谈话的春风也进一步加快。对上海加快发展的一系列举措，陈云都非常赞成。他还与上海的负责人多次交换过意见。高兴之余，他还将唐代诗人李商隐的两句诗“桐花万里丹山路，雏凤清于老凤声”书写出来，赠送给上海市委书记吴邦国和市长黄菊。

外界有人知道作为中顾委主任的陈云住在上海，但由于半退下来以后陈云总是很低调，极少公开露面和对外发表意见，许多人不了解陈云对1992年后开放改革问题的态度。春天，有一次有新闻记者专门向上海市长黄菊提问：作为党内举足轻重的老一辈革命家，陈云对开发开放浦东持何种态度？

4月26日，吴邦国和黄菊等人来向陈云汇报工作，其中就谈到记者提问的事。他们的谈话，是从上海如何学习贯彻邓小平视察南方重要谈话开始的。

吴邦国和黄菊在汇报中说：上海改革开放和经济建设的发展势头很好，全市人民正在学习贯彻小平同志视察南方的重要谈话，进一步解放思想，振奋精神，决心使经济建设上新台阶，浦东开发迈出新步子，深化改革有新思路。目前，浦东开发等各项工作进展都比较顺利。

陈云听了以后高兴，称“上海大有希望”。

在这次谈话中，陈云表达了他与邓小平同样的态度，那就是实事求是、抓住机遇、加快发展。他鼓励上海的同志：要解放思想，大胆实践，善于总结，按照党的“一个中心、两个基本点”的基本路线，狠抓振兴上海、开发浦东的各项工作的落实，为建设有中国特色的社会主义做出新贡献。

说着说着，陈云提到了黄菊答记者问的事，他说：“不是有新闻记者向你打听陈云对开发开放浦东的态度吗？你回答得很好，我非常赞成开发浦东，开放浦东！”

吴邦国和黄菊说：“有以江泽民同志为核心的党中央的领导，有小平同志、您和先念同志等老一辈无产阶级革命家的关心和支持，开发、开放浦东一定能成功。目前，浦东开发进展很快。许多海外商人、大企业家纷纷前来投资。”

陈云满意地说：“你们的工作做得很好。”他还说：“上海有很好的基础。尤其有人才优势。上海今后的发展一定会很快。”

吴邦国、黄菊表示：“我们向老一辈无产阶级革命家学习，一定不辜负您和其他老一辈无产阶级革命家的勉励和期望，努力把上海工作做好。”

陈云带着谦逊鼓励说：“就是要雏凤清于老凤声嘛！”

7.1992 年春节后，陈云提出：中顾委已经完成了它的历史使命，可以在党的十四大时撤销。十四大高度评价了中顾委的历史作用，陈云也完成了“半退”到“全退”的转换

自 1992 年春节以后，陈云考虑得最多的一个问题，是如何在中共十四大即将到来的时候，对中央顾问委员会这个组织的去留问题做出交代。

早在 1982 年中顾委成立之初，邓小平就对这个“过渡性组织”的存在时间做过设想：“再经过 10 年，最多不要超过 15 年，取消这个顾问委员会。”到十四大的时候，中顾委已经存在了 10 年，邓小平和陈云各带了一届。他们都

认为，中顾委已经完成了自己的历史使命，到了可以“取消”的时候了。这个问题他们多次交换意见。

自1989年9月邓小平同江泽民等中共中央负责人谈“下次党代表大会不搞顾问委员会了，还是搞退休制度”的想法以后，1990年夏天，邓小平与陈云沟通后，又请杨尚昆转告薄一波和宋任穷等人，请他们考虑在党的十四大时取消中顾委的问题。

就在1992年春节后，陈云在上海专门约中顾委常委陈丕显谈话，商议中顾委的问题。离党的十四大召开的日子越来越近。陈云请陈丕显带口信给在北京的薄一波和宋任穷，请他们立即着手研究中顾委的去留问题。陈云坚决地表示了自己全退的愿望，说：“十四大以后我不当中央顾问委员会主任了，我考虑，决定了。”陈丕显回到北京后，向薄一波和宋任穷转达了陈云的意见。薄一波又与陈云通了电话，陈云肯定地告诉薄一波：中顾委已经完成了它的历史使命，可以在党的十四大时撤销这一机构。薄一波同意陈云的考虑，经与宋任穷商议后，他们都表示一起“全退”，在十四大时向中央提出取消中顾委的建议。

5月21日，陈云由上海返回北京。回京以后，有关取消中顾委的问题，他和邓小平都与中央领导集体交换了意见，中央表示同意。为妥善解决在十四大时取消中顾委的问题，中顾委常委会决定，采取主动向中央提出在党的十四大时取消中顾委建议的形式。随后，陈云委托薄一波和宋任穷主持起草《中共中央顾问委员会向党的第十四次全国代表大会的工作报告》。

9月中旬，中顾委的报告初稿起草好后，便进入了讨论阶段。报告的讨论修改，一直持续到10月上旬。中顾委的许多委员对十四大以后要不要继续设立中顾委的问题还是有不同意见的。但是，薄一波和宋任穷在会上将邓小平、陈云和中央常委的意见说清以后，中顾委的老同志们从党和国家的工作大局出发，最后表示服从中央的决定。

10月4日至9日，中顾委的委员们列席了最后一次中共中央全体会议即十三届九中全会。这次中央全会，不仅通过了中央委员会向党的十四大提交的报告，而且通过了《中国共产党章程（修正案）》，在这份修正案中，删去了中央顾问委员会的相关内容。

就在十三届九中全会闭幕的当天，陈云委托薄一波和宋任穷主持召开了中央顾问委员会第九次全体会议。会议继前些日子连续多次的充分讨论后，最后通过了《中共中央顾问委员会向党的十四次全国代表大会的工作报告》，决定提请党的十四大审议。

报告一开头就提到了十年两届中顾委及其主任：

十年来，在党中央的领导下，在邓小平、陈云同志的先后主持下，中顾委根据党章规定的任务，并且按照“宜少不宜多、宜虚不宜实”和“量力而行、尽力而为”的方针，做了一些力所能及的工作，发挥了一定的作用。

报告列举了中顾委所做的十项主要工作和发挥的作用，对十年来中顾委存在的重要性和必要性做了充分的肯定。报告说：

顾问委员会是从实际存在的干部领导职务终身制走向退休制的过渡性组织，设立顾问委员会是我们党的一项创举。实践证明，党中央的这一决策是完全正确的，是符合我们的党情和国情的。这样做，既可以使一批老干部适时地退出第一线，以利于优秀中青年干部进入领导班子，又能在第二线过渡一段，继续发挥一些作用。这充分体现了党中央对老干部、老同志的深切关怀。

报告认为，中顾委成立十年来，已经顺利地完成了它的历史使命，达到了预期的目的。为此，报告以中顾委的名义向中央提出建议：

鉴于党的干部离休、退休制度已在全国建立并正在顺利执行，实现新老干部的合作与交替已取得预期的进展；鉴于中顾委已历时两届，委员们的年事都很高了，已基本上完成了作为一种过渡性组织的任务，为此我们建议，党的第十四次全国代表大会后可以不再设立中央顾问委员会。

中共十四大，是一次承前启后、继往开来的重要会议，中外各方面人士关注这次会议，有着太多太多的理由：

这次会议是十三届四中全会确立以江泽民为核心的中共第三代中央领导集体后第一次党的全国代表大会。

这次会议将正式把建设有中国特色社会主义的理论写入党章；

这次会议将确定以市场经济体制作为社会主义经济体制改革的目标模式；

这次会议将撤销中共中央顾问委员会这一重要机构；

这次会议……

人们关注的焦点还有：这次会议体现着邓小平、陈云等几位老一辈无产阶级革命家的重要作用。中外各路记者云集北京。

为满足新闻记者的愿望，10 月 11 日，也就是在中共十四大召开的前一天，新闻发言人刘忠德在北京人民大会堂三楼大厅举行第一次新闻发布会。

发言人首先强调：中共十四大是在我国加快改革开放、社会主义现代化建设进入一个新阶段的形势下召开的，是一次很重要的会议。大会将以邓小平同志建设有中国特色的社会主义的理论为指导，认真总结党的十一届三中全会以来十四年的基本实践和基本经验，确定今后一个时期的战略部署。

关注邓小平、陈云等老一辈革命家和中顾委的中外记者向刘忠德提出了一连串的问题。

香港记者问：陈云是不是特邀代表？

刘忠德回答说：陈云同志是这次大会的正式代表。

就在新闻发布的当天，邓小平和陈云在十四大预备会议和主席团会议上，被选为大会主席团成员和大会主席团常务委员会委员。

1992 年 10 月 12 日至 18 日，中国共产党迎来又一个历史性的时刻——第十四次全国代表大会在北京召开。

中共十四大同意陈云领导的第二届中央顾问委员会提出的建议，正式决定：自十四大以后，不再设立中央顾问委员会。

十四大对中顾委的历史功绩和重大贡献，做出了高度的概括性评价。十四大专门通过的《中国共产党第十四次全国代表大会关于中央顾问委员会工作报告的决议》中是这样说的：

“大会认为，中央顾问委员会成立十年来，协助党中央为维护党的团结和社会稳定，推进改革开放和现代化建设，做了大量卓有成效的工作，在新的历史时期为党、国家和人民建立了历史性功绩。

“大会高度赞扬老同志为废除实际存在的领导职务终身制，实现新老干部的交替与合作，保证党的事业继往开来、后继有人所做出的重大贡献。大会对中央顾问委员会和老同志们表示衷心的感谢和崇高的敬意！”

当中共十四大闭幕的时候，中顾委走完了它十年的历程，领导中顾委顺利完成这最后历史使命的陈云，轻松卸任。仍然处事低调的他，没有参加这次大会，他不愿意再在公众面前露面。在十四大召开之前，陈云又南下上海，继续到那里休养去了。

中共十四大以后，陈云终于完成了由“半退”到“全退”的角色转变，彻底地退出了中央领导的工作岗位，过起了一个普通共产党员的生活。

卷九

中共十四大以后，终于实现“全退”愿望的陈云，始终站在老百姓的角度思考问题，并始终倡导维护中央权威，走完了生命的最后三年中共十四大以后，陈云终于实现了他多年来“全退”的愿望，可以过全离休的生活了。“全退”后的陈云，不再主动找在一线工作的中央领导同志谈话，也不再过问新当选的中央领导集体的工作。

从1992年9月开始，到1994年5月陈云病重住进北京医院，在这段时间里，陈云的两个秋冬季节，都是在上海度过的。每次都是9月南下，在上海住上8个月，来年的5月再北上回京。1994年5月，陈云由上海回京，因病住进北京医院。这以后，他再也不能南下了。

这时候的陈云，既是党内外德高望重的老一辈无产阶级革命家，又是一个普通的老共产党员，还是一个完完全全的离休老人。在他的生活中，除了依然关心党和国家的前途命运外，更多地把自己放在一个普通老百姓的位置上去生活、去思考。

1. 1992年秋天，中国城市出现严重水资源危机的消息，再次触动了在上海休养的陈云。他对这类问题的忧虑由来已久，并始终关注着老百姓的生活

1992年秋天，陈云到上海不久，就得到一个信息：我国的517个城市中有300个城市缺水，其中100个严重缺水，北方有80%的城市供水不足，由供水不足造成的城市工业损失每年高达1200亿元，由水源污染造成的直接经济损失也有400亿元，供水危机正在变成一个比以往任何时候都更为现实的资源问题。北京、上海这样的大城市更是严重缺水的城市。身处上海，上海水源严重紧缺的消息更是牵动着陈云的心。

得知这一消息的陈云，几天不爱讲话。因为城市水资源的问题，早在80年代他就开始忧虑。记得1988年春夏，北京发生水危机的时候，陈云正在杭州休养。北京市召开了全市有关节约用水的动员大会。会议对北京水资源紧

缺的严重性做出了充分的估计，提出："我们不仅应当对北京今年的供水紧张形势要有清醒的认识，而且还必须对北京地区水资源紧缺问题的严重性与长期性要有足够的认识。"① 陈云回到北京后，得到了消息：当年北京供水将面临历年最严峻的局面。北京地表水主要资源是官厅、密云两大水库的上游地区，由于当地用水量逐年增加和多年天旱的影响，水库来水量呈下降趋势。当时两个水库共蓄水 21.5 亿吨，仅占总蓄水能力的 32%。预计从 1987 年 10 月至 1988 年 5 月的枯水季来水量，只相当于多年来平均来水量的 36%。城区地下水也已累计超采 25 亿吨，中心地带地下水位已累计下降 40 多米，下降漏斗地区已达 1000 平方公里，而且还在不断扩展。局部地区已出现地下水含水层疏干的状况。在世界 120 个国家的首都中，按人均占有水量排位，北京位居百位以下。更为严重的是，北京市的地表水已基本开发完毕，地下水的潜力也有限。因而，大力节约用水，成为解决北京供水危机的唯一出路……

看到这方面的材料，陈云强烈地意识到，首都的供水形势不容乐观，节水工作不能松懈。他对北京的缺水问题非常关心，立即与中央有关领导同志交换了解决水资源紧缺问题的意见。

他的忧虑的心情也传达给了身边工作人员。那年 5 月 27 日，他与身边工作人员谈到北京的缺水问题，感叹地说："现在北京市的水还是很缺的。再过 20 年，也可能不到 20 年，北京地区用水就得定量。一个人规定用多少水，就只能用那么多水，想多用不行，罚款也不行，有多少钱也不行，没有水呀。"

那时陈云的一个护士，家住北京丰台地区，听陈云说到北京缺水的严峻形势和用水限制的未来趋势，着急地问："那怎么办呢？"

陈云严肃地说："怎么办？节约用水，重复用水，把污水处理以后再用，洗过手的水可以冲马桶呀。就是丰台地区也得这样。信不信由你，说不说由我，老汉说话是算数的，到时候也不管你地位有多高，也不管你有多少钱，都得定量用水，不然你就搬出北京市。"

陈云预料的限量用水的情况，很快就在北京的工业企业和用水大户范围内出现了。针对淡水资源严重缺乏和城市用水浪费惊人的情况，当年夏天，

① 1988 年 4 月 16 日《人民日报》。

北京市对一些工业企业及用水大户采取了限量用水的办法。年底，国务院正式批准发布了《城市节约用水管理规定》，并决定从1989年1月1日起正式施行。这个规定强调，今后，工业用水重复利用率低于40%（不包括热电厂用水）的城市，新建供水工程时，未经上一级城市建设行政主管部门的同意，不得新增工业用水量；城市的新建、扩建和改建工程项目，应当配套建设节约用水设施；超计划用水必须缴纳超计划加价费，这项费用应从税后留利或预算包干经费中支出。这个规定的精神，与陈云的想法是一致的。

进入20世纪90年代，水资源的短缺问题并没有得到缓解，人民生产、生活依然面临着严重的威胁。这才有了1990年著名水利专家张光斗和陈志恺合写的《我国水资源的问题及其解决途径》一文送请陈云审阅一事。陈云非常赞同张光斗等人强调的“水利是农业的命脉，水利也是人民生活和工业的命脉”的观点，并提出要从战略高度来认识水的问题的严重性，要将水资源的问题列入长远规划、五年计划和年度计划加以实施，以逐步扭转目前水资源危机的严重状况。

到了1992年秋天陈云来上海休养的时候，水资源危机更加严重。陈云为此陷入了深深的沉思，长时间不说话，以至于闷闷不乐。

他叫来身边工作人员，对他说：“你帮我算算，城市居民用抽水马桶大小便一天需多少水？”他们一起算了这样一笔账：一般情况下每人每天大便1次，小便6~8次，每次冲洗用水10公斤左右，每天约需80公斤水。如果有条件把小便时用马桶改为小便池的话，每次小便冲洗只需用水2.5公斤，这样，每人每天就可节水50~60公斤。

账算下来，结果还确实不一样。由于马桶设计不合理，大便小便都要用抽水马桶，必须造成水的浪费。从节约用水和经济实用上考虑，可以改造抽水马桶，这样居民小便时完全可以不拉大抽水马桶，用水量就可以大大减少。听到这一结果，陈云脸上露出欣慰的微笑，他对身边人员说：“看来，我国节水的潜力大有可为。”随后，陈云催促有关方面立即研制节水型抽水马桶。

在上海和北京这类严重缺水的大城市生活，陈云亲身体验到节约用水的重要性。

研究节约用水的好办法，依然是解决问题的一个重要渠道。还在1991年

5月，他就向刚刚从上海市委书记任上调任国务院副总理的朱镕基和上海市的领导吴邦国、黄菊等人提到过。那天，朱镕基等人到陈云休养的地方看望陈云时，他们谈到了上海要如何重视保护环境和保护水资源的问题。陈云当时向上海市的领导提出，要从上海的实际出发，研究节约用水的措施。他接着详细地提出："要有具体的办法。比如现在的抽水马桶就可以改造一下，把冲水方式改为两种，一种是冲大便用的，水量可以多一些；一种是冲小便用的，水量就可以少一些。类似的具体问题要有人去具体研究。"经陈云倡导和多次催促，有关方面立即着手研究。不久，各种节水型马桶在市场上很快发展起来。对节约用水发挥了重要的作用。

陈云从小出身在贫苦人家，他一生除了生活极为俭朴外，节约意识历来很强，到了晚年更是注意点滴节约。晚年陈云患有青光眼和白内障等眼疾，经常要用眼药水。1992年秋天来到上海后，大夫感觉陈云在点眼药水时总用手帕擦拭，容易引起感染，便建议他改用消毒棉球擦拭。这一改，陈云觉得太浪费，因为棉球用一次就扔掉了。他向工作人员提出，把用过的卫生棉球保存起来，消毒以后改作他用。没想到过了几个月，他还惦记着自己用卫生棉球是不是太浪费的事儿。他把工作人员叫来，一定要他们计算一下，他一年用多少棉球？一共花多少钱？工作人员把使用过后积攒起来的棉球统计了一下，按照他的要求又细算了一笔经济账：他一个月约用棉球250克，价值7~8元，全年花费不超过100元。陈云听后，认为这笔开销是不小的浪费，便再次指示身边工作人员：一定要把棉球留下来，消毒后改作他用。

自改革开放以来，无论是身在领导岗位上还是退下来，陈云历来习惯于站在人民群众或老百姓的角度考虑问题。对他来说，个人的一切事小，人民的利益事大，人民生活无小事。

十几年来，有几件事最能反映这位老革命家的关注。

早在80年代初，由于改革开放刚刚起步，人民的生活水平还很低，穿衣吃饭都成问题。1980年12月中下旬，中共中央召开中央工作会议，讨论经济形势和调整工作。会前，商业部的负责人请陈云在会上呼吁一下如何搞好蔬菜供应的问题。这一问题直接关系到群众的生活，尽管不是会前商定的议题，但陈云答应在会上专门强调一下。

1980 年 12 月 16 日，陈云在中央工作会议上讲完经济形势和调整问题后，即兴发挥又讲了一番话，专门谈蔬菜问题。他说：

现在蔬菜的情况怎么样呢？叫货缺价高。商业部的同志解决不了，要靠各地党委、各地政府部门解决这个问题。同志们不要把这个问题看小了，吃菜的问题是个大问题。吃粮食解决了，吃肉解决了，蔬菜也是个大问题。

如何解决蔬菜问题，趁各省、市、自治区的负责人在场，陈云提出了四点要求：

第一，查原因，蔬菜为什么不够，查查原因看。

第二，定办法，找到蔬菜少的原因后，规定一些解决问题的办法。

第三，宁多不少。为群众提供的蔬菜，宁肯多些，不要少了。

第四，各省委、市委要经常开会研究一下蔬菜问题，至少一年四次。

陈云将蔬菜问题提得如此之高，是事先中央和地方的领导同志没有想到的。他在讲到第四条要求时，还这样解释说：

本来我跟姚依林同志讲，蔬菜问题搞不好，商业部部长，农业厅厅长，每人扣工资一个月。但后来我想，这个办法不好，所以改为一年至少讨论四次，不罚款。

陈云进一步强调："同志们注意，物价问题是很大的，蔬菜问题是物价问题中很突出的问题。"言下之意，搞不好人民群众的吃饭问题，就是失职。

这以后，陈云在一如既往地关心粮食问题的同时，一直很关注群众的吃菜问题。

2. 早在 20 世纪 80 年代，北京、天津等北方城市市民的当家大白菜问题，就曾引起过陈云的长久关注，他对上直接写信给中央最高领导层，对下直接给北京市打电话

20 世纪 80 年代初期，城市的蔬菜供应有所好转，总量上去了。但是，随之而来的是贮存成了问题。

1982 年 10 月，陈云得到消息，北京、天津等地在生产、销售和贮存冬季主要蔬菜——大白菜的问题上，还存在很大的问题，造成“烂菜”现象。这看起来是个小问题，完全可以由地方或部门负责人去解决。但陈云却把它看得很重。10 月 25 日，他专门就此事致信中央负责同志。

信中说：

> 北京（天津）烂菜问题是一个多次发生过的事情。霜降已过，11 月 8 日“立冬”，今年必须避免烂菜。因此生产、流通、消费这三个环节必须立即组织好。因为菜“烂与不烂”只有几个小时的关键时刻。大白菜是北京市民当家菜类，因此必须安排在前。

发生在北京等地的大白菜问题，被陈云提到了中央最高领导层来解决，这是极为少见的事。究其原因，是因为当时的大白菜是“市民当家菜类”，因此陈云将其提到当务之急的位置来解决。这就是陈云将老百姓利益放在首位的体现。

陈云的意见引起了中央其他负责同志的高度重视，他们迅速将陈云的信批给中央有关方面和北京市的负责人。为落实陈云的意见，解决市民大白菜过冬的问题，北京、天津两市立即行动起来。两天以后，新华社以《陈云同志对搞好秋菜产供销提出意见》为题，报道了陈云的上述意见以及落实情况。

一星期后的 11 月 5 日，天津落实陈云意见的情况，也被新华社报道出来，标题为：《积极采取措施贯彻陈云同志的意见，天津市秋菜收贮运销准备工作好于往年》。

陈云的关注，促成了北京、天津等地冬贮大白菜问题的妥善解决。但是，这件事情并没有就此结束。打那以后，陈云一到秋冬之季就要过问北京等地冬贮大白菜的事。

过了一年，又到了冬贮大白菜的季节，陈云仍惦记着这件事。他了解了一下北京市冬贮大白菜的情况，觉得还是有些问题。1983 年 11 月上旬，他直接给北京市委第一书记段君毅打了个电话，电话中说：“今年北京市冬贮大白菜的供应工作比往年好，但听说买的人少，要想点办法，尽可能多卖一些，不要让白菜冻在街上。”

接到陈云的电话以后，段君毅立即做了进一步的部署，甚至市长、副市长亲自带头，到菜店参加劳动。11 月 10 日，新华社报道了北京市采取措施的情况。报道稿便是：《陈云提出冬贮白菜要防冻减少损失，北京市采取措施方便群众扩大销售》。

措施生效以后，北京市委办公厅 11 月中下旬专门给陈云写了《关于北京市大白菜收贮运销工作情况的报告》，汇报落实情况。

陈云看了报告后，基本满意。但他始终认为，应该把群众的根本利益放在首位，大白菜问题的解决，应该有一个根本性的办法。因此，他就此提出了更高的要求，并于 11 月 22 日在报告上做了这样的批示：

“城市居民贮藏有困难，但春节后吃不到便宜的大白菜又有意见。这件事要由北京市委拟出一个妥善可行的办法才好，因为这是一个长期存在的问题。”

北京市再次想法落实陈云的意见。到 1984 年秋季，市委经过调查研究，又提出了一些新办法。市委办公厅向陈云等人写了 1984 年度的报告，其中说：“遵照陈云同志 1983 年 11 月 22 日在《关于北京市大白菜收贮运销工作情况的报告》上的批示精神，君毅同志批请有关负责同志进行了认真研究，对今冬大白菜和其他蔬菜生产、贮存、供应、价格等问题做了安排。”报告中提到了“安排”包括：

一、适当减少郊区的大白菜生产，在远郊如河北省邻县产菜区相应多定购一些，并组织好就地贮存，以备后期上市。

二、将十一月旺季的上市量，由去年的五亿八千万斤调整为四亿五千万斤左右，比去年减少一亿多斤，减少社会贮存量。

…………

1984 年 9 月 11 日，陈云看到这份报告后，露出了欣慰的笑容。只是第一条涉及北京、河北两地，他又做了这样的批示：

“这一条必须由市委与河北省商量好。其他都同意。”

正由于陈云对蔬菜问题如此重视，引起了中央和各地的高度重视。到后来，只要这方面一出现问题，人们就会想起陈云。1987 年冬、1988 年春天，由于吃菜人口递增，种菜土地递减，南京出现蔬菜奇缺且价格成倍上涨的现象。当时南京市各大国营菜场青菜缺货，许多双职工多日买不到青菜。农贸市场的菜价成倍甚至几倍地上涨，就连普通菜也贵得吓人，大部分群众反映吃不消。1988 年 2 月,《市场报》和《人民日报》等报纸相继报道了这种情况，对这件事,《市场报》还发表了一篇社论，其中仍然引用了陈云的话，是这样评论的：

蔬菜供应如何，关联千家万户，办法是有的，关键在领导重视。早在 50 年代陈云同志就指出：“我看，蔬菜和其他副食品的供应问题，其意义绝不在建设工厂之下，应该放在与建设工厂同等重要的地位。”“如果连蔬菜问题都解决不了，还成什么样子！”

30 多年后的今天，重温这些话，还是那么亲切和具有现实意义。

3. 陈云晚年，把“人民吃得如何”提到“关系国运昌盛的大事”的战略高度；把“治理污染、保护环境”称为“我国的一项大的国策”……对此类问题的解决，有记者称：“老大难，‘老大’抓了就不难。”

陈云晚年对群众生活的关心历来如此，水的问题如此，菜的问题如此，其他问题，仍然如此。

比如“吃”的问题，陈云也看得很重，多次公开倡导和提醒人们注意“民以食为天”的道理。

早在 1988 年，中央提出把调整国民食物结构作为一项基本国策来抓。为落实这项基本国策，国务院农村发展中心、中国食品工业协会、中国营养学会和中国食品报社联合组织国务院有关部门负责人同首都经济、农业、食品、营养专家就食物结构问题进行对话。作为中国食品工业协会顾问、营养问题专家，陈云夫人于若木应邀参加了这次对话。她在对话中说：“人们已越来越认识到加强人体自身建设的重要。这几年来，由于人们不懂得科学饮食，各地出现的营养过剩或不良的现象相当严重，所以，调整国民食物结构，让人民学会科学地安排饮食也是广大群众的迫切需要。”①

正好在这个时候，有关部门编辑了《吃的选择》一书，选辑了中央领导

---

① 1988 年 3 月 2 日《人民日报》。

人关于建立适合我国国情食物结构的重要讲话、专家论著以及重要新闻报道。编辑者知道陈云极其关心人民的吃饭问题，便请陈云为这本书题词。陈云欣然应允，他提笔写了这样几个字：

民以食为天，人民吃的如何是关系国运昌盛的大事。①

对这幅题词陈云夫人于若木曾这样说过："陈云同志最关心的就是全国人民都要吃饱饭。不过还有另一层含义，就是针对已经解决了温饱问题的人，就需要懂得营养科学知识，要注意饮食的科学合理。生活水平提高了，饮食不讲科学不行，那同样会影响到人们的健康。"

在20世纪80年代中期，陈云曾为有关方面题词："民以食为天，向人民提供营养、卫生、方便、实惠的食品，有利四化建设。"②这个题词，当时就被作为"食品卫生工作的方针"，在全国贯彻食品卫生法工作经验交流会上传达。③

由于陈云多次强调"民以食为天"以及他对吃的问题的重视，引来记者公开询问于若木："您是陈云同志的夫人，给我们介绍一下陈云同志的饮食习惯好吗？"

于若木实事求是地介绍说："能不能自己控制饮食，是需要毅力的。陈云同志从来不吃零食，三顿饭定时定量。他很注意总的热量平衡，各种食物之间合适的比例，主食与副食、多种副食之间的合理搭配。他做到了'饮食有节，起居有常'，这对老年人的保健是极为重要的。"④

陈云晚年，密切关注人民群众的生活和居住环境的事，也非常多。

比如在1988年，陈云在8月25日这天刚刚为纪念第一次全国环境保护工作会议召开和中国环境保护工作开创15周年题词："治理污染，保护环境，造福子孙后代。"没想到，刚过两天，他便看到两份内部材料，反映我国某些

---

① 陈云这幅题词写于1988年2月28日；12月18日，在首届中国食品博览会举办期间，《人民日报》公开报道了陈云的题词。

② 1985年6月28日《人民日报》。

③ 1985年6月18日《人民日报》。

④ 1987年1月21日《人民日报》。

地区仍然存在严重环境污染的问题。其中一份材料是新华社编的《国内动态清样》，登载《卫星看不见的城市——本溪市环境污染情况调查》一文；另一份材料是《人民日报》社编的《情况汇编》，登载《四川排放污物总量约占全国十分之一》一文。

送给陈云的其中一份材料是这样写的：

> 国家重要的原材料生产基地辽宁省本溪市是国内环境污染最严重的城市。
>
> 本溪地处群山环抱之中，是一个生产钢铁、煤炭、水泥为主的重工业城市，在狭小的43.2平方公里的城区内，分布着420家工厂，其中排污企业就达200多家。由于本溪以原材料为主，烟尘污染成为主要危害。全市一年排放有毒有害气体875亿立方米、烟尘9.1万吨、工业粉尘12.2万吨。国际环境组织提供的资料表明，由于大气污染，本溪是世界上很少几个“卫星找不到的城市”。
>
> 本溪市有五条较大河流，大部分被严重污染，地处本溪下游的丹东、辽阳和鞍山等市，由于水源受到污染，生产和生活受到了损害，丹东已经向本溪市要求赔偿。该市的工业废渣、噪声污染以及各种疾病（包括癌症）发病率，已经引起群众的极大意见。市区的群众多次联名上书市委、市政府、市人大，要求治理污染，发出“抢救我本溪，还我家乡本来面目”的呼吁，提出“谁能治理好污染，就让谁当市长”。
>
> 恶劣的环境已成为影响经济发展和人民正常生活的严重障碍，也引起了国际环境组织的深切关注。但环境污染治理资金极度匮乏，本溪市在治理方面有心无力，当地政府和各级有关方面都在呼吁：救救本溪！

送给陈云的另一份材料这样写道：

> 目前，四川省排放的污物总量约占全国的十分之一。专家的这一测定表明，人口最多的四川省在受到人口问题困扰的同时，又面临着日益严峻的环境污染的挑战。
>
> 污染主要集中在四川盆地。据悉，盆地内每平方公里的土地每月平均要承受17.6吨降尘，超过国家标准一倍；河水已不再纯净，成都的南河、沙河、

府河，南充市的西河，自贡市的釜溪河等全省各水系的支流和小河污染相当严重；噪声已达到令人难以忍受的程度。有关部门监测显示，四川各主要城区噪声超标都在 80% 以上；森林减少，水土流失面积比 50 年代增加了两倍。

这两份材料，给陈云很大的震动。那些“救救本溪”、“救救四川”、“救救我们受严重污染的美丽家园”的呼声，仿佛在他耳边回响。

为更多地了解情况，他还调来反映本溪环境污染的录像片。得知这些环境受到严重污染的现实，陈云的心里久久不能平静。8 月 27 日，他提笔给几位中共中央政治局常委写信，尽管他知道这两份材料他们那里也有，但还是将批过的材料给他们送了去，并在信中提出：

治理污染、保护环境，是我国的一项大的国策，要当作一件非常重要的事情来抓。这件事，一是要经常宣传，大声疾呼，引起人们重视；二是要花点钱，增加投资比例；三是抓督促检查，做好落实。

他当时就向中央负责同志提出要求：“告诉有关部门，这方面的材料，请以后注意送我看看。”

陈云的意见，引起了中央的高度重视，并很快得到落实。9 月 3 日，中央负责同志批示：

陈云同志信件及附件印常委、国务院、中央财经小组、计委、中央宣传部、环保局。治理污染请计委在五年和年度计划中加以安排。请计委和环保局及时将有关材料报陈云同志处。

就是在陈云的关注和督促下，当年国务院重新组成了新一届环境保护委员会，作为全国环境保护工作的领导机构，负责研究、审定、组织贯彻国家环境保护的重大方针、政策和措施，组织协调、检查和推动全国的环境保护工作。新的国务院环境保护委员会由国务委员兼国家科委主任宋健任主任；能源部部长黄毅诚、农业部部长何康、国家科委副主任李绪鄂、国家计委副主任陈光健、国家环境保护局局长曲格平任副主任；委员有 33 人，分别由国务院有关部、委、局、直属机构和有关事业单位领导人担任。这个委员会的办事机构是国家环境保护局。

宋健上任以后，立即在国务院环境保护委员会第十三次会议上提出："当前环境保护工作的重点，是以抓烟尘污染防治为突破口，促使城市环境保护上一个新台阶。"根据陈云的批示精神，国务院确定，环保工作要"把防治城市大气和水污染放在突出地位，作为最主要的工作来抓。"

从那时起，国务院提出，对重点城市的环境状况要进行考核，城市的市长要对城市的环境质量负责，把这项工作列入市长的任期目标，并作为考核政绩的重要内容。每一位省长、市长、县长、厂长在任期内，都要在环境保护方面为人民群众办几件实事。

对"卫星上看不见的城市"本溪严重烟尘污染和四川环境污染的治理，也按照陈云的要求，采取了一系列措施。在这个过程中，宋健将陈云有关"治理污染、保护环境是我国一项大的国策，要当作一件非常重要的事情来抓。这件事，一是要经常宣传，大声疾呼，引起人们重视；二是要花点钱，增加投资比例；三是抓监督检查，做好落实"这几句话，透露给了新闻界，引起社会的广泛重视。

到 1992 年十四大召开以后，本溪的污染治理取得了很大的实效。为此，有记者在《人民日报》发表了《本溪现象的启示》一文，首先就提到了陈云对治理本溪环境污染的功劳，文章说道："老大难，'老大'抓了就不难。""本溪的环境污染状况引起了中央决策层的高度重视。一个'抢救'本溪的计划，由中央决策层酝酿产生。"文章指出，尽管摆在本溪人面前的环境治理之路，艰难而漫长，"有一点可以坚信，只要本溪人沿着这条具有中国特色的环境保护道路走下去，他们一定能够使本溪的蓝天重现！"[①]

4. "全退"下来以后，陈云多次表示：我对中央第三代领导集体满怀信心，我们首先要维护和加强党中央的权威。1994 年 5 月 25 日他病重入院后，生命中最后的 321 天是在医院里度过的

"全退"下来以后，为了维护新的中央领导集体的权威，陈云基本上没有

---

① 1992 年 4 月 29 日《人民日报》。

再批示过文件。他手中的笔，用在了一些特殊的地方。比如，1993 年 1 月 8 日，在上海的陈云为弘扬中华民族的精神，为位于陕西黄陵县的黄帝陵题词：“团结奋斗，振兴中华。”同年 9 月、10 月间，我国第一座剪刀博物馆在杭州著名的张小泉剪刀厂内建成，为继承中国优秀的传统工艺，在上海休养的陈云欣然应允为这座博物馆题写了馆名……

我们目前能够看到的陈云晚年的最后墨迹，是这样一幅引人深思的题词：

新竹高于旧竹枝，全凭老干相扶持；
明年更有新生笋，十丈龙孙绕凤池。

书写完郑板桥的这首七绝的时候，陈云还有意在落款处写了“陈云，九十”几个字。这是 1994 年春夏之季题给新一代领导人的。写这首诗的时候，陈云已经虚岁 90 岁。或许是版本的不一样，或许是陈云有意创新，亦或许是他记忆有误，他写的这首诗中有三个字与大家常引的郑板桥的这首诗有一点区别。但已经进入 90 虚岁的陈云，将这份题词意思书写得更为清晰和切题。正像他 1994 年 1 月在上海对前来拜访的老将军洪学智所说的：“我对以江泽

陈云同洪学智交谈

民同志为核心的中央第三代领导集体满怀信心，坚信一定能够不断克服困难，把我们的事业推向前进。”①

对洪学智说的这层意思，陈云于2月初又一次表达出来。

1994年2月9日，正值春节前夕，中共中央政治局委员、上海市委书记吴邦国和上海市长黄菊等人到陈云住处向他拜年。

吴邦国向陈云通报了一年来上海在改革开放、发展经济和保持社会稳定等方面所做的工作，还对上海以后的发展谈了一些设想。

陈云听后备感欣慰，他满意地说：“上海工作是做得好的，不是一般的好，而是很好。”

谈到当前经济工作中存在的各种困难，陈云强调了必须维护和加强党中央权威的问题。他说：

从1978年党的十一届三中全会以来，全国经济发展很快，人民生活水平有了很大提高，这是有目共睹的事实。当然，目前还存在不少困难和问题。要解决这些困难和问题，首先要维护和加强以江泽民同志为核心的党中央的权威。如果没有中央的权威，就办不成大事，社会也无法稳定。

陈云充分肯定以江泽民为核心的党中央所做的工作，并对未来中国的发展充满了信心，他说：

现在的中央领导班子是坚强的、有能力的，工作是做得不错的。全国上下都要同心同德，团结一致，不折不扣地贯彻落实党中央、国务院采取的一系列方针、政策和措施，把中国经济搞上去是大有希望的，社会主义中国是大有前途的！

陈云分别对洪学智、吴邦国等人的谈话，都反映出一个意思，对以江泽民为核心的党中央第三代领导集体，他非常信任和放心。

“全退”下来以后，陈云很少会见人，也更少公开发表个人意见。但对有

① 陈云与洪学智的谈话，1994年1月30日。见洪学智：《难忘的教诲，深切的思念》，载1995年9月8日《人民日报》。

些事情，他是非常关注的。比如1994年1月底洪学智来看他那次，他们在谈话中还谈到了回顾历史和进行革命传统教育的问题。这是陈云“全退”下来后最为关心的几件事情之一。陈云当时对洪学智提出：要组织撰写中国人民解放军第四野战军战史，还要抓紧修建平津战役纪念馆，以教育后代。并提议由洪学智牵头来做这件事。

洪学智后来回忆：“陈老谈道，四野战史要抓紧组织撰写，一定要写好。并要我负责撰写工作。我向陈老讲，自己水平有限，恐怕胜任不了。陈老说，你具体组织办，我可以当顾问。并让我征求彭真同志的意见。……陈老还谈道，平津战役对夺取解放战争的胜利、建立新中国起了非常重要的作用。建好平津战役纪念馆，对于进行爱国主义和革命传统教育，缅怀革命先烈，具有重大意义。”

陈云所谈的意见，洪学智回京后向彭真做了汇报，并向中央军委写了报告。

中央军委根据陈云的意见，很快研究决定，成立《第四野战军战史》编写领导小组，由陈云、彭真任总顾问，洪学智任组长，抽调解放军军事科学院、沈阳军区、广州军区的人员共同承担编写任务，并提出了3年完成的目标。

陈云倡导建立的平津战役纪念馆，中央不久也批准同意，并将纪念馆馆

1991年5月，陈云在上海

址选在了天津市。

这件事情，后来洪学智将军还感动地回忆说："陈老住院后，我到医院看望时，他还关切地问起撰写四野战史的进展情况。他老人家在生命垂危的最后日子里，仍然惦念着撰写战史的工作，我感动得流泪了。"①

洪学智说的陈云住院一事，就发生在他们见面后不久。

1994 年 5 月 13 日，陈云再一次结束了在上海近 8 个月的休养，回到北京。也不知道是他有某种预感还是他有意开玩笑，这次回到北京时，他对身边工作人员说了这样一句话："金窝银窝不如自己的草窝。"这种对北京的家的眷恋，使他此后再也没有能够离开北京。12 天以后，由于左肺发炎，陈云不得不住进北京医院接受治疗。没想到，这一入院，陈云再也没有出来。这次病情，使陈云原本就不怎么好的身体渐渐衰竭。

在北京医院，陈云度过了生命中最后的 321 天。这期间，他的身体时好时坏，反反复复。

让我们来看陈云生命中最后的几个镜头：

1994 年 7 月 15 日，医院给已过 89 周岁的陈云插鼻饲管，尽管他痛苦得脸都在抽搐，但他在医护人员整个操作过程中，拳头紧握，眉头紧锁，坚持不出声。

11 月，他在每天照例要听的中央人民广播电台的新闻广播中，听到了中央号召为贫困地区捐赠衣被的消息，便主动要求参加捐赠。在陈云的带动下，他全家立即动员起来，除捐赠了几十件衣服外，夫人于若木还特意以陈云个人的名义捐赠了一条崭新的丝绵被和一条床单。后来陈云所捐的被子和床单送给了贵州省遵义地区的一位前志愿军老战士家。

11 月以后，经中共中央文献研究室多次请示，陈云总算同意定稿出版《陈云》画册，并对 10 年前出版的《陈云文选》进行编辑再版。对画册，他表示："权力下放，请中央文献研究室定。"对三卷本的《陈云文选》的编辑再版工作，他让秘书把文选带到病房里，每天在病床上听一点需要增补的文稿的内容。

1995 年 1 月 19 日，当三卷本的《陈云文选》再版稿定稿时，陈云在再版

① 洪学智：《难忘的教诲，深切的思念》，载 1995 年 9 月 8 日《人民日报》。

补充文稿送审本上用铅笔郑重地签下了自己的名字。这次签下的“陈云”两个字，成了他的绝笔。

1月24日，陈云在病床上迎来江泽民和李鹏等中央领导到医院拜年。当江泽民简要地介绍了当前的形势和工作时，陈云脸上露出欣慰的笑容。

4月初，他因气管切开而不便说话，就给身边工作人员写下字条提出：“下床散步。”他以顽强的毅力坚持下床走动了几步。

4月9日，他还要求工作人员放了一盘名为《一往情深》的评弹录音带听。

4月10日下午，陈云病情急剧恶化，尽管医院采取了各种急救措施，但终因年事已高、身体各种脏器功能彻底衰竭，陈云的心脏于14时04分停止了跳动。

一代伟大的无产阶级革命家、政治家，杰出的马克思主义者、中国社会主义经济建设的开创者和奠基人之一，党和国家久经考验的卓越领导人，在生命中第90个年头的时候，离开了人世。留下的，是他对党、国家和人民的宝贵的精神遗产和人们对他的崇高尊敬和深深爱戴。

遵照陈云的生前意愿，在他去世的第二天，北京医院的专家们含着悲痛对他的遗体进行了解剖。

也遵照他的生前意愿，他的内脏器官包括脑子，献给祖国的医学事业，供医学研究之用。

4月11日，中共中央、全国人大常委会、国务院、全国政协、中央军委沉痛宣告了陈云逝世的消息，并向国内外发表了长篇讣告，概述了陈云一生的经历和他在各个历史时期为党、国家和人民做出的“突出贡献”，尤其突出了他在领导新中国经济建设方面做出的“卓越的贡献”。

讣告在讲到陈云晚年时，实事求是地做了如下的概述和评价。

在1978年中国共产党的十一届三中全会上，陈云同志重新当选为中央政治局委员、常委，中央副主席，同时被选为中央纪律检查委员会第一书记。三中全会以后，他作为以邓小平同志为核心的第二代中央领导集体成员、党和国家的主要决策人之一，同中央领导集体的其他同志一道，为带领全党同志进行思想路线、政治路线和组织路线的拨乱反正，为制定和执行以经济建设为中心、坚持四项基本原则、坚持改革开放的党的基本路线，正确解决建国以来的许多历史遗留问题和现实生活中出现的新问题，成功地开创我国社会主义事业发展的新时期，做出了重大贡献。

陈云同志大力支持邓小平同志提出的关于科学地确立毛泽东同志的历史地位、坚持和发展毛泽东思想的主张。他反复强调，毛泽东同志的功绩是第一位的，错误是第二位的。毛泽东同志有一个无可比拟的功绩，就是培养了一代人，包括我们在内。在社会主义建设问题上，他提出，要依照按比例发展的原则调整国民经济，坚决纠正过去在经济工作中长期存在的“左”的错误影响。他在 1979 年 3 月指出，过去我们计划工作制度中的主要缺点，是只有“有计划按比例”这一条，没有在社会主义制度下还必须有市场调节这一条。这些观点，在 70 年代末 80 年代初，对推动全党同志解放思想，实事求是，突破我国过度集中的计划经济体制，曾经产生过广泛而深刻的影响。他高度赞扬我国经济体制改革取得的成绩和产生的前所未有的好作用，经济发展了，人民生活改善了，市场搞活了。他特别指出按照经济规律办事是一种好现象，同时指出国家干预也是必要的。他非常关心农业问题特别是粮食生产，提醒大家要牢记“无农不稳”、“无粮则乱”这个历史经验。他一贯主张，国民收入分配中积累和消费的比例要适当，不赞成积累比重过大，即建设挤生活，也不赞成消费增长超过生产增长。他还一贯主张，从全局的利益出发，中央应该集中必要的财力。

陈云同志十分关心新时期党的建设。他参与制定了干部队伍革命化、年轻化、知识化、专业化的方针，提出要立即着手大力培养和选拔成千上万的德才兼备的中青年干部，建立第一、第二、第三梯队，认为这是决定党和国家前途的一项战略任务。他多次强调，提拔使用干部要注意五湖四海。他反复倡导领导干部要学好马克思主义哲学。他认为，要把我们的党和国家领导好，最要紧的，是要使领导干部的思想方法搞对头。而要使自己的认识比较全面、比较正确，少犯或者不犯大的错误，应该采取“不唯上、不唯书、只唯实，交换、比较、反复”这样的一种辩证唯物主义的方法。他大力提倡领导干部要亲自搞调查研究，广交敢讲真话的知心朋友。他严肃提出，执政党的党风问题是有关党的生死存亡的问题。他认为，就党的领导机关来说，端正党风首要的问题是坚持和执行党章规定的民主集中制原则。他指出，在改革开放中，党性原则和党的纪律不存在“松绑”的问题。党的纪律检查机关的基本任务，就是要维护党规党法，整顿党风。他多次提醒各级领导部门，要十分重视和认真对待社会上存在的各种消极现象，物质文明和社会主义精神文明一定要一起抓。

从中国共产党的十一届三中全会到第十三次全国代表大会这十年间，陈云同志为把我国逐步建设成为富强、民主和文明的社会主义现代化国家，付出了巨大的努力。他为加强全国各党派、各民族和各界人士的大团结，巩固和发展爱国统一战线；为按照“一国两制”的构想，实现对香港、澳门主权的恢复行使，实现海峡两岸的和平统一，倾注了大量心血。

写到陈云由“半退”到“全退”这一时间段的情况时，讣告是这样说的：

中国共产党第十三次全国代表大会以后，陈云同志退出党中央的领导工作，担任中央顾问委员会主任。在以邓小平同志为核心的第二代中央领导集体向以江泽民同志为核心的第三代中央领导集体顺利过渡、保持党和国家稳定的重大决策中，陈云同志发挥了十分重要的作用。党的第十四次全国代表大会以后，他过着离休的生活，但仍时刻关心着改革开放和社会主义现代化建设事业。他特别强调，现在我们国家的经济建设规模比过去要大得多、复杂得多，过去行之有效的一些做法，在当前改革开放的新形势下，很多已经

《陈云文选》书影

不再适用，这就需要我们努力学习新的东西，不断探索和解决新的问题。他殷切希望全党同志和全国各族人民要维护和加强以江泽民同志为核心的党中央的权威。如果没有中央的权威，就办不成大事，社会也无法稳定。[①]

1995年6月13日，是陈云诞辰90周年的纪念日，这天，中共中央在北京举行了“《陈云文选》(一卷至三卷)、《陈云》画册出版发行暨纪念陈云同志诞辰90周年座谈会”。

中共中央总书记、中华人民共和国主席、中央军委主席江泽民在会上发表了重要讲话。在江泽民的讲话中，对陈云晚年是这样评价的：

党的十一后三中全会以后，他总结国内外社会主义经济发展的历史经验，率先批评过去计划工作中存在的弊端，指出计划工作制度中的主要缺点是只有“有计划按比例”这一条，没有在社会主义制度下还必须有市场调节这一条。这些观点，当时对推动全党解放思想、实事求是，进行突破高度集中的计划经济体制的改革，产生过广泛而深刻的影响。他关于按照经济规律办事和进行必要的国家干预的观点，关于“无农不稳”、“无粮则乱”的观点，关于国民收入分配中积累和消费的比例要适当、一要吃饭二要建设的观点，关于中央应该集中必要的财力的观点，关于中央的政治权威要有中央的经济权威作基础的观点，关于要十分重视和认真对待社会上存在的各种消极现象、物质文明和社会主义精神文明一定要一起抓的观点，等等，对我国的社会主义现代化建设，都具有长期的重要指导意义。[②]

---

① 1995年4月12日《人民日报》。

② 1995年6月14日《人民日报》。

后　记

我之所以关注和研究陈云晚年的生平和思想，得益于在中央文献研究室20多年的研究工作便利。1988年，我是以毛泽东哲学思想专业硕士研究生的身份从南开大学进入文献研究室的，但却从事了12年的周恩来生平思想的研究工作。而恰恰是在最初研究毛泽东、周恩来等领袖人物的过程中，使我对陈云这位重量级的领导人有了浓厚的兴趣，并且逐渐明白，要研究20世纪的中国和中共领袖人物，绕不开陈云。后来在其他编辑研究岗位上，尤其在参与写作中央确定的重大项目《陈云传》过程中，对陈云有了更多的了解，对陈云晚年也有了比较全面的认识。于是，我在10年前写作了《陈云晚年岁月》一书，由人民出版社出版。

记得当年我在《陈云晚年岁月》一书的出版后记里是这样写的：

写作《陈云晚年岁月》一书的动因，是从2003年春天开始的。

2003年4月，我参与筹备全国性的陈云研究述评学术讨论会。这个会的目的，是为了系统、深入地了解和掌握陈云生平和思想研究的状况，分析和研讨陈云研究已取得的学术成果、存在问题和需要拓展的研究领域，并为2005年陈云诞辰100周年时举行全国陈云生平和思想研讨会作准备。在与同事们共同拟定陈云述评学术讨论会论文选题的过程中，最初我是有意认领《陈云哲学思想研究述评》一题的，因为在读大学和研究生期间学的都是哲学，进入中共中央文献研究室工作后，又对研究老一辈革命家的哲学思想情有独钟。几年来，曾写过有关毛泽东哲学思想、周恩来研究哲学思想的一些文章，还为全国性的邓小平研究述评学术讨论会写过《邓小平哲学思想研究述评》等文。

但是，因我自2002年起，接受了中央文献研究室交给的参与撰写重点项目《陈云传》的任务，承担的正好是自中共十一届三中全会以后至陈云晚年的有关章节初稿的写作。有同事便提出，让我把有关陈云哲学思想研究的题目让出来，当仁不让地承担《陈云晚年研究述评》一题。老实说，虽然《陈云晚年研究述评》这个题目是我力主列入选题的，但真正要承担起来，却自感没有研究。好在没有研究也可以硬着头皮去研究，尽管缺少材料，但还有许多曾在陈云身边工作和生活过的老领导、老同志支持和帮助，有工作上的便利，这样，我在进行学术组织工作的同时，终于将《陈云晚年研究述评》这个题啃了下来。

在承担重点项目《陈云传》中晚年有关章节和《陈云晚年研究述评》的写作任务过程中，我尽最大的努力去熟悉陈云晚年的生平和思想材料，并对陈云晚年研究的情况摸了一遍底，就是这一过程，使我被老一辈无产阶级革命家陈云晚年的深邃思想和精彩活动的细节深深打动。这样，完成上述两个任务以后，我便萌发了想写一本《陈云晚年岁月》的念头。这个想法，得到了曾在陈云身边工作过的单位领导陈群同志的支持。在领导、朋友和同事们的鼓励、支持和帮助下，这本书是从2004年夏天开始动笔的……

10年前出版的《陈云晚年岁月》，在内容上引起了海内外较大的影响，在销量上一度位居畅销书排行榜的前几名。10年后的今天，在陈云诞辰110周年即将到来之际，再次出版《晚年陈云》，首先要感谢我的老朋友、独具慧眼的出版家臧永清先生。是他，多年来一直专注于挖掘有内涵、有深度的社会政治选题；其次要感谢中国出版集团现代出版社的朋友们，是他们，把这本书作为精品来运作。

本书的完成，还要特别感谢为我的研究和写作提供过帮助的中央文献研究室的同事们，没有他们的协助和支持，这本书不可能这样顺利。

本书中的不足和错漏，恳请读者和方家批评指正！

作者：杨明伟

2014年7月7日，于北京毛家湾